中国少数民族地区精准扶贫案例集
（2018）

张丽君　吴本健　张春敏　和　萍　等著

中国经济出版社
CHINA ECONOMIC PUBLISHING HOUSE
·北京·

图书在版编目(CIP)数据

中国少数民族地区精准扶贫案例集.2018 / 张丽君等著.
—北京:中国经济出版社,2019.3
ISBN 978-7-5136-5458-6
Ⅰ.①中… Ⅱ.①张… Ⅲ.①少数民族—民族地区—扶贫—案例—汇编—中国 Ⅳ.①F127.8
中国版本图书馆 CIP 数据核字(2018)第 267586 号

责任编辑 耿 园 余静宜
责任印制 巢新强
封面设计 华子图文

出版发行 中国经济出版社
印 刷 者 北京建宏印刷有限公司
经 销 者 各地新华书店
开　　本 787mm×1092mm 1/16
印　　张 16.25
字　　数 289 千字
版　　次 2019 年 3 月第 1 版
印　　次 2019 年 3 月第 1 次
定　　价 68.00 元
广告经营许可证 京西工商广字第 8179 号

中国经济出版社 **网址** www.economyph.com **社址** 北京市西城区百万庄北街 3 号 **邮编** 100037
本版图书如存在印装质量问题,请与本社发行中心联系调换(联系电话:010-68330607)

写作分工

张丽君　吴本健　统筹、拟定提纲、编撰
马潇骁　吴本健　统稿

第 一 章　吴本健　罗　玲　肖时花　吴近昕
第 二 章　姜　伟　惠　炜
第 三 章　李燕琴　谭乐霖
第 四 章　曾　艳　董　强　李小云
第 五 章　红　霞
第 六 章　田东霞　张天翼
第 七 章　詹筱媛　王建芳
第 八 章　王天瑞　时保国
第 九 章　和　萍　付梦雪
第 十 章　张春敏　杨辛泰　侯张喆　王程程
第十一章　侯志茹　郭玉鑫　邢莹政
第十二章　陈　贝　杜发春
第十三章　王　庶

出版说明

《中国少数民族地区精准扶贫案例集（2018）》是教育部人文社会科学重点研究基地重大项目“多维贫困视角下少数民族反贫困与基本公共服务均等化研究”（17JJD850006）、国家民委创新团队支持计划“民族地区贫困与发展研究创新团队”（2018－1－01）、国家民委领军人才培养计划项目（2018－2－05）、国家民委中青年英才培养计划项目（2018－3－06）、北京市习近平新时代中国特色社会主义思想研究中心（北京市社会科学基金项目）“新时代扶贫的成就与经验”（18KDBL061）、中央民族大学科研创新学术团队引领计划“中国少数民族地区精准扶贫研究创新团队”、中央民族大学少数民族事业发展协同创新中心的阶段性成果之一，同时得到了国家自然科学基金青年项目（71603306）、国家社会科学基金一般项目（17BJL099）、国家社会科学基金青年项目（17BMZ112）、中央民族大学建设世界一流大学（学科）和特色发展引导专项资金（应用经济学、理论经济学）学科经费的资助。

中央民族大学经济学院的部分学生参与了实地调研和案例撰写，在实地调研和案例撰写过程中，得到了少数民族地区相关政府部门、贫困户的支持和帮助，在此表示感谢。

FOREWORD 前言

伴随着精准扶贫的持续推进，我国的贫困越来越向民族地区和特殊群体集中。党的十八大以来，以习近平同志为核心的党中央高度重视扶贫开发工作，提出了精准扶贫的重要思想。伴随着精准扶贫精准脱贫方略的持续推进，中国的减贫事业取得了巨大成就，农村贫困人口从2011年年末的1.22亿人减少至2017年年底的3046万人。到2017年年底，12.8万个贫困村已经有6万个脱贫出列，832个国家级贫困县（含片区县）已经有153个贫困县宣布“摘帽”。

为了真实记录脱贫攻坚波澜壮阔的生动实践，全面宣传脱贫攻坚的历史成就，深入评估民族地区脱贫攻坚的多方面影响，同时为丰富发展中国特色扶贫开发理论提供案例支撑，在《中国少数民族地区精准扶贫案例集（2017）》的基础之上，我们撰写了《中国少数民族地区精准扶贫案例集（2018）》（以下简称案例集）。案例集通过对深度贫困集中地带——民族地区不同类型扶贫案例的梳理与分析，厘清不同类型扶贫案例的机制和主要做法，分析其面临的问题，给出案例启示，为全国各地尤其是深度贫困地区开展类似的扶贫提供参考依据。

案例集共13章。通过实地调查和案例分析，前12章讨论了民族地区精准扶贫的12种模式，分别是四川省凉山彝族自治州的教育扶贫模式、贵州省的大数据扶贫模式、武陵山片区怀化市鹤城区黄岩地区的旅游扶贫模式、云南省西双版纳傣族自治州勐腊县的公益扶贫模式、内蒙古自治区喀喇沁旗的资产收益扶贫模式、云南省红河哈尼族彝族自治州的林业扶贫模式、云南省江城县的农垦特色产业扶贫模式、青海省的拉面扶贫模式、宁夏回族自治区盐池县的健康扶贫模式、甘肃省临夏回族自治州东乡族自治县的外促内生脱贫模式、内蒙古自治区乌兰浩特市的“菜单式”扶贫模式、云南省迪庆藏族自治州羊拉乡的交通扶贫模式。最后一章讨论了精准扶贫过程中产生的自发移民现象。通过案例分析，有几点发现。

四川省凉山彝族自治州的全方位教育扶贫计划充分考虑了凉山彝族“直过民族”特殊的历史遗留问题，采取多样化的方式满足了不同年龄阶段贫困人口不同层次的需求，在提高贫困户知识技能的同时提升思想意识，是推动“直过民族”贫困人口全面脱贫的最直接、最有效的手段。

贵州省“精准扶贫云”大数据支撑平台为有效保障扶贫工作过程中的精准识别、精准帮扶、精准跟踪、精准脱贫提供了新的思路。“精准扶贫云”与“产业云”“电子商务云”“教育云”“医疗健康云”等大数据支撑平台的结合，将数据与实体经济深度统合，加快了大数据与实体经济、乡村振兴、服务民生、社会治理4个方面的融合，成为贵州省精准扶贫工作进程中的特色和亮点。

湖南省怀化市鹤城区黄岩地区在其旅游扶贫实践中，充分发挥了旅游业产业关联性广的特点，在5个方面均获得了收益：村民直接参与旅游经营，在乡村旅游经营户中参与接待服务，出售自家农副土特产品获得收入，通过参加乡村旅游合作社和土地流转获得租金，通过资金、人力、土地参与乡村旅游经营获取入股分红。“黄岩模式”最重要的经验是不仅要发挥能人的引领作用，也关注贫困户，以产业发展促进村民自身能力的提高，通过“输血”激发“造血”功能，保障扶贫的可持续性。

民间公益组织“小云助贫中心”在云南省西双版纳傣族自治州勐腊县河边村从贫困诊断、整合资源、规划先行、住房改造、产业生计发展、公益型社区建设和大众公益概念的践行7个方面开展了村级贫困综合治理。通过公益组织的介入，推行“主导性产业＋辅助性产业＋基础性产业”的复合型产业发展模式，以“公益组织＋政府”的有机结合来积极撬动公共资源，实施人人参与的公益型乡村治理模式，重视本土人力资源的培养，为深度贫困地区的脱贫攻坚和乡村治理找到了另一条可行的道路。

内蒙古自治区喀喇沁旗的资产收益扶贫照顾了现有贫困人口劳动能力不足、市场意识差的问题，主要有土地资源收益扶贫、旅游资源收益扶贫和投资收益扶贫3种模式，确保了扶贫的精准性和短期的可持续性，但也存在扶贫收益分配缺乏监管机制、经营主体存在经营风险、贫困农户参与度低等风险。应该改革和创新资产收益扶贫机制，更有效地发挥收益扶贫的效用。

在产业扶贫方面，云南省红河哈尼族彝族自治州林业局围绕林业产业扶贫、退耕兑现扶贫、生态补偿扶贫、挂包帮村扶贫、林权流转、选聘生态护林员等措施，取得了良好的扶贫成效。江城县云垦集团及其下属的云胶江城公司，充分发挥集团天然橡胶的产业优势、规模优势、管理优势和科技优势，以“公司＋基地＋农户＋示范＋市场”的生产经营方式助力产业脱贫，以“五兵”“三保障”的理念服务脱贫攻坚。青海省则通过在拉面产业中实施在岗实训、资金投入、政策扶贫、发展战略、返乡创业、管理服务、“互联网＋”等措施助推脱贫攻坚，使“拉面经济”成为青海省贫困群众脱贫致富最直接、最有效、最快捷的途径，走出了一条具有青藏高原民族特色的脱贫攻坚产业发展之路。

宁夏回族自治区盐池县的健康扶贫，主要通过开展健康促进工程、做好预防保健工作、构筑健康医疗保障防护网、加强医疗卫生服务能力建设等措施，做到让贫困户不得病、少得病、看得起病、看得好病，在有效解决因病致贫和因病返贫问题的同时，培养了贫困户的健康意识和保险意识，提高了贫困户的健康素养，完善了当地的基本医疗体系，提升了医疗服务能力。

作为“三区三州”中贫困程度最深的贫困县之一，东乡族自治县贫困面大、贫困程度深、脱贫巩固难，单一的内生力量难以对其贫困状况作出改变。中央政府、临夏州政府、东乡县政府等各方面通过协调，制定了以外部资源扶持为主的拉动式外促内生的扶贫模式。东乡县依靠各级政府、各国企单位的帮扶和投入，通过基础设施建设、制造产业、对接项目、开发品牌，将县内的贫困户整合起来。随着外部扶贫力量的不断注入，东乡县脱贫的内生力量不断被激发，内生力量与外部力量形成合力，脱贫工作取得巨大进展。

内蒙古自治区乌兰浩特市根据全市农村贫困现状，建档立卡贫困户实际需要和贫困人口宜居环境、适宜发展产业、适用技术需求等情况，创新实施了独具特色的“菜单式”扶贫方式，即“政府制定菜单、贫困户点菜、帮扶部门提供配菜、政府埋单”的方式，列出易地扶贫搬迁、脱贫产业发展、适用能力培训和政策兜底共4大项55小项脱贫方式菜单，提供给建档立卡贫困户选择。采取贫困户先建后补，政府埋单，“上菜”后动态监测的方法，确保脱贫攻坚工作精准到人。“菜单式”扶贫提升了贫困户的内生动力和自主发展能力，提高了产业扶贫精准度，增强了外在帮扶效果，降低了交易成本，最终实现“精准滴灌”，使贫困户实现了可持续发展脱贫。

云南省迪庆藏族自治州羊拉乡是云南省最后一个通公路的乡。在羊拉乡的交通扶贫过程中，政府、公司和羊拉乡人参与其中，不同的行为动因、不同的行为策略，推进了“交通扶贫＋”模式的开展。当然，在这一过程中，合作与冲突交相发展。因此，在交通扶贫过程中，要建立政府与村民之间的良性互动、交通扶贫利益相关者之间的均衡发展关系，同时加大内部人才培养、建立技术培训工会、贯彻可持续发展观等。

此外，在精准扶贫过程中，自发移民现象也给精准扶贫工作带来了难度。课题组针对这一现象专门赴四川省凉山彝族自治州进行了调研和分析。调研发现，20世纪80年代起，四川凉山出现了从高寒山区、偏远山区、自然环境恶劣地区、灾害多发易发山区，向河谷地带、城镇附近和平原农区迁徙的自发移民现象，成为当地不可忽视的社会现象，并引发了户籍管理与公共资源享用不匹配、政府管理成本高企、影响村委选举和党组织活动的开展、针对贫困户的住房安置政策改变了财富排序、留守儿童增多等问题。推进自发移民贫困户的脱贫攻坚，需要从改革户籍制度、逐步放宽移民落户政策，调整自发移民户的住房安置补偿，加强就业培训、培养内生动力，全面提高教育资源的供给水平等4个方面着手。这就需要相关政府部门的参与和配合。在“三位一体”大扶贫格局的背景下，这些问题都能得到很好的解决。

考虑到调研的可行性和资料的可得性，2018年的案例集仅选取了部分典型，全国还有很多典型的精准扶贫案例未被纳入进来。接下来，我们将继续搜集全国各地比较典型的精准扶贫案例并将其收录到案例集中，以期为进一步推进精准扶贫和精准脱贫贡献力量。由于著者水平有限，本案例集在结构和内容上仍然存在许多不当或疏漏之处，还望方家批评指正！

CONTENTS 目录

第一章　教育扶贫：四川省凉山彝族自治州模式

破解深度贫困难题是当前脱贫攻坚最主要也最艰难的任务。过去5年，我国采取超常规治贫举措，脱贫攻坚取得决定性进展，但2018—2020年还有3046万农村贫困人口需要脱贫，深度贫困问题严重，深度贫困地区贫困发生率高、脆弱程度高、返贫风险高。2018年6月15日，中共中央、国务院发布了《中共中央 国务院关于打赢脱贫攻坚战三年行动的指导意见》，指出要坚持脱贫攻坚目标和现行扶贫标准，聚焦深度贫困地区和特殊贫困群体，集中力量支持深度贫困地区脱贫攻坚，并制定一系列精准帮扶举措。我国深度贫困问题主要集中在民族地区，截至2017年年底，民族八省区贫困人口占全国贫困人口的比例高达33.88%。除要素、资源和环境禀赋稀缺等一般贫困成因之外，深度贫困民族地区还有一个特殊的致贫原因——文化差异。部分群体之所以长期处于贫困状态，是因为他们并不认为自己贫困，并不会主动采取任何措施改变现状，对外界给予的扶贫项目反应也不积极，表现为内生动力不足。"直过民族"是深度贫困民族地区特殊的贫困群体，"直过民族"生活方式落后、社会发育程度低、缺乏市场竞争意识、可持续生计能力差。攻克"直过民族"的深度贫困，成为当前脱贫攻坚的重中之重。

教育扶贫与民族地区贫困人口脱贫对可持续生计能力的需求和对文化变革的需求内在契合，成为深度贫困地区尤其是"直过民族"地区脱贫攻坚的重要方式。新时期精准扶贫理论的提出，为教育扶贫注入了新的活力。2015年，中共中央、国务院出台了《中共中央 国务院关于打赢脱贫攻坚战的决定》，明确要求"要着力加强教育脱贫，加快实施教育扶贫工程，让贫困家庭子女都能接受公平有质量的教育，阻断贫困代际传递"。教育扶贫被提到了新的高度。我国已经采取了多项基础教育扶贫措施，深度贫困民族地区义务教育辍学率大幅降低，义务教育质量稳步提高，但是"直过民族"地区教育仍有历史遗留问题。凉山地区40岁以上贫困人口文盲率高、小孩学业成绩受限于普通话水平等问题突出，应针对凉山州"直过民族"，制订全面教育扶贫计划，针对不同年龄阶段贫困人口的不同层次需求，采取多样化的方式进行满足，在提高知识技能的同时提升其思想意识，推动“直过民族”贫困人口全面脱贫。

一、民族地区教育扶贫的机制及路径

教育是一项系统的作用于人的活动，其本质属性在于传递性。通过教育，可以传递文化，传递劳动成果和智慧结晶。换言之，教育既可以改变人的思维观念，也可以改善人的可行能力。我国民族地区贫困人口普遍存在思维固化、可行能力弱等特点，教育可以有效改善这方面的问题。

（一）教育与民族贫困人口脱贫对可持续生计能力的需求内在契合

“生计”是人谋生的方法，生计能力决定谋生方式，影响生存状态。人们由于不同的生计能力，选择不同的谋生方式，最后导致不同的生存状态，出现贫富差距。20 世纪末，一种以“生计”为核心概念，围绕贫困问题展开的新的研究方式诞生，即可持续生计方法。该方法不仅有助于理解贫困产生的多维原因，而且能从多个维度提出解决方案。可持续生计分析框架中的生计资产包括自然资本、人力资本、社会资本、金融资本以及物质资本。我国少数民族地区历史、自然、环境等多种因素交织，在可持续生计分析框架涵盖的 5 个生计资本的各个方面的拥有情况都较其他地区差，导致民族地区贫困人口在现实生活生产中各种可行能力弱，且脆弱性极高，在面临突如其来的自然灾害或者家庭变故时，应对能力较弱，从而陷入更深的贫困。大力发展民族地区教育能有效缓解民族地区贫困人口生计能力低下问题，从而提高其各种可行能力以及应对风险的能力。

1. 教育能改善民族地区的人力资本，这是教育最直接、最明显的功能

人力资本主要包括教育程度、知识技能、劳动能力、健康状况等方面，人力资本低下或缺失，会导致能力贫困，这是民族地区人口致贫的重要因素。早在 1960 年，舒尔茨就提出，经济的发展取决于人的质量而不是自然资源的数量或资本的存量，贫困地区之所以落后，在于人力资本匮乏。加强教育事业能改善人力资本，有效地增加劳动者的技能，提高劳动生产率和经济效益。其后，阿玛蒂亚·森提出“能力贫困理论”，强调能力不足是贫困的真实根源。可见，人力资本在民族地区发展中处于十分重要的位置。然而，整体来看，我国民族地区贫困人口的人力资本普遍较低。他们掌握的知识较少，尤其是对新知识的掌握和理解远远跟不上时代步伐；劳动技能低，表现在在生产关系上继续沿用传统的生产方式，对新技术、新发明运

用少；生活方式落后，加上较低的医疗水平，健康状况堪忧。在民族地区大力发展教育，一方面能丰富民族贫困人口的知识积累，更新其知识结构，提高劳动者素质，另一方面能提高少数民族运用新技术、新发明的能力，提升劳动者技能水平。此外，由于知识水平的提高，民族贫困人口的生活方式和对医学的认识会大大改善，从而改善健康状况。

2. 教育能提高民族贫困人口对自然资本和物质资本的使用率

我国少数民族一般生活在地理位置偏远的边际地带，当地自然资本丰富，尤其是水资源、矿产、动植物资源等十分丰富。由于民族地区贫困人口受教育程度低，其对这些自然资源的利用方式单一、程度较低，加上技能水平低、创新能力弱，对自然资本的利用多是基于传统生产模式，导致其对自然资本的利用效率和程度大打折扣。民族地区对教育的投入可提高贫困人口的知识技能，从而拓展自然资本使用的深度和广度。在物质资本方面，随着民族地区精准扶贫政策的推进，民族地区物质资本尤其是各类基础设施不断改善，然而由于贫困人口受教育程度低，其对各项物质资本的使用远远低于非贫困人口，从而致使两者之间的贫富差距扩大。加强民族贫困人口教育，提高其受教育程度，可加大民族贫困人口对物质资本的使用程度和频率，从外部条件上防止贫富差距的扩大。

3. 教育能扩大民族贫困人口的社会资本和金融资本

社会资本是指社会主体之间的相互关联，包括社会网络、互惠性规范和由此产生的信任，是人们在社会结构中所处的位置给他们带来的资源。社会资本蕴含于社会团体、社会网络之中，个人不能直接占有和运用它，只有成为该网络的成员或建立起网络连带，才能接近与使用该资本。一般而言，民族贫困人口处于较低的社会网络中，可帮助其发展的社会资本较少或者较低。加强对民族贫困人口的教育力度，提高其知识技能，不仅能提升其所处的社会网络层次，还可加强其对社会资本的获取能力。民族贫困人口的金融资本，不仅包括显性的储蓄、工资收入，还包括隐性的贷款或借债。随着民族地区扶贫力度的加大，银行贷款的种类和数量不断增加。民族地区贫困人口的知识技能与非贫困人口相比存在较大差距。在贷款数额有限的情况下，富人对穷人的挤出效应，使得受教育程度高的富人更容易获得贷款机会。提高民族贫困人口的教育水平可以增加其获得贷款的概率，扩大其金融资本。

（二）教育与民族贫困人口脱贫对文化变革的需求内在契合

文化观念体现了劳动者整合自身和各种资源的能动性。美国学者博厄斯认为，每个民族或地区由其特定的发展历程产生与之相适应的特定文化，文化没有高低、贵贱之分，文化之间只存在差异。深度贫困民族地区存在思想保守，听天由命，自信心差，缺乏效率与个人效能感等传统文化观念。少数民族贫困人口长期生活在这种文化氛围中，各种习惯和习俗精准固化，形成路径依赖，无法内生出可以助推地区经济发展的非正式制度变迁的力量；并且，这种贫困文化一旦形成，便会对周围人产生强大的辐射并影响到下一代，导致代际传递。总而言之，少数民族贫困人口自身构建的“内卷化”，使少数民族贫困人口在社会关系和互动结构中处于不利地位，导致贫困的再生产。

1. 加强民族地区教育可以防止一部分人对少数民族的“污名化”

在我国民族地区，少数民族呈“大杂居、小聚居”的分布状态。随着交通条件的改善及人口的流动，民族间的交往交流日益广泛，民族间的差异在自观和他观中逐渐凸显，尤其是文化上的差异十分突出。加强民族地区教育，可以使各民族之间加深对彼此文化的了解，辩证地看待文化间的差异，厘清文化差异与文化差距的不同，在深度了解民族文化特性的基础上，尊重民族文化。

2. 加强民族地区教育可以使少数民族重塑文化自信，并适时变革文化理念

民族地区的发展，离不开外界的推动，更离不开少数民族自身的努力。实践证明，外源式扶贫虽然能在较短时间内推动民族地区经济发展，但这种发展是暂时的。只有从根本上调动少数民族人口的积极性，激发其内生动力，才能长期有效地保证精准脱贫的实现。少数民族内生动力的激发，首先源于对自身文化的正确认识。一方面，教育可以激发少数民族的文化自觉和文化自信，使其认识到自身文化的优点和长处，从而保证其在与其他民族交往时保持平等地位，不卑不亢；另一方面，通过教育学习，少数民族能够基于自身文化网络系统适时吸纳先进的文化元素，植入先进的思维观念，提升个人效能感，铸牢中华民族共同体意识。

二、教育缺失是凉山州深度贫困的主要原因

凉山州“直过民族”彝族从奴隶社会一步跨入社会主义社会，社会形态完成了跨越式变更，而文化发展却严重滞后，改造旧思想观念的时间周期长，无法一蹴而就。文化发展程度无法满足社会形态发展需求，成为“直过民族”地区发展的瓶颈。“直过民族”传统文化认知与现代文明之间存在差异，导致其对“贫困”“幸福”等认知存在差异。某种现代文明认为是贫困、落后的现象，对“直过民族”群众而言，可能被认为属于正常现象，从而缺乏内生发展动力，导致其长期处于深度贫困状态。

“直过民族”的原始思想观念导致了特殊的社会难题。主要包括：①超生。“直过民族”信奉多子多福的生育观念，直接导致严重超生，凉山州2016年人口出生率为19.46‰，远高于全国12.95‰的水平。凉山州建档立卡贫困户户均人口4.9人，考虑到“五保户”和分家的情形，凉山州彝族核心家庭一般都有4个以上小孩。由于小孩尚未成为劳动力，直接拉低了家庭的人均纯收入，使家庭陷入贫困。②语言障碍。“直过民族”彝族有自己的语言体系，彝族聚居区普遍存在教育缺乏问题，导致普通话基础薄弱、教学语言障碍严重。③重消费轻储蓄投资。对于凉山州彝族来说，吃饱给他们带来的效用远大于储蓄和投资给他们带来的效用。种植养殖资源一般均自用，资源资本化比例低。虽然主要是受限于当地的交通条件，但缺乏资本化意识也是不可忽视的因素。④外出务工受限。“直过民族”受教育水平低，不会说普通话，在目前竞争充分的就业市场上并不具备竞争优势，工资待遇低，务工数月不见成效便返乡。⑤饮食习惯引发身体疾病。凉山山区和半山区以种植土豆、燕麦和玉米为主，海拔2500米以上只能种植土豆、玉米和苦荞，畜牧业以猪、羊为主，同时畜养牛、马、鸡等。由于交通条件和经济条件差，种植养殖结构决定了饮食结构，凉山贫困山村的群众以土豆为主食，逢年过节会吃“坨坨肉”、腊肉。饮食结构单一，卫生情况极差，营养不均衡。长期只食用水煮土豆可能引发人体营养不良、体力不佳、畏寒、体重减轻、易饥饿、易疲劳、身体抵抗力下降等问题。凉山地区贫困小孩在身高、体重上均落后于同龄人的平均水平。⑥民间巫术占有一定的市场地位。受落后的生育观及医疗条件限制，绝大多数凉山产妇在家里生产，请接生婆帮助接生。接生婆没有经过专业培训，只凭经验接生，因处置不当而造成孕产妇死亡的事件也时有发生。受封建落后思想的影响，民间巫术目前在凉山州仍有一定市场，生病不去医院确诊治疗，而采用巫师的治疗意见，用偏方、乱用药、不用药，时常耽误最佳治疗期或因错治误诊导致死亡。⑦贫困代际传递。父母落后的思想观念极有可能直接遗传给孩子，造成文化贫困和经济贫困的“双重贫困”情况。由于历史原因，凉山州40岁以上的贫困人口受教育水平低、女性文盲率高。笔者访问的建档立卡贫困户中，40岁以上的贫困人口中，没有人上过初中，有小学文化水平的占62.5%，没上过学的占37.5%（全部为女性），近三成贫困人口不会写自己的名字。父母受教育程度低，观念落后，“教育无用论”、有打工能力直接外出务工的现象普遍存在，直接导致孩子教育缺失，贫困产生恶性循环。

“直过民族”传统的文化认知引致了不健康饮食、不合理消费、超生等远离现代文明的思想和行为，教育缺失加剧了其与现代文明之间的差距，进一步扩大了文化差异，恶化了“直过民族”地区脱贫攻坚工作开展条件，影响脱贫攻坚有效推进，难以确保到2020年“直过民族”深度贫困地区和贫困群众同全国一道进入全面小康社会。

三、凉山州的全方位教育扶贫计划及其效果

（一）常规教育扶贫手段在“直过民族”地区很难达到理想效果

国家提出“五个一批”脱贫措施，四川省特设教育扶贫专项，教育经费均向贫困地区、基础教育、职业教育倾斜，旨在改善贫困地区的办学条件、降低贫困户因学致贫风险。这些常规教育扶贫手段以保障义务教育为核心，全面落实教育扶贫政策，进一步降低贫困地区特别是深度贫困地区、民族地区的义务教育辍学率，稳步提高贫困地区义务教育质量。通过常规教育扶贫政策帮扶，凉山“直过民族”地区义务教育基本得到保障，但仍有历史遗留问题未得到解决，主要概括为以下几个方面：

一是凉山州已基本保障基础教育，但办学条件亟待提高。截至2017年年底，义务教育阶段学生达78.79万人，小学、初中适龄人口入学率分别达99.72%、97.39%。2018年拟退出贫困人口中，义务教育保障达标率为100%，但“班额大，住不下，均衡难，缺口大”问题严峻。全州义务教育学校56人及以上大班级达2969个，占比11.6%；66人以上超大班级1179个，占9.7%；班级规模最高达90人/班，远超正规40人/班的标准规模。义务教育阶段，寄宿制学校每个床位睡1.27个学生，最多睡2～3个。针对凉山普遍存在的办学条件落后及教学资源拥挤现象，应全面推进贫困地区义务教育薄弱学校改造工作，重点加强乡镇寄宿制学校和乡村小规模学校建设，确保所有义务教育学校达到基本办学条件。

二是40岁以上贫困人口受教育水平低、文盲率高。这个年龄段的贫困户是常规教育扶贫最容易忽略的人群，却也是凉山脱贫攻坚的关键。首先，父母是孩子的第一任老师，父母教育缺失是孩子文化认知落后的根源；其次，作为家庭主要劳动力，受教育程度低，不会讲普通话，外出务工受限，直接影响家庭收入；再次，作为脱贫攻坚的主攻主体，文化认知落后将直接导致脱贫内生动力不足，如认为超生属于正常现象，对恶劣的居住环境与卫生状况感到满意，放弃外出追求美好生活等；最后，凉山州彝区村民与外界沟通困难、对扶贫政策一知半解、缺乏种养殖技术、陈规陋习尚存等问题，阻碍了当地推动扶贫工作。

三是学龄前儿童未接受教育，未来学业成绩受限于普通话水平。“直过民族”儿童输在当地教育的“起跑线”上，由于只有入学才可以学习普通话，普通话基础

薄弱、教学语言障碍严重，使其学业成绩处于中下水平，产生厌学情绪，导致升学率低、辍学率高。

四是义务教育阶段后续教育问题。国家实行九年义务教育政策后，初中辍学率大幅度降低，而高中升学率却未得到提高。义务教育阶段学习完成后辍学率明显提高、升学率变低，后续教育无保障。首先，“普九”为初中教育提供保障，但升学压力的消失导致部分学生基础薄弱、成绩差。随着升学后学习难度逐渐加大，学生之间的差距增大，成绩差的学生学习积极性降低，丧失学习动机，甚至萌生厌学情绪，高中升学率无法保证，辍学率高。其次，家庭教育观念落后导致辍学。凉山彝区农村人口文化水平普遍偏低，“读书无用论”盛行，对他们而言，教育的意义仅体现在是否可以顺利找到高薪稳定的工作，忽视教育带给孩子的长远利益。目前国家包分配的政策已被自主就业替代，就业竞争激烈，毕业就业无法保障。社会底层劳动力短缺、个别文化层次低者发财致富的现象，加剧了这种思想意识，初中毕业未考上高中便外出务工成为凉山彝区普遍存在的现象。但简单劳动力逐渐被高新技术替代已成为目前社会发展的大趋势，为推动凉山地区长远发展，义务教育阶段后续教育问题应引起足够的重视。

五是“直过民族”育龄妇女文化认知水平低、生活习惯差，不利于孩子初期成长。父母是孩子的第一任老师，凉山彝区女性相夫教子，母亲在孩子的成长教育中扮演着不可或缺的重要角色。首先，彝族历史遗留的陈规陋习，导致他们卫生习惯差，除居住环境脏乱差外，个人卫生也有待提高。大人小孩穿的衣服普遍比较脏，由于缺水、农忙或者习惯等，基本上没有勤洗衣服的习惯。其次，彝族育龄妇女受教育水平低，普遍不会讲普通话。1～3岁是小孩语言能力及良好生活习惯培养的关键时期，小孩成长初期教育问题并未引起重视，不利于孩子后期成长。因此，除常规教育扶贫外，还应对建档立卡贫困户的育龄妇女进行培训。

（二）全方位教育计划是破解“直过民族”深度贫困难题的有效手段

针对凉山州彝族“直过民族”，应制订全面教育扶贫计划。满足不同年龄阶段贫困人口的不同层次需求，并充分考虑凉山州彝族“直过民族”的特殊历史遗留问题，在提高知识技能的同时提升他们的思想意识，是推动“直过民族”贫困人口全面脱贫最直接、最有效的手段。

一是教育扶贫对象实现3岁以上贫困群体全覆盖。改革开放以前，凉山地区教育基础设施落后、教学水平低，彝族对教育的重视程度不够，导致目前40岁以上的彝族贫困群体文化程度低下，大部分女性不会说普通话、识字率低。改革开放以后，凉山地区教育基础设施、教学水平和彝族同胞对教育的重视程度都有了较大提升，但是，上学晚、不会说普通话的问题仍然突出。凉山州教育扶贫行动针对上述问题，分别实施“一村一幼”、“9+3”计划和基于“农民夜校”的新型农民素质提升工程。“一村一幼”针对学龄前儿童，主要任务是教学龄前儿童普通话；“9+3”计划主要是针对非义务教育的中职或高职学生，主要任务是提升贫困儿童的就业技能；基于“农民夜校”的新型农民素质提升工程主要针对农民，尤其是40岁以上在家务农的贫困农民，主要任务是学普通话、学农业生产技术、提高思想素质等。通过以上教育扶贫措施，凉山州实现3岁以上贫困人口教育的全覆盖，提升了“直过民族”的思想意识、就业技能和现代化水平。

二是通过教育扶贫手段的多样化提高教学效果。针对不同年龄阶段的人群采取不同的教学方式，因时、因地、因材施教。针对学龄前儿童，采用辅导员制度，主要通过玩游戏、唱歌等集体活动激发小朋友讲普通话；对于义务教育阶段的小孩，主要采用课堂教学的模式，提高学习效率，在最短的时间学习最多的知识；针对中职或高职学生，主要采用“课堂教学+实训”的方式，理论与实践相结合，提高学生的动手能力和职业素养；对于已经脱离学生时代的农民，则避开农忙的白天，在夜间开展教学，并采取“菜单式”教学模式，让农民“点菜”、教师“下厨”，运用“一周一主题”开展教学活动，采取课堂教学、现场观摩、基地实践等多种方式，开展双语教学、移风易俗、农村实用技术、法律法规、就业技能等培训。教学方式的多样化提高了贫困人口的学习兴趣和效率，提升了贫困人口的知识水平、文化素养和就业技能。

三是开展“小手牵大手”行动，提升“直过民族”贫困家庭的现代化水平。凉山州在全民教育的基础之上，要求学生将在学校学到的好习惯带回家里，并推动家长养成好习惯。学生们把老师教会的洗手、洗脸、刷牙、洗脚和洗衣等卫生好习惯，学到的“防艾”知识，上了嘴的普通话带回家里，并在家里践行，“小手拉大手”，逐步推动家长也养成好习惯、讲普通话。

四是针对凉山州育龄妇女进行教育。凉山州彝族贫困代际传递及超生问题严峻，为从根源消除贫困，让贫困户子女接受教育、提升思想尤为重要。除教育扶贫外，还应对建档立卡贫困户的育龄妇女进行培训。父母是孩子的第一任老师，凉山州彝区女性相夫教子，母亲在孩子的成长教育中扮演着不可或缺的重要角色。对育龄妇女进行培训，包括普通话、生活习惯等方面，有利于其培养孩子学会普通话、养成良好的生活习惯及树立正确的价值观，从长期来看，有利于全面彻底摆脱贫困。

（三）凉山州彝区已采取的教育扶贫措施及成果

1. 针对文化差异问题，开展“教育扶贫专项”和“‘四好’村创建专项”工程，阻隔贫困代际传递

（1）在保障义务教育的基础之上，实施“一村一幼”和“9+3”计划，推动学前学会普通话，提升就业技能，带动家庭脱贫

凉山州出台义务教育控辍保学“一方案三办法十制度”，截至2017年年底，义务教育阶段学生达78.79万人，小学、初中适龄人口入学率分别达99.72%、97.39%。2018年拟退出贫困人口中，义务教育保障达标率为100%。精准优先帮扶家庭经济困难学生，十五年免费教育惠及113万名中小学生，27万名建档立卡贫困家庭学生享受资助，各贫困县均设立了不低于300万元的教育扶贫救助基金。

（2）儿童学前学会普通话：“一村一幼”计划

据了解，少数民族（特别是有民族语言系统的民族，如彝族等）儿童普通话基础薄弱、教学语言障碍严重，导致升学率低、辍学率高。为推动民族地区儿童学习国家通用语言、化解基础教育阶段教学语言障碍、培养良好行为习惯、从源头上打破“贫困积累循环效应”，2015年8月，四川省在凉山彝区率先启动实施“一村一幼”计划，以建制村为单位，一个村设立一个幼儿教学点，根据实际情况也可“多村一幼”或“一村多幼”，组织开展以双语教育为主要内容的学前教育，3~6周岁的幼儿都可免费就近接受学前教育。

为大力开展“学前学会普通话”试点，2018年5月28日，国务院扶贫办在凉山州组织召开“学前学会普通话”行动启动仪式和工作协调会。建立凉山州“学前学会普通话”工作协调小组；充分发挥“学前学会普通话”在“控辍保学”中的基础性作用，将凉山州“学前学会普通话”行动纳入省委、省政府《关于精准扶贫综合帮扶凉山州全面打赢脱贫攻坚的意见》，周密制定“学前学会普通话”工作实施方案，先试点再推广，全员轮训“一村一幼”双语辅导员，所需经费纳入教育扶贫资金安排。率先在昭觉、布托2个县进行教学试点，然后在其余的9个深度贫困县实现幼教点覆盖开展。

截至2018年6月，凉山州利用村级活动场、闲置村小等开办村级幼教点3096个，制定《凉山州村级幼教点辅导员聘用条件和程序》，对“一村一幼”辅导员的学历、普通话、年龄等条件作出明确规定，保证辅导员的基本素质。同时，制定了《凉山州“一村一幼”学前教育辅导员培训方案（试行）》，采取州级培训骨干、县级全员培训方式，提升师德师风修养水平，强化事业心和责任感，提高辅导员自身

素质和能力。截至2018年6月，凉山州学前3年毛入园率达83.4%，500个拟退出村学前教育设施达标481个，占目标任务的96.2%。

专栏1-1　凉山州喜德县"一村一幼"开办情况

喜德县已开办"一村一幼"幼教点141个，实现入园人数4734人，配备幼教点辅导员320名。喜德县秉承严谨办学的态度，高标准、高要求聘用幼教点辅导员。在全县范围内通过公开考试聘用了具有中专及以上学历甚至本科学历的320名辅导员，每名辅导员都具有教师资格证、二级乙等及以上普通话等级证书。每名辅导员都进行了为期1周的岗前培训，到县机关幼儿园、光明镇中心幼儿园跟岗学习。根据中共凉山州委、凉山州人民政府《关于加快发展学前教育的实施意见》（凉委发〔2015〕19号）文件精神，给予"一村一幼"辅导员每人每月2000元的劳务报酬补助，全州所有"一村一幼"辅导员劳务报酬统一执行一个标准，即每月2000元。

3~6岁适龄儿童均可免费入园接受教育。2018年，县政府按照每生700元标准减免10510名在院幼儿园保教费；辅导员采用彝语与普通话双语教学，从健康领域、语言领域、社会领域、科学领域、艺术领域等方面设置课程，旨在实现儿童学前学会普通话。

喜德县尼波镇尼觉村幼教点招聘辅导员2名，招收学生12名。在走访农户过程中，小孩可以用普通话交流，并在与家长交流过程中担任翻译，部分家长能够听懂普通话，还有家长可以简单使用普通话交流，孩子教大人说普通话初见效果。另外，通过电视节目学会普通话也是学前学会普通话的一种常见方式。

（3）职业教育"9+3"计划

2014年，四川省委、省政府为了促进彝区发展、帮助彝区老百姓脱贫致富，实行了"9+3"彝区免费职业教育计划。职业教育"9+3"计划即在九年义务教育的基础上，对藏区、彝区孩子再提供3年的免费中职教育。2018年招录4390名彝区、藏区"9+3"学生到内地优质中职学校（"内地班"）就读。目前州内中职学校18所，在校学生3万人。为扩大"9+3"计划的影响力，推动该政策有效实施，凉山州作出了多方努力：

一是加大宣传力度。凉山州各级政府、教育主管部门、"9+3"驻成都联络组、各县初（高）级中学召开专题会议，利用公共信息平台、新闻媒体、"9+3"在校生演讲等多种形式，对大小凉山民族地区11个县（包括木里县，安宁河沿线6个县市不在范围内）进行大力宣传。

二是有序组织生源。采取“六长”（即县长、局长、乡长、校长、村主任、家长）负责制，召开专题会议，签订责任书，与干部考核任免挂钩，确保招生任务和控辍保学。

三是加大补助力度。免除每生每年2000元学费；补助一、二年级每生每年3000元，三年级1500元生活费；补助学生交通、住宿、书本每生每年1500元杂费等共7项。

四是适当帮助就业。按照《四川省民族地区免费中等职业教育计划领导小组办公室关于做好2018年“9+3”高职单招相关宣传和报名工作的通知》，四川省2018年继续开展高职院校面向藏区和大小凉山彝区“9+3”免费教育计划毕业生单独招生工作，面向应往届毕业生安排500名计划毕业生，免费定向培养3年，取得专科学历。毕业后到深度贫困县企事业单位和基层一线定向就业，服务期不得少于6年。

五是加强教育管理。选派政治觉悟高、责任心强、业务熟悉的干部和双语教师到内地有关学校参与管理教学工作；加强新生军训和入学教育，严格执行中职学校学生行为“十不准”纪律和“三禁两不”规定；教育学生养成良好的行为习惯；深入开展以爱国主义、民族团结、遵纪守法、文明行为、感恩励志教育为主要内容的5项教育。

专栏1-2　凉山州的“9+3”计划

近年来，凉山州深入实施彝区、藏区“9+3”免费教育计划，每年在彝区10县和木里县招录4800余名初中毕业生到内地优质中职学校就读。对这些中职生，四川省给予免除学费、补助生活费和杂费的资助。组织彝族、藏族学生到内地接受高质量职业教育，可以有效提高他们的就业创业能力，帮助家庭摆脱贫困。目前，凉山11个深度贫困县共有9444名学生就读于成都工程职业技术学校等内地32所省属重点职业学校。为了这近万名学生上好学，凉山州还派出了“9+3”驻成都联络组成员和各校驻校干部共84名，帮助学生接受思想品德教育、开展课外文体活动，做好“9+3”毕业生升学和就业工作等。盐源县博大乡彝族小伙子则阿色是四川省商务学校2014级烹饪专业学生，2017年毕业后就被成都市的一家火锅店“抢走了”，现在月收入已经有六七千元。据了解，2014级和2015级凉山“9+3”毕业生共计升学1660名，将从本质上让1660个家庭从思想上脱贫，从而带动物质脱贫。

（4）十五年免费教育计划

2016年春季学期开始，四川省在全省民族自治地区的51个县实施十五年免费教育。在九年义务教育和免费中职教育的基础上，四川省将进一步免除民族自治地区的幼儿园学费和高中学费，并免费提供教科书。截至2017年年底，减免24万名学前教育幼儿每生每年700元保教费，免除76万名义务教育阶段学生、7.6万名普通高中学生学费、书本费，补助28.26万名义务教育阶段家庭经济困难寄宿生生活费。

2. 以农民夜校、文化坝子为依托，开展农民素质提升工程，移风易俗，大幅提高农民的思想意识和劳动力收益

（1）新型农民素质培训工程：农民夜校

为了有效解决凉山州彝区村民与外界语言沟通困难、对扶贫政策一知半解、缺乏种植养殖技术、陈规陋习尚存等问题，克服群众白天忙于农事难以集中学习的困难，凉山州围绕“住上好房子、过上好日子、养上好习惯、形成好风气”这“四好”目标，组建“农民夜校”，采取课堂教学、现场观摩、基地实践等多种方式，开展双语教学、移风易俗、农村实用技术、法律法规、就业技能等培训。实现“培训1人、改变1家、脱贫1户”目标，为打赢脱贫攻坚战提供智力支持。截至2018年，凉山州已投入资金2000余万元，统筹整合场地资源和师资力量，开办“农民夜校”3745所，开设培训专题651个，落实师资17030人次，发放教材168406套册，开展规模不一的各类集中教学、现场培训、送教上门、田间地头辅导等活动103.8万场次，参训人数达195.4万人次。

专栏1-3　冕山镇小山村“农民夜校”

凉山州喜德县冕山镇小山村村“两委”通过征求群众意见和反复商量，从2015年7月开始组建“农民夜校”，以村党支部活动室为主阵地，采取田坎会、院坝会、田园座谈和现场操作等方式，组织村民学习政策法律、文化知识和种植养殖技术。

小山村“农民夜校”以脱贫攻坚和建设社会主义新农村为目标，以提高农民整体素质为出发点，坚持以人为本、注重实效原则，将第一书记和村“两委”干部纳入“农民夜校”组织管理架构，有效吸纳“土专家”、“田秀才”、大学生村官、驻村干部等为教员，采取“菜单式”教学模式，让农民“点菜”、教师“下厨”，运用“一周一主题”开展教学活动。参加“农民夜校”的村民在

思想意识、对国家政策的了解、普通话水平、就业技能等方面都有大幅提升。其中，皮特伍呷，一个先天聋哑的彝族小伙，通过“农民夜校”的技能培训走上了工作岗位，过上了他梦想的“正常人一样的生活”。

（2）开展“六进彝家”行动

围绕科技、文化、教育、卫生、计生、文明等6项重点内容，大力开展“六进彝家”扶贫行动，培育“造血”功能。组建专家服务团18个906人，组建农业技术巡回服务小组89个436人，专家服务团指导服务面覆盖率100%。举办各类形式培训班5034期，培训新型农民1.58万人次，培训村“两委”负责人6658人次，培训贫困户75.5万人次，发放培训资料68.2万份。开展中国梦、社会主义核心价值观、感恩教育、党和政府强农惠农富农政策、法律法规等宣传教育活动8571场次，发放宣传资料247万余份（册），受教育群众达187万人次。持续开展婚丧嫁娶高额彩礼和铺张浪费问题集中整治，推行“红白喜事集中办”，对全州3546个村的“村规民约”进行修订完善，建立4272个基层村民议事会、“红白理事会”、德古协会、禁赌禁毒协会等群众自治组织开展日常监督劝导，促进全州文明乡风的形成。

（3）推进文化惠民扶贫

凉山州投资1.29亿元，完成479个贫困村文化室建设、250个贫困村广播系统建设、450个贫困村阅报栏建设、28941户贫困户电视户户通建设、500个民俗文化坝子（幸福美丽新村文化院坝）等综合性文化服务中心建设，完成484个村农民健身工程，10个彝区县80个彝家新寨建设配套体育设施。举办“大凉山惠民音乐会”50场，开展多种形式的群众惠民文化活动172场次，送文艺演出下乡、下基层673场次，免费放映公益电影28908场次。协助拍摄脱贫攻坚题材电视剧《索玛花开》。新建中央专项彩票公益金，支持乡村学校少年宫项目53个，拨付运转经费539万元。以“农民夜校”为抓手，加大农民内生素质提升培训，助力脱贫攻坚。组织协调新华社、《人民日报》、中央电视台、《四川日报》、《华西都市报》、《新京报》、四川卫视、东方卫视等中央和省级媒体对“悬崖村”等脱贫攻坚进行持续深入宣传。

3. 针对生活习惯脏乱差问题，开展“四好”“五洗”工程

四川省委、省政府将精准扶贫具体化为“住上好房子、过上好日子、养成好习

惯，形成好风气”的“四好”新脱贫观，由物质层面脱贫向精神心理层面脱贫循序渐进地拓展。以“洗脸、洗手、洗脚、洗澡、洗衣服”的“五洗”工程为切入点，逐步帮助他们改掉传统陋习。各县还开展“小手牵大手”活动，动员县中小学师生踊跃投入脱贫攻坚行动，培养中小学生养成良好的个人卫生习惯和行为习惯，从而带动家长参与到“四好”创建工作中来，真正实现“教育一个学生，带动一个家庭，影响整个社会”的良好效应。截至2017年，凉山州创建省级“四好”村157个、州级“四好”村1257个，县市级“四好”村1738个，星级“四好”家庭48.8万户。

专栏1－4　“文明卫生家庭”评比，助力“四好”建设

昭觉县三岔河乡三合村阿基社开展“文明卫生家庭”评比活动，评比内容包括：

（一）每月3日、8日、18日和28日为卫生集中打扫日，村“两委”将随机抽取卫生打扫情况。

（二）各户要实行门前“三包”；污水不乱排、垃圾杂物不乱扔、杂草粪土不乱放；每2个月对住户卫生情况进行评比，卫生优秀的住户授予五星好评，每年共检查6次，得到五星5枚以上，村“两委”将给予物质奖励，卫生较差住户将每次罚款20元。

（三）必须自觉维护道路、水利设施，爱护花草树木；不在路边搭建违章建筑，堆放粪土、乱石、杂物；不得在道路上晒农作物；不在路肩、路边上种植作物、侵占路面；不得破坏本村绿化造林工程，自觉维护道路两边的绿化植物。对于在公路上堆放杂物，影响交通的，相关部门将按照《公路法》予以重处，并每次罚款50元。

（四）各户必须自觉搞好家庭卫生，做到人畜分离。

（五）在本村居住的村民，应合理设置垃圾筐和包装袋，每天晚上或早上6点前将各自的生活垃圾打包后，放到指定垃圾收集处，不得在半途滴漏、抛洒、吹漂，未按规定处理垃圾的，一经发现，每次罚款10元。

四、凉山教育扶贫的启示及机制创新

教育扶贫是一项涉及多个层级扶贫主体与客体的系统工程，通过多元扶贫主体与客体的相互作用实现。民族地区教育扶贫功能的实现，既离不开多元扶贫主体之间的密切配合，也离不开对扶贫客体的微观深度关照。只有协调好多元扶贫主体之间的相互关系，构建起一个合理高效的组织系统，充分发挥各主体的优势，并深度关照扶贫客体，差异化地采取有针对性的措施，才能保障教育扶贫政策的可行性及其与民族地区贫困成因的耦合性，才能靶向制定多途径、多种类的教育方式，为教育精准扶贫的实现创造条件。另外，为了提高扶贫效率，应推动“直过民族”地区现代化建设进程，并采取有条件的转移支付，增强农户脱贫的内生动力。

（一）加强多元扶贫主体之间的配合，构建合理高效的多元扶贫主体体系

教育扶贫主体是教育扶贫行为的组织者和实施者。教育扶贫政策从制定到实施、推广，都离不开扶贫主体的参与。可以说，没有教育扶贫主体的存在，便谈不上教育扶贫。

在我国民族地区，由于对管制型政府职能的路径依赖，以及社会力量参与教育扶贫的体制机制不健全，教育扶贫以政府自上而下的行政推动为主，尚未形成多元社会扶贫主体广泛参与的格局。政府作为民族地区公共利益的代表，不但是各项教育扶贫政策的制定者，而且掌握着国家各类教育扶贫资源，是教育扶贫工作的主导者。例如，民族地区教育扶贫的基础工程——各类基础教育，是民族贫困人口知识提高的关键，皆由政府机关控制。政府“一家独大”的扶贫主体结构虽有利于集中资源办大事，但是由于缺乏必要的竞争和监督，政府教育扶贫的过程中容易滋生腐败，甚至导致各级政府之间及其与贫困户之间为获取扶贫资金展开博弈。另外，政府制度设计上由于缺少必要的协同思维，各教育扶贫部门之间形成碎片化的教育扶贫格局，导致扶贫效率低下。

随着教育扶贫工作的推进，政府主导下的扶贫的边际效益逐渐递减，各类企业、非政府组织成为民族地区教育扶贫的重要参与者，且其作用越来越突显。尤其是在某些职业教育、技术培训领域，企业和非政府组织承担着重要角色。教育扶贫主体的日益多元，为教育扶贫的实现路径提供了多种可能，但是由于各自的利益诉求不同，在教育扶贫体制机制不健全的情况下会存在各种矛盾和博弈。例如，政府在教育扶贫成就评价上，以“总量”和“人均”作为重要衡量指标，出于自我利益最大化的考量，政府官员可能存在“设租”行为，而企业和各类非政府组织为了逐利可能存在“寻租”行为。各类扶贫主体之间的博弈和竞争，会导致教育扶贫资源的浪费或者导致教育扶贫不够精准，难以达到预期目标。

为保障民族地区教育精准扶贫政策的落实，需要构建政府主导、各方参与、利益协调、权责明晰的教育扶贫主体体系。首先，在教育扶贫的过程中，要充分发挥社会主义国家的优势，保障政府的核心主体地位。一方面，要完善政府职能，构建

服务型法治政府。政府要严格遵守各项法律法规，以国家强制力，确保各类扶贫措施的精准落实、各项资源的充分利用。另一方面，要加强对各项扶贫政策、措施的统筹规划，做好顶层设计，保证各扶贫主体之间的通力合作，防止扶贫主体间扶贫行动和目标的碎片化。各级政府及部门之间要加强合作、明确分工、共享信息，保证教育扶贫的协同性，确保各项政策的有效落实。

其次，要充分调动企业和各类社会组织的积极性，使其参与到教育扶贫中来，提高教育扶贫的力度、广度和深度。企业和各类社会组织一般具有较强的自主性、灵活性，在教育扶贫过程中能够本着效益最大化的目的，自由、自主展开教育扶贫活动，灵活处理扶贫中的各种问题，深入扶贫开发的各个细微环节，在贫困瞄准、靶向治疗等方面有着较强的优势，从而弥补政府教育扶贫开发的短板，调动更多的社会资源，提高教育扶贫的效能。

最后，在权责明晰的情况下，最大限度地满足各方主体利益诉求。利益是行动的动力，是资源充分利用、效率提高的催化剂。在民族地区教育扶贫的过程中，不管是政府，还是企业、非政府组织等，都有各自的利益诉求，或是为了政治晋升，或是为了企业形象，或是为了直接的经济利益。为激发各教育扶贫主体在扶贫过程中的主动性，使其在不同岗位上尽职尽责，必须充分尊重并合理满足各方主体的利益诉求。一方面，构建科学合理的教育扶贫成就评价机制，对扶贫政绩突出的政府官员给予褒奖，实现各级政府官员的利益诉求；另一方面，在保障扶贫政策有效落实的情况下，对为教育扶贫作出突出贡献的企业或组织予以嘉奖，并给予一定的经济实惠，尽可能满足企业或各类社会组织的利益诉求。

（二）加强对扶贫客体的微观深度关照，靶向治疗教育贫困问题

民族地区教育扶贫是一项投资于民族贫困人群的政策，以民族贫困群体生计能力的提高、思想观念的改善为目标，最终使其摆脱贫困状态。因此，教育扶贫的过程，一定要基于对民族贫困人群的微观深度关照，保障教育扶贫各类措施的精准实施。

1. 基于不同民族地区贫困人群的教育贫困深度，差异化投放教育扶贫资源

民族地区是我国贫困发生的重灾区，具体表现出贫困人口多、贫困程度深、多维贫困交织、减贫速度慢、脱贫任务重等特点。其中，教育贫困和资产贫困是多数民族最主要的贫困维度。教育扶贫被视为民族贫困人口脱贫、实现可持续发展的关键。然而，在现实中，我国各少数民族区域的教育贫困深度并不一样。例如，2010年，回族、藏族、彝族、布依族、苗族、侗族、土家族、壮族的教育贫困发生率分

别为 54.2%、77.1%、44.5%、28.8%、28.8%、19.2%、11.4%、15.1%。理应针对不同贫困深度的民族地区投放不同的教育扶贫资金。然而，我国传统的教育扶贫资金投放并没有区分重点，基本采取总量平均式的投放方式，严重影响了教育扶贫的精准性和公平性。在精准扶贫背景下，应该根据各民族地区教育贫困的深度和强度，有重点、有目的地投放扶贫资源，保障教育扶贫资源用到实处。

2. 基于不同年龄段的教育效果，重点投放教育扶贫资源

教育是对人的投资，不同年龄段由于生理机能不一样，其接受知识的能力以及所接受的知识对一生的影响存在较大差异。美国斯坦福大学经济学教授、清华大学经济学院特聘教授罗斯高及其团队经过长期研究，指出 0～3 岁是人发展的关键期，人类的智商 90% 是由 0～3 岁的发育决定的，3 岁之后很难再提高。中国农村的教育落后程度很高，主要是因为农村孩子从婴幼儿期就没有足够的营养和来自父母的教育。美国经济学家、诺贝尔奖获得者詹姆斯·赫克曼也曾算出国家和家庭投资0～3 岁的教育回报率是最高的。在 0～3 岁，投资 1 元钱，有 18 元钱的回报；3～4 岁投资 1 元，有 7 元钱的回报；小学投资 1 元，有 3 元钱的回报；大学里投资 1 元钱，有 1 元钱的回报；成人的回报是负的。根据此研究结果，教育扶贫的效用随着年龄的增加而减少，最有效的年龄阶段是婴幼儿时期，而此时的教育主要是家庭教育与学前教育。然而综观我国教育扶贫实践，政策制定层面侧重于基础教育领域，学术研究层面则倾向于对时间跨度短、见效快的职业教育的扶贫功能进行理论研究和实证分析，对教育扶贫效果较好的婴幼儿期关注甚少。精准落实教育扶贫，理应根据各类各级教育的效果合理投放资源。从当前的情况来看，应当加大民族贫困地区学前教育的教育扶贫力度，并且为保障良好的家庭教育提供资助。

3. 精准瞄准扶贫客体及其需求，制定教育扶贫政策

有研究者发现，虽然近几年我国民族地区教育扶贫力度不断加大，但是贫困群体的“获得感”并未获得相应提升。其中最主要的原因是扶贫政策的制定和实施并未精准瞄准贫困人群。我国现阶段民族地区扶贫以区域为整体，没有瞄准贫困人口个人。这种区域整体教育扶贫的方案的确能在一定程度上提高该区域内整体的教育水平，但是贫困人口接受教育的直接成本和机会成本更大，非贫困人口具备更强的教育资源汲取能力，导致富人对穷人产生挤出效应，从而造成富人越来越富、穷人越来越穷的马太效应。贫困人群在横向比较中会产生较强的相对剥削感，导致心理失衡。因而，教育精准扶贫的首要任务是使瞄准单元不断下沉，从而保证精准瞄准贫困人口，保证扶对人。

此外，教育扶贫政策的制定，还应该基于扶贫客体的实际需求。其一，要承认民族文化的价值，在民族文化网络基础上构建新的文化坐标，满足少数民族的内在文化需求。少数民族对自身传统文化有着强烈的依赖性，视其为个人存在的精神支柱。在教育扶贫过程中要充分尊重少数民族的这种心理需求，极力避免以文化本质化、类型化的大写文化观念看待少数民族贫困问题，突破一元文化范式的思维定式，在尊重民族文化自身发展脉络的基础上引导其构建新的文化坐标。要充分发掘民族文化中蕴含的价值，引导其在民族脱贫致富中发挥作用。其二，要通过多样化的教育方式满足扶贫客体在知识与能力方面的多元需求。通过学前教育提供基本的启蒙知识；通过义务教育和高中教育提供生存所需的基本知识；通过高等教育提升知识储备，提供向上流动的渠道和机会；通过职业教育、继续教育和专业培训提高贫困人群的职业技能，提高就业能力。总而言之，学历教育的核心目标是培养民族贫困群体的文化素质，非学历教育的核心目标则是提升民族贫困群体的生产技能。相比较而言，非学历教育在缓解民族贫困群体贫困方面针对性更强、见效更快。

（三）加快推进深度贫困民族地区现代化建设进程

由于远离现代文明，“直过民族”深度贫困地区大多社会资源可得性较差，贫困代际传递较严重。因此，在治理深度贫困时，需要加强综合治理，在进行大规模投资、大力推行市场机制、推广现代科技和现代化服务、宣传现代文明和先进文化成果等的同时，也有必要使用一些超常规手段，以全面提高该地区的基础设施、公共服务设施和社会化水平，让广大少数民族真切地看到且享受到现代性带来的好处。

（四）对贫困户采取有条件现金转移支付的扶贫方式

有条件现金转移支付（Conditional Cash Transfers，CCT），是指为贫困群体提供带有一定附加条件的现金补贴，这种支持提供的前提是接受补贴的家庭必须将扶助资金用于子女在健康和教育方面的人力资本水平的提升或其他社会服务。作为一种多维减贫方法，有条件现金转移支付方案都会设置一些条件，对受益对象获得补贴后的资金使用提出限制性要求。对于瞄准式的社会保护项目来说，目标群体的有效选择是保证该项目实施效果的前提条件，对保证有条件现金转移支付项目的成效来说是必不可少的。这些制度一旦确立，就必须通过管理机构来进行核查和检查执行。有条件现金转移支付被视为减少不平等、打破贫困代际传递的恶性循环、提高妇女和儿童健康水平、改善适龄儿童营养状况和提高其入学率的有效方法。

凉山地区以及其他深度贫困地区的扶贫可以采取有条件现金转移支付的方式，即在对贫困户转移支付的同时，要求贫困户必须严格遵循计划生育、全面接受教育

（不同年龄阶段接受不同层次的教育，如3～6岁参加“一村一幼”，6～15岁接受义务教育，15～18岁上高中或者职高，在家务工的劳动力参加“农民夜校”，外出务工的劳动力接受培训，育龄妇女接受培训，等）以及参加一些力所能及的义务劳动等。可根据当地脱贫攻坚实际需求制定条件，并将这些条件制度化。这样，可以有效地推进扶贫工作；也可以自动筛选主动脱贫意愿强的贫困户，有效提高贫困人口的瞄准度；还可以减少区域内部贫困户与非贫困户之间的矛盾。

第二章　大数据扶贫：贵州省“精准扶贫云”模式

我国扶贫开发始于20世纪80年代中期，随着《国家八七扶贫攻坚计划》《中国农村扶贫开发纲要（2001—2010年）》以及“五个一批”“十大工程”等扶贫措施的实施，我国贫困人口数量大大减少，扶贫工作取得了辉煌成果。2002—2012年，我国的贫困程度虽然有所起伏，但整体情况得到缓解，尤其是2007—2009年，贫困程度降低了50%。但最新统计数据显示，2016年我国农村贫困人口仍有4335万人，扶贫攻坚工作仍然艰巨。分城乡来看，2012年我国农村贫困率为14.8%，城镇贫困率为3.8%；分区域来看，2009年以来，东部和东北地区的贫困率在5%上下波动，而中部和西部地区的贫困率仍然居高不下，多数年份都高于10%（周玉龙、孙久文、梁伟佳，2017）。现有贫困大多集中在深度贫困地区。这些地区多是革命老区、民族地区、边疆地区，基础设施和社会事业发展滞后，社会文明程度较低，生态环境脆弱，自然灾害频发，贫困人口占比和贫困发生率高，人均可支配收入低，集体经济薄弱，脱贫任务重，越往后脱贫成本越高、难度越大。因此，总结现有的精准扶贫模式，分析不同扶贫模式效果，可以为今后解决深度贫困问题，实现2020年脱贫总目标提供有力参考。

2013年提出精准扶贫以来，“精准扶贫”“产业扶贫”“金融扶贫”3大主要扶贫措施相结合，形成扶贫脱贫的主要机制。针对深度贫困地区和深度贫困人口，《关于支持深度贫困地区脱贫攻坚的实施意见》提出加大中央财政投入力度，加大金融扶贫支持力度，加大项目布局倾斜力度，加大易地扶贫搬迁实施力度，加大生态扶贫支持力度，加大干部人才支持力度，加大社会帮扶力度，重点解决因病致贫、因残致贫问题，加强兜底保障工作，保障贫困户饮水安全、住房安全，加大教育扶贫、就业扶贫力度，加强基础设施建设、土地政策支持。扶贫措施的不断创新和结合，有效改善了贫困人口的生活环境。但已有研究仍发现，无论是最低生活保障制度（徐超、李林木，2017），还是城镇居民基本医疗保险制度（黄薇，2017），在建档立卡贫困户和低保户识别中均存在精准识别问题，容易产生“精英俘获”现象。究其原因，在于贫困户在提供证明材料方面存在瞒报、漏报等问题。贵州省“精准扶贫云”大数据支撑平台为有效保障扶贫工作过程中的精准识别、精准帮扶、精准跟踪、精准脱贫提供了新的思路，“精准扶贫云”结合“产业云”“电子商务云”“教育云”“医疗健康云”等大数据支撑平台，成为贵州省精准扶贫工作进程中的特色和亮点。为了总结大数据扶贫的成功经验及存在的问题，探索适用于贫困地区、贫困农户，尤其是深度贫困地区、深度贫困农户的大数据扶贫模式，本章选取贵州省“精准扶贫云”大数据支撑平台为调研对象，总结贵州大数据扶贫的现有经验，尝试为其他贫困地区提供启示。

一、贵州省扶贫情况简介

作为全国贫困人口最多、贫困面积最大、脱贫攻坚任务最重的省份之一，贵州省无疑是全国脱贫攻坚的主战场。党的十八大以来的5年里，通过行之有效的措施，贵州省已减少农村贫困人口700多万人，减贫、脱贫成效显著。2013—2017年，贵州省实现减少农村贫困人口670.8万人，易地扶贫搬迁173.6万人，贫困发生率从21.3%下降到8%以下，减贫和搬迁人数全国最多，创造了全国脱贫攻坚“省级样板”。2016年实现115.2万人脱贫，2017年实现123.7万人脱贫，贫困发生率从2013年的21.3%持续下降至2017年的7.75%。2017年进一步实现100%的建制村、76%以上的村民组通硬化路；易地扶贫搬迁40.8万户，整体搬迁5911个自然村寨；强龙头创品牌带农户，大力发展扶贫产业，带动466万贫困人口脱贫；压缩党政机关行政经费用于教育精准扶贫，免除农村贫困家庭学生上高中、大学学杂费；贫困人口“四重医疗保障”全覆盖；完成160万户农村危房改造。规范化培训农村青壮年劳动力145.9万人，5万贫困人口转为护林员。率先设立脱贫攻坚投资基金，开展贫困县涉农资金统筹整合使用。全力推进深度贫困地区脱贫攻坚。对“两无”人员实行政策性兜底保障。东部城市、中直机关帮扶贫困县全覆盖，脱贫攻坚督查巡查全覆盖。

二、贵州省大数据扶贫机制

（一）大数据发展成果

大数据是技术革命，也是推动各行各业深刻变革的“催化剂”。坚定不移地推动大数据战略行动，加强大数据与实体经济、脱贫攻坚、乡村振兴、民生服务、社会治理等行业的统合，是贵州省促进经济体系提质增效升级的有效手段。贵州省经过不断的实践探索，找出了一条融合大数据、实现以信息化培育新动能、用新动能推动新发展的发展道路。如今，贵州省正以大数据与实体经济深度统合为重点，加快大数据与实体经济、乡村振兴、服务民生、社会治理4个方面的融合，初步构建大数据与各行各业融合发展的基本格局。

现阶段，贵州省通过落实11项重大工作，让大数据在本省落地生根：①组建大数据发展领域的省属大型国有企业，如云上贵州大数据（集团）有限公司；②着力为大数据企业健康发展排忧解难；③积极引进国外知名大数据企业，如苹果iCloud云服务项目落地贵州；④着力招引高科技企业；⑤打造"智力收割机"，如云上贵州（班加罗尔）大数据协同创新中心在印度成立；⑥加强大数据人才培养，如高校与企业合作成立大数据研究学院；⑦推进精准扶贫大数据应用，"精准扶贫云"打通25个部门和单位数据，实现了精准管理；⑧以大数据助力教育扶贫，推动"扶贫云"与"教育云"融合，实现贫困家庭子女高中、大专院校免学费的零申请、零证明、零跑腿；⑨推进医疗大数据应用；⑩以大数据推进经济转型升级，如实施"千企引进""千企改造"工程、"大数据+产业"深度融合行动计划、"万企融合"大行动；⑪加强大数据标准建设，如2018年4月国家标准委同意贵州省建设国家技术标准（贵州大数据）创新基地，贵州省成为全国首个获批省份。经过贵州省的大力发展，2017年贵州省大数据企业增至8900多家，产业规模超过1100亿元，贵州省数字经济增速达到37.2%，位列全国第1。

贵州省大数据发展依托"云上贵州"大数据支撑平台，消除部门之间的信息不通现象，推动资源整合和互联开放共享。"云上贵州"大数据支撑平台脱胎于2014年10月15日上线的"云上贵州"系统平台，该平台是贵州省委、省政府自主搭建的云计算系统平台，是全国首个省级数据统一管理、交换、共享的云服务平台，是全国首个实现政府和公共数据"聚通用"的基础支撑平台。2014年11月3日注册成立的"云上贵州"大数据产业发展有限公司，致力于推动大数据电子信息产业发展，构建大数据产融生态体系，建设运营"云上贵州"系统平台，发起设立各类基金，搭建投融资平台，建设运营双创基地，孵化培育项目和企业。通过全方位的大数据基础设施、数据处理与存储、数据挖掘与交易、产业投资与基金管理、信息技术咨询、通信网络设备租赁、互联网接入、软件开发及信息系统集成服务和专业的云平台及云应用服务，满足各级政府部门和各类企业客户的差异化需求。2014年11月30日，"7+N"朵云（7朵云和41个应用系统）迁移到"云上贵州"系统平台，7朵云包括"电子政务云""工业云""电子商务云""智能交通云""智慧旅游云"

“食品安全云”“环保云”，通过实行“云长”负责制，确定云工程的整体规划和建设工作。2016 年“云上贵州”数据共享交换平台和贵州省政府数据开放平台上线运行。

（二）大数据扶贫思想

贵州省大数据扶贫思想是在贵州省大数据、大扶贫、大生态战略思想的指导下，以“精准扶贫云”为核心，连接“教育云”“农业云”“电子商务云”“医疗健康云”等大数据支撑平台，在精准识别统计贫困人口和贫困信息的基础上，运用互联网和大数据技术有效协助各类扶贫机制（教育扶贫、产业扶贫、电商扶贫、医疗扶贫），为贵州省扶贫攻坚提供基础性数据与技术服务。

（三）大数据扶贫措施

1. “精准扶贫云”助力精准识别

2015 年，贵州省“精准扶贫云”系统建成并投入使用。针对部门数据不通、部门数据不共享、精准识别难等“痛点”，贵州省建立精准扶贫大数据支撑平台，打通公安、卫计、教育、人社、住建、民政、水利、国土、工商、移民、农社、林业等 25 个部门和单位相关数据，为精准扶贫提供大数据参考。打通房地产登记部门信息以及机动车管理部门的系统、工商登记注册登记系统、财政供养人员发放工资的财政系统 3 大系统，由系统进行自动精准对比。当发现有可能遗漏的贫困户时，直接委派当地干部进行实地核查，核查通过后进行建档立卡。若房地产登记部门、机动车管理部门等部门登记信息发现贫困人口名下具有房产和车产，经当地部门核查确认后将予以退出，从而最大限度地确保贫困户的精准识别。

此外，为保证“精准扶贫云”中的贫困信息为最新，贵州省“精准扶贫云”从 3 个层面对精准扶贫数据进行搜集、整理和更新：基层干部为第一层面，负责采集贫困户数据，并根据“精准扶贫云”其他部分所采集数据进行入户核实，若交通厅显示某贫困户名下有车等信息，帮扶干部或基层干部将直接进行入户调查。贵州省“精准扶贫云”为第二层面，通过打通和采集不同部门和单位的相关数据，构建精准扶贫大数据库，如从住建局采集危房和落实危改信息、从移民局采集易地扶贫搬迁信息、从水利局采集贫困户用水信息、从教育局采集贫困户适龄儿童入学和教育帮扶信息、从卫计委采集贫困库疾病情况等。通过数据化自动端口，将所采集信息与基层核实信息进行匹配归档整理，形成“精准扶贫云”数据库，并利用大屏指挥系统进行全省统计协调指挥。国家扶贫开发系统为上层，也是第三层面，通过利用网络端口，将“精准扶贫云”所整理数据与国家扶贫开发系统数据进行匹配，保证每日贫困数据为最新数据。

“精准扶贫云”以“扶持谁”为重点，协助统计“谁来扶”“怎么扶”“如何退”的相关数据，综合追踪统计贵州省各市、各区县、各乡镇的贫困户与贫困人口情况。

（1）扶持谁

扶持谁主要是指确定扶持对象。这一部分的数据以贵州省地图为主要脉络，综合宏观统计数据与微观调研数据，实时统计跟踪贫困人口和贫困户的数据。各地区的贫困人口数量可从地图上地区颜色深浅程度得到直观查看，如数据显示毕节市是贵州省贫困情况最严峻的地区，其中咸宁县、水城县、纳雍县和织金县贫困人口密度最高。此外，贫困人口与贫困户的分布状况还可以按照不同的贫困标准、不同的地理位置和区域划分进行统计，如分别按照国际标准和省级贫困标准统计贫困人口和贫困户数量，按国定革命老区县、省定革命老区县、民族自治县、重点县、集中连片特困地区、武陵山、乌蒙山、片区县（非重点县）、深度贫困县、极贫乡镇、深度贫困村、深度贫困区域等重点关注地区统计贫困人口数和贫困户数。通过放大“精准扶贫云”的扶贫全景图，可依次显示某个地级市、某个区县直至某个村的贫困户分布情况，可直接精确到贫困户居住地的经纬度。“精准扶贫云”中采集了每个贫困户的基本情况、生产生活条件、收入情况、帮扶负责人、收益项目、易地搬迁计划、脱贫过程、帮扶情况、遍访信息、帮扶台账等情况，涵盖贫困户的收入工具、户内人数、住房面积、离主干道距离、饮水安全、武功状况、脱贫标志、是否具有医疗保障、是否具有住房保障、大病病种、受教育、劳动能力、住房、土地和其他生产条件（包括耕地、林地等）、用电、厕所设施、用水、当地道路等情况。针对贫困户的住房条件，还可直接调取贫困户的住房全景照片。

脱贫情况基于“四看”法（“一看房，二看粮，三看劳动力强不强，四看家中有没有读书郎”）对贫困户进行打分，并列出贫困状态、人均年收入、致贫原因和帮扶资金。如“精准扶贫云”显示，某户在2014—2016年处于未脱贫状态，人均年收入2660元，致贫原因为因病致贫，2017年由于疾病康复，人均年收入水平达到3660元，虽仍为未脱贫状态，但致贫原因已变成缺技术致贫。

（2）谁来扶

该方面的数据主要集中统计帮扶干部、部门帮扶、社会帮扶和东西部协作帮扶4类帮扶机制的数据，基本涵盖各类帮扶机制的基本情况、预警监测和异常分析。通过开发“精准扶贫云”和业务工作2款手机软件，将帮扶干部工作与“精准扶贫云”构建相结合，并成为驻村干部的考核标准。

业务工作软件为帮扶干部工作的主要操作软件，主要包括建档立卡、数据铁笼、同步小康等模块，从建档立卡贫困户的信息维护、贫困户个人信息核实和帮扶干部考核信息3个方面协助帮扶干部的工作。首先，建档立卡的主要内容包括贫困人口和贫困户的信息维护、户疑似漏评、户清退、计划脱贫户数统计、人口疑似漏评和人口清退情况，工作对象主要针对所负责的贫困人群，包括已建档立卡的贫困人口、疑似建档立卡但未评测的贫困人口、已建档立卡但达到脱贫要求的贫困人口的信息采集与统计工作。具体工作内容包括搜索查看贫困户基本信息，采集贫困户坐标、计划脱贫年度、帮扶工作认可度、帮扶措施、照片，记录帮扶工作日志等功能。此外，合理利用二维码相关技术，为每位贫困户分配一个二维码，用业务工作软件扫描贫困户二维码可以直接获得贫困户的基本信息。其次，数据铁笼是当已经建档立卡的贫困户在其他单位或部门的信息出现不匹配的情况时，帮扶干部进行信息核实的工具。核实的内容具体包括贫困户信息核实、项目信息核实、本账号贫困户核实历史、本账号项目核实历史、贫困户核实户数统计、项目核实个数统计等统计信息，协助帮扶干部直接利用手机统计核实贫困户饮水困难程度、饮水安全程度、生活用电情况、是否通广播电视、与村主干路距离、入户路类型、住房面积、是否为危房户、有无卫生厕所、主要燃料类型、是否加入农民专业合作社等信息。建立扶贫专线，直接搜索查看贫困户基本信息、第一书记、驻村队信息以及区域贫困情况。最后，助力小康主要统计帮扶干部的工作情况。通过采集驻村帮扶干部的工作日志、签到情况和工作轨迹，对驻村帮扶的基本工作情况进行实时统计。此外，业务工作软件也为帮扶干部提供请假、销假和到岗签到申请，有利于对帮扶干部的工作进行统计考核。

“精准扶贫云”手机软件直接与“精准扶贫云”大数据支撑平台对接，可以从手机端直接查看贵州省整体扶贫脱贫情况。

（3）怎么扶

该方面的数据统计了各类扶贫措施、扶贫机制和扶贫资金的实施情况，包括培训帮扶、教育帮扶、医疗帮扶、生态帮扶、民政帮扶、危改帮扶、搬迁帮扶、产业帮扶、就业帮扶、合作社帮扶、科技扶贫帮扶、党建帮扶、整合资金帮扶、组织帮扶、数据铁笼帮扶、交通厅帮扶、基金半帮扶等基本情况。

（4）如何退

该方面的数据统计工作主要包含2个方面：一是通过整理贫困户的各项数据，对贫困户脱贫时间点进行预测，并提供脱贫摘帽的数据支持；二是对已脱贫的贫困人口信息进行追踪统计，统计已脱贫人口在脱贫摘帽后的经济发展状况，为提高贫困户的生计可持续性提供数据支撑。

2. “教育云”助力教育扶贫

贵州省依托自身发展大数据产业的独特优势，率先推动“精准扶贫云”与“教育云”融合，自动生成数据、自动识别贫困学生、协同自动办理教育扶贫资助，实现了贫困家庭子女高中、大专院校免学费的零申请、零证明和“零跑腿”。通过高校与企业合作模式，针对贫困地区和贫困人口进行专业化培训，提高贫困人口的受教育水平。2017 年 5 月 25 日，贵州理工学院与阿里巴巴集团宣布共同成立和联合共建“阿里巴巴・贵州理工大数据学院”，学院下设数据科学与大数据技术、网络工程、智能科学与技术 3 个专业，2017 年招收本科生 295 名，2018 年招收本科生 396 名。以此为起点，大数据专业教育与教育扶贫得到深度融合。

为进一步加快贵州省“大数据”和“大扶贫”战略的实施，建设大数据人才队伍，助力贵州省脱贫攻坚，贵州省大数据发展管理局、贵州省教育厅和阿里云计算有限公司共同签署合作协议，将为贵阳、遵义、安顺地区记录在档的在校大数据相关专业贫困学生，省内贫困区县具有大数据相关专业学历及从业经历的在职人员提供免费培训。

一是为贫困学生提供专业培训，储备大数据人才。真正对贫困大学生“授之以渔”，切实为贵州省扶“智”。大数据发展管理局与教育厅依据贵州省大数据的发展及对大数据人才的需求情况，结合阿里云大学的优势，精心设计课程，开设了云计算和大数据培训班。培训采取现场教学与在线实验相结合的方式，让贫困学生在短时间内掌握多项云计算使用技能及大数据前沿技术，进一步帮助贫困学生获得更多的专业知识、掌握更多的从业技能，为贵州省大数据产业发展储备更多的专业人才。已有来自贵州大学、贵阳中医学院、贵州医科大学的 321 名贫困大学生参加培训，并将陆续免费开展阿里云助理工程师认证。

二是为在职人员提供在线培训，助力大数据发展。为进一步提升贫困地区 IT 从业者的实践技能，大数据发展管理局和相关市州大数据工作部门积极组织贫困县区的在职人员开展在线培训。结合当前贵州省大数据发展的痛点和难点，阿里云大学利用网站，为贫困地区在职人员免费提供线上学习及考试资源，围绕大数据的应用、开发、存储等知识，进一步提升在职人员在大数据方面的专业技术能力，充分发挥他们的智力优势，更好地为全省脱贫攻坚贡献力量。参加免费培训的在职人员已近 500 名。

三是实施阿里云贫困县区人才扶持计划，直接对申请加入人才扶持计划的贫困户进行培训认证。为解决认证学员的就业问题，阿里云已经成立“云就业联盟”，联合数千家合作伙伴为贫困学生、贫困县区技术从业者提供就业机会。下一步，贵州省大数据发展管理局和教育厅将继续与阿里云计算有限公司合作，为超过 8000 名贵州贫困大学生、贫困县区技术从业者提供免费的云计算、大数据培训与认证机会。2018 年首先在贵阳市、遵义市和安顺市的贫困大学生中展开。

3. “大数据 + 产业扶贫”

为了充分发挥大数据对农业生产和农业发展的支撑作用，利用大数据助力农业生产，推动脱贫攻坚。贵州省在 2017 年 9 月出台实施《贵州省大数据助推农业产业脱贫攻坚三年行动方案（2017—2019）》，着手建立全省农业产业脱贫攻坚大数据平台，包括全省种植养殖大数据库、全省农产品加工冷链物流大数据库、全省农产品市场和销售价格大数据库、全省农业产业脱贫大数据库。

全省种植养殖大数据库依托种植养殖大数据采集体系，重点聚焦食用菌、蔬菜、茶叶、生态家禽和中药材 5 个优势特色产业，采集各大产业育苗（种）及扩繁基地，种植、养殖基地的空间分布、面积、品种结构、数量规模、经营主体生产成本和产业带动贫困人口等数据。同时，整合全省耕地、土壤、气象、水文等基础农业数据。

全省农产品加工冷链物流大数据库依托农产品市场销售与价格大数据可持续采集更新体系，采集全省食用菌、茶叶、蔬菜、生态家禽和中药材加工企业的空间分布、数量规模、生产成本及其经营主体，全省移动式冷库、冷藏冷冻、保鲜库的空间分布、种类规模、运营状态、冷链成本及其经营主体，冷链物流车辆数量、种类、运载能力以及车辆实时位置及运载状态，带动贫困人口等数据。同时，整合集成交通道路等数据，建立全省农产品加工冷链物流大数据库。

全省农产品市场和销售价格大数据库依托农产品市场销售与价格大数据可持续采集更新体系，可采集全省各级农产品市场空间分布、规模性质、交易能力及其经营主体，全省食用菌、茶叶、蔬菜、生态家禽和中药材的销售地、销售量、离土价格、批发价格、零售价格等数据。同时，整合省外、“一带一路”沿线国家和地区农产品价格信息，建立全省农产品市场和销售价格大数据库。

全省农业产业脱贫大数据库依托农业产业发展和扶贫大数据关联融合的可持续交换共享体系，实时整合集成跨部门的农业生产、加工、冷链物流、销售及市场价格信息，贫困人口及脱贫数据。同时，整合基础地理、遥感影像等空间数据、气象数据和水文数据等，建立全省农业产业脱贫大数据库。

农业产业脱贫攻坚大数据平台涵盖种植养殖、加工冷链、产品销售和产业脱贫 4 大部分。修文县“农业云”大数据平台在平台建设、涵盖范围、数据采集、统计呈现等方面具有非常高的完成度，可作为本章的案例进行详细说明，以此可以一窥贵州省农业产业扶贫大数据平台的整体面貌。

专栏2-1 贵州省修文县“农业云”大数据平台

修文县位于贵州省中部，属贵阳市所辖县。东面与乌当区相接，南面与白云区相邻、以猫跳河与清镇市为界，西面与黔西、金沙2县隔六广河相望，北面与息烽县交界。修文县城驻地龙场镇，位于修文县南部，距贵阳市38千米。全县总面积1075.7平方千米，县辖9镇、1乡、2社区、108个行政村、17个居委会，总人口36.3万，有汉族、苗族、布依族等30个民族。2017年修文县地方生产总值185.45亿元，同比增长12.5%。其中，第一产业增加值23.01亿元、第二产业增加值88.41亿元、第三产业增加值74.03亿元，同比分别增长6.5%、12.2%、14.3%。2017年全县500万元以上固定资产投资共291.2亿元，同比增长22.35%；完成规模以上工业增加值88.1亿元，同比增长11.6%；实现一般公共财政预算收入9.12亿元，同比增长3.12%；实现社会消费品零售总额29.08亿元，同比增长13%；农村居民人均可支配收入达13094元，同比增长10%；城镇居民人均可支配收入达31159元，同比增长9%。2017年上半年增比进位在全省县域经济第一方阵中排第4位。

修文县是中国猕猴桃七大产区之一。修文县属亚热带季风气候，修文猕猴桃基地海拔高度在666~1450米，土壤种类为沙壤土，富含有硒、铁等多种元素，土质疏松，透气透水性好。土壤pH酸碱度在5.5~6.5，地下水位1米以下。年平均温度12~16摄氏度，年降水量在970~1350毫米，年日照时数1132~1139小时，无霜期250~300天。昼夜温差大，有利于猕猴桃生长。修文县猕猴桃以贵长猕猴桃为主，果实呈长圆柱形，果皮褐色，披黄褐色糙毛。平均果重78克，最大果重120克。纵径约8.3厘米，横径约4.1厘米。果肉翠绿色，肉质细脆，汁液较多，甜酸适度，清香可口。维生素C含量高达每百克160毫克。可溶性固形物含量12.4%~16%，总酸1.45%，品质优，是鲜果、加工兼用品种。修文猕猴桃的发展始于20世纪80年代末，至今已有30余年历史，共经历起步期（1989—1995年）、发展期（1996—2015年）和跨越期（2015—2017年）3个阶段。2009年，修文县成立猕猴桃产业发展局，在国家、省市县政策的大力支持和不断努力下，形成从育苗、种植、生产、加工、科研到销售的一体化猕猴桃全产业链发展模式，建成现代猕猴桃产业园，坚持科技为引领、市场为导向，以农为本、农民受益，产业升级、融合发展的原则，推进猕猴桃种植和产业化发展，破解社会主要矛盾，深化产业扶贫不落一人，成为县域经济转型发展的新引擎。目前，修文全县种植猕猴桃17.97万亩，居全国第3位，仅次于陕西周至、梅县；覆盖10个乡镇113个行政村，种植户达6117户。2017年，修文猕猴桃产业收购均价10元/千克，丰产果园每亩纯收入1万元以上。实现种植户户均增收约2万元，种植户人均增收约7000元。全县11276户低收入户中，有1363户依靠猕猴桃产业人均可支配收入整体越过6500元，辐射带动了3810户12573人。按照精准产业扶贫的方略，通过结对帮扶精准引导，低收入户中种植猕猴桃的农户正加速增长，凡种植4年以上的低收入户正在按照高一格的要求，即6500元的人均标准全面逐年退出。修文县猕猴桃全产业的壮大，精准带动当地村民脱贫致富，奔向小康。预计2018年修文县挂果面积10万亩，年产鲜果8万吨，综合产值达30亿元。

通过组织开展脱贫攻坚“春季攻势”“夏季大比武”和“秋季攻势”、全力打好“四场硬仗”，推动基础设施迅速改善、农业产业加快发展，深入推进“5+5”和“三基”工程，“以村带乡（镇）”。投入财政专项扶贫资金4532万元，实施扶贫项目122个，辐射带动5311户15947名低收入困难群众。整合资金6704万元，改造提升农村道路134千米。实施基本农田基础设施建设项目8个。完成农村低收入困难群体危房改造424户。完成102户易地扶贫集中安置点建设，375人将在2018年3月前喜迁新居。认真落实“两提高、两降低”政策，新农合补偿救助对象达38048人次，补偿和救助资金685.68万元。对530名建档立卡困难家庭学生实施教育精准扶贫，全年共资助贫困学生79862人次，资助金额4893万元。

截至2017年年底，通过对全县国标贫困户进行审核，确认修文县共有244户416人为建档立卡贫困户，2017年年末共有838户2039人退出建档立卡，成功脱贫。2018年7月，根据《中共贵州省委办公厅 贵州省人民政府办公厅关于印发〈贵州省脱贫攻坚存在问题专项治理工作方案〉的通知》（黔党办发〔2018〕24号）文件要求，修文县对全县新识别拟定的贫困户和“户漏人”进行审核，确定新识别147户412人和“户漏人”137户224人为新增建档立卡贫困户，即新增284户636人建档立卡贫困户。因此，截至目前，修文县共有468户1052人为贫困人口。

修文县“农业云”大数据服务平台通过新一代物联网、大数据、3S等信息化技术有效整合涉农资源；以顶层设计方式，整合农产品质量检测监管、金融服务，打造大“农业云”，服务于农林牧渔；实现“大农业”数据中心，构建互联共享的"互联网+农业"信息服务体系;实现科学指导农业生产经营管理、政府决策监管和社会公共服务。修文县"农业云"大数据服务平台以专注于支撑农业领域数据研究的在线数据产品、汇集政企社单方农业数据资源的知识共享平台为定位,以建成专注于农业领域的条数据、块数据、集数据资源汇集,理论方法整合,分析成果分享,学术观点交流的数据应用共享平台为目标,内容主要包含农业生产、农业延展、加工流通、全流程支撑4大模块。其中全流程支撑平台即利用大数据平台为农业生产、农业延展和加工流通提供数据支撑。全流程支撑平台包含溯源平台、质量监管平台、大数据分析平台、金融服务系统和价格发布系统5个模块。

溯源平台,又称大数据物联网可追溯系统云平台,是指修文县大数据物联网可追溯系统平台。首先,联合10个部门进行数据采集。乡镇政府提供村集体、承包权、经营权、农业政策落实情况;土地管理部门提供土地变更和土地性质变更情况;农业主管部门提供土壤普查、土地确权和行政执法情况;科研院校提供研究合作课题和社会化活动情况;气象部门提供国家气象局和地方气象局信息;社会化农业技术服务部门提供种植投入、生长状况、产量预估、技术服务、投入品服务和采集销售情况;种植户(合作社、企业)提供经营权变更、种植方式、田间观测、经验积累信息;采后处理企业提供仓储运输和深加工信息;收购销售企业同构市场反馈和采购反馈情况;物联网设备提供地理信息、监控检测等信息。其次,建立农产品全履历档案。具体包括种植管理、施肥记录、农药记录、生长记录、采摘管理等信息。最后,为每个果园赋予一个终生身份证码。这一身份证码与产品二维码、条形码或其他识别码一一对应,从而有利于追根溯源。通过扫描产品二维码,可动态追踪产品的种植计划、施肥计划、用药计划、生长期描述、采摘计划、保鲜库储存、分拣包装和运输上市等信息。

质量监管平台主要指农业品控大数据平台。品控大数据平台主要对不同种植园的果树生长情况、土壤疏松程度和肥力程度、病虫害情况进行实时观测,并将专家的指导与种植园相联系,实时更新专家指导意见和种植园执行情况,并采集检测员对种植园各类情况的监测结果和反馈照片,动态追踪农业产品的品控数据。农业品控大数据平台以地图行驶的方式呈现修文县不同种植园的种植面积、种植果树棵树和果园等级,并呈现种植园土壤中氮、磷、钾的肥力情况,一旦有肥力过低的情况,直接以红色字体标明。此外,农业品控大数据平台针对不同月份种植园可能出现的情况，根据专家的指导意见预先安排任务工作。2月刮治病斑，涂抹药膏；3月疏松土壤，增加土壤肥力；4月主要防止猕猴桃透翅蛾及毒蛾类食叶虫；5月应去除不合规定的水果，调整留果数量，在花落后追加肥料等；6月为果实发育期，应防治虫类对果实的破坏，为污染区套袋；等等。针对任务工作完成情况，安排检测员进行检查。检测员通过对种植园进行实地考察并拍照留证，提供反馈意见。如种植园仍未执行反馈意见，则在品控大数据平台中直接显示执行结果不合格。农业品控大数据平台按月份统计农事计划与完成情况，以此对月度执行情况进行统计监控。

大数据分析平台又称“农业云”大数据决策分析系统。基于灵活的云计算的集约化的资源调度方式承载业务，使用Hadoop等大数据技术快速处理和分析挖掘采集上来的大批量农业生产、种植、流通等全产业链数据，制作数据分析大屏，提供预警监督、决策分析等服务。平台包括修文县农业合作社分布图、运维监控大屏、品控大数据和大数据决策分析系统4个部分。修文县农业合作社分布图又称修文县加盟合作社分布图，以地图、图表等形式详细秒回修文县农户生产合作方式、农业的经营类型与农作物经营情况、农业发展相关消息、农户融资项目情况、农事费用明细（包括生产需求、农业技术、农资需求和资金需求）和服务能力支撑等内容。主要大田作物为稻谷、玉米和小麦，经济作物为杨梅、葡萄、猕猴桃和李子，其中猕猴桃产量年均400吨。修文县共有45家贷款融资公司，45家农户申请贷款，申请贷款总额共456万元。共支持460个项目，涵盖土地面积45亩。在服务能力支撑方面，共涉及34家涉农供应商，45种农产品，45位农业技术专家，354345台物联设备。

金融服务系统着重于监控修文县猕猴桃产业的贷款金额、贷款结构、放款层数、还款风险、贷款主体情况（包括产量、评估值、贷款金额、还款金额、还款到期日期、有无逾期、贷款主体类型分布等）、贷款区域分布和还款情况跟踪等。修文县金融服务系统显示，修文县64家园区共贷款5868万元，其中有27家企业贷款在0~50万元，16家企业贷款在50万~100万元，17家企业贷款在100万~150万元，4家企业贷款在150万元以上。截至目前，已有5家园区还清所贷280万元款项，还款率为4.77%。2018年到期贷款2773万元，2019年到期贷款4170万元。贷款主体中有55家农企，贷款比重为85.94%，9家农户，贷款比重为14.06%。

价格发布系统具体是指贵州省农产品价格监控分析平台，着重于跟踪各类农产品的全国价格水平和省内均价，并动态分析各类农产品价格的变化趋势。贵州省农产品价格监控分析平台共监测325种农产品，重点监控55种农产品，涉及3家批发市场、39家零售市场。通过监控农产品价格指数、蔬菜价格指数、水果价格指数和肉禽价格指数，平台动态观测各类农产品价格变化，并实时采集各类市场所在地的成交价格与成交量。平台数据显示，贵州省农产品主要销售目的地为省内，云南、广西、海南、山东、广东和内蒙古为主要的省外市场，销售量最高的3种产品分别为土豆、西红柿和大白菜。

在修文县"农业云"大数据服务平台的支撑下，为全面建成小康社会，2018年6月，修文县已申报国家级现代农业产业园。全县猕猴桃种植户6117户，产业园贫困人口1033人，辐射区935人，每年猕猴桃种植区为附近闲散劳动力提供劳务岗位1万个以上，实现了农民向产业工人的转变。目前，产业园带动13.3万农民发展主导产业，产业发展主要环节带动5.74万农民实现就业，企业、农民合作社带动2万人就业。创建后，产业园以"三变"改革为路径，推动修文县供销社的"三合无变"和修文县农投公司的"团结贷"进一步创新，建立健全"企业+合作社+农户"的利益联结机制。产业园内农民人均可支配收入达到2.6万元，高出产业园外工人52%以上，带动修文县低收入困难户2018年人均可支配收入整体越过6000元，预计2019年整体超过7000元，2020年整体实现小康。

4."电子商务云"助力电商扶贫

贵州省"大数据+电商扶贫"模式主要依托省内"电子商务云"大数据支撑平台，始终坚持围绕电商精准扶贫、"互联网+"现代农业等项目，不断针对"三农"产业升级、社交电商扶贫、服务站建设和供应链体系改造等方面进行全面和深入研讨，共同推进互联网乡村振兴。通过实时跟踪农产品生产情况，搜集市场价格、地区需求和成交信息，为电商的发展提供数据和平台支持。贵州"电子商务云"是在"云上贵州""7+N"朵云示范工程的基础上，由多彩贵州有限责任公司投资建设运营的一家以互联网技术为核心的电商企业，现已发展成集在线交易平台（那美网、美乘网、到村里）、电商综合服务平台、电商大数据、电商互联大数据平台和商务业务系统等于一体的"平台+服务+数据"全链条电商服务体系。"电子商务云”可实现数据填报、数据抓取、定点采集、统计监测等功能，构成农户生产—平台联络追踪—电商采购销售—客户购买的产销合作体系，解决了农产品销售“数据难”问题。

此外，创新电子消费扶贫工程。基于贵州“电子商务云”，依靠“央视广告精准扶贫”“电商扶贫县长在行动”“十县联动共力扶贫”“贵州绿色农产品泉涌工程”等项目助力精准扶贫和帮助农户致富增收的经验，实施电商消费扶贫活动。2018 年 10 月 17 日，在我国第 5 个扶贫日，贵州省商务厅、省扶贫开发办公室主办，多彩贵州网有限责任公司、贵州电子商务云运营有限责任公司承办了以“脱贫攻坚·‘贵’在行动”为主题的“六个一”活动助力脱贫攻坚。电商消费扶贫节活动是 6 大活动中与消费者相连的重要活动。通过“消费也能扶贫，消费也是扶贫”的公益新模式，把贫困户手中的优质农产品送到城市居民的家中，实现农民诚信种养、消费者放心购买的可持续造血模式。

在“精准扶贫云”与“电子商务云”的合作努力下，贵州省电商扶贫取得了良好效果。一是吸引电商入驻成效显著。“电子商务云”的建设为贵州省电子商务的发展奠定了坚实的基础，一大批电商企业，如“青年之家直营店”“黔商们工厂”“贵青 e 创”等的创立，吸引了大量村民回乡发展。随着淘宝、京东、苏宁易购等家电型电商运营企业入驻贵州，贵州省农村电商蓬勃发展，在 1300 个贫困村设立了电商网点。贵州省电子商务交易额增长达 30%，实现了“网货下乡”“农货进城”“黔货出山”。二是电子商务消费扶贫模式取得良好效果。在扶贫广告和电商销售的共同助力下，2017 年水城红心猕猴桃线上销售收入较往年增长了 12 倍，造福数千果农。兴仁薏仁米销量突破 3 万吨，仅仅一次网上的活动，就能将兴仁当地一个核心产区一年生产的薏仁米销售一空。册亨糯米蕉更是在首度上线销售的半个月里，就创下了销量突破 42000 多单的成绩，让蕉农们每斤香蕉能多挣 0.5 元。长顺绿壳土鸡蛋、沿河雪莲果、平坝大米、望谟板栗等一系列贵州产品在电商的帮助下不断泉涌出山，让贫困户们真正依靠电商获得高收益。在 2018 年 10 月 17 日电商消费扶贫节活动中，来自大方、盘县、贞丰、紫云、长顺、独山、剑河、沿河、务川等全省数十个贫困县的百余款产品集中在那家网、电商云到村里、美乘网、京东贵州扶贫馆、天猫贵州原产地商品官方旗舰店、苏宁中华特色馆贵州馆内上线销售。同时，为增加曝光和提高成交概率，各大平台均在醒目的位置予以展示，并优先推荐。在活动期间，通过一系列活动和文章，解读产品背后的故事和辛酸，赋予这些品质上乘、物优价美、人气颇旺的深山贵州特色产品以更多的内涵，为消费者购买提供更多的动机。

5. “医疗健康云”助力健康扶贫

“医疗健康云”是依托“云上贵州”系统平台建设的“互联网医疗健康”服务平台，是贵州发展大数据产业“7+N”朵云工程的重要组成部分。一是通过深入开展农村建档立卡贫困人口因病致贫、因病返贫调查摸底，全面核准患病家庭、人员、病种及诊治情况，建立贵州省城乡居民因病致贫、因病返贫管理数据库，为实施分类救治提供基础数据和决策依据。利用贫困人口健康档案，开展贫困人口疾病关联性分析，挖掘分析因病致贫、因病返贫影响因素。加强健康医疗大数据与城乡居民医保等数据交换，完善基本医疗保险、大病保险、医疗救助、医疗扶助“四重医疗保障”。鼓励商业保险机构参与健康医疗信息化建设与资源共享，全面实现大病保险与基本医疗保险和医疗救助等“一站式”即时结算服务。二是按照卫生计生委与新闻出版广电局合作签订的《“医疗健康云”与多彩贵州“广电云”战略合作协议》，依托“广电云”村村通、户户用工程，实现电脑、电视、手机“三屏”互动，建成集在线预约、咨询问诊、健康管理等应用于一体的健康医疗服务“广电云”平台。截至2018年，“医疗健康云”已建成健康档案、电子病历和全员人口3大数据库，完成全省健康档案、电子病历、公共卫生和部分公立医院历史影像、心电等检查数据的汇聚，奠定了健康医疗大数据应用基础。

三、贵州省大数据扶贫现存不足

贵州省大数据扶贫模式在取得重大成果的同时，在实际工作中也显现出一些不足，可能构成今后深度扶贫阶段中的风险点，需要在下一步工作中加以重视。

（一）对返贫风险的数据采集工作缺乏重视

根据贵州省扶贫办统计数据，贵州省贫困发生率由2013年的21.3%持续下降至2017年的7.7%，平均每年下降3个百分点。按照这一速度，2018年贫困发生率将下降至4.7%左右，2019年将下降至1.7%，2020年可实现贫困人口全部摘帽。随着扶贫成效的逐步扩大，越来越多的贫困人口成功脱贫摘帽，这一部分人的返贫问题则成为下一步工作的重要风险点。下一步，贵州省实施脱贫攻坚政策，不仅需要考虑通过“精准扶贫云”为各类扶贫开发政策提供数据支持，更要考虑脱贫摘帽后的贫困人口和贫困地区“造血”的可持续性发展，从而在实现成功减贫的同时有效防止返贫。贫困地区自身经济增长的内生动力来自人力资本的积累，但当前贫困地区人力资本的投资主要以公共财政支出为主导（和立道、王英杰、路春城，2018），社会资本因其自身营利性，介入扶贫工作的动力不足。因此，现阶段贫困人口的资金来源以财政资金支持为主，一旦贫困人口达到脱贫指标，原有财政资金撤出，贫困户便会面临较大的返贫风险。贵州省“精准扶贫云”在数据统计过程中在“如何退”部分统计了脱贫人口的基本信息，但缺乏对脱贫后再次返贫的人口基本情况的单独考察，也没有相应的统计板块。

（二）对脱贫人口实现小康的跟踪调查不足

贫困人口成功摘帽后，如何实现持续的收入增长成为下一步全面建成小康社会的重点。前文提及，贵州省“精准扶贫云”中设置助力小康板块，但这一板块主要用于统计驻村帮扶干部的工作情况，以此对驻村干部的工作情况进行记录和检查，缺乏对已经脱贫的农户的收入等相关信息的追踪调查，因此也无法为脱贫人口后续发展直至实现小康提供针对性帮助。

（三）大数据技术自身的风险问题

大数据本身以互联网技术为基础，因此存在潜在的安全风险。我国的“大数据+精准扶贫”仍旧存在一些数据管理方面的漏洞，对相关数据安全构成威胁，制约“扶贫云”的科学构建和价值的有效发挥。一些网络不法分子或“黑客”利用这方面的漏洞盗窃、篡改和利用扶贫数据信息，进行网络信贷、网络诈骗等违法犯罪活动，让民众饱受数据信息骚扰之苦，损害政府形象和公信力，也影响大数据扶贫的最终绩效（张振杰，2018）。

四、贵州省大数据扶贫的启示与推广价值

贵州省“精准扶贫云”大数据支撑平台贯彻于精准识别与精准扶贫的始终，形成了一套完整、系统的大数据扶贫体系，以贵州省大数据扶贫为案例，可以得出以下启示：

（一）以精准识别为基础，可发挥大数据扶贫的数据优势

贫困地区贫困户的根本利益是基本生活保障，根本手段是精准扶贫，根本目标是保障民生，收入只是维持基本生活保障的重要手段之一。贫困地区脱贫攻坚不仅是提高农户收入，更需要在住房、用水、用电、医疗、卫生、教育等方面实现全面脱贫。通过详细采集贫困人口和贫困户的各类信息，一方面有利于分析贫困人口与贫困户的致贫原因，另一方面有利于综合利用各种手段，实现贫困人口的多维脱贫。贵州省“精准扶贫云”贯穿于精准扶贫的各个过程，从贫困人口和贫困户的识别，到搜集贫困人口的致贫原因，再到各类扶贫机制的实施程度与实施效果，最后对贫困人口的脱贫情况进行评估，“精准扶贫云”始终为扶贫工作提供数据支撑，始终

以贫困人口和贫困户的生活生产条件为出发点。

扶贫脱贫，识别为基。采集贫困地区数据、精准识别贫困人口和贫困户是精准扶贫的基础，是贯彻落实扶贫开发工作的基石。如果所采集的数据存在缺失、错误等情况，将直接影响扶贫队伍对贫困情况的判断，进一步影响之后的扶贫政策实施与脱贫时间的决定。贵州省“精准扶贫云”以贫困数据为核心，将教育、产业、电商、健康 4 大扶贫机制的数据进行汇总融合，通过记录当地驻村帮扶干部的日常工作，明确扶贫目标，从多维贫困的角度实现贫困人口和贫困户的全面脱贫。因此，贵州省“精准扶贫云”大数据支撑平台的基础性作用是贫困人口和贫困户成功脱贫的重要原因。

（二）“精准扶贫云”可多层次协助扶贫工程

2015 年《中共中央 国务院关于打赢脱贫攻坚战的决定》明确提出，为实现精准扶贫、精准脱贫的目标，在具体实现路径上要按照贫困地区和贫困人口的具体情况，实施好“五个一批”工程，即发展生产脱贫一批、易地搬迁脱贫一批、生态补偿脱贫一批、发展教育脱贫一批、社会保障兜底一批。在这“五个一批”中，产业扶贫涉及对象最广、涵盖面最大，能够有效提高贫困人口和贫困户的内生动力，是做好精准扶贫的关键。但是，贫困户缺乏初始积累和相应的技术水平，自身应对风险能力较差，对市场需求和价格变化的信息获取不足，面对市场变化的风险较大。贵州省大数据扶贫机制中“产业云”与“电子商务云”的结合有效解决了上述问题。“产业云”的引入，将实时监控、专家指导、农户执行情况相结合，有效防止了因贫困户自身水平较低而影响产品质量。此外，利用“电子商务云”打通产业与销售环节，通过搜集市场需求与价格信息，以市场为导向，做到产销一体化，帮助贫困户有效抵御市场变动和价格变化风险。此外，针对贫困户人力资本水平低、技术水平不高的特点，贵州省“精准扶贫云”与“产业云”“教育云”相结合，一方面对农户种植和养殖技术进行培训，有效提高农户的技术水平，另一方面满足贫困户子女的上学需求，精准识别贫困户子女的上学情况，结合多种政策对贫困户子女进行资助。在有效降低贫困户受教育成本的同时，提高贫困户子女的受教育水平，提高贫困户脱贫的可持续性。

（三）以精准扶贫为目的，大数据扶贫需打通多个部门或单位的信息系统

打造“精准扶贫云”的关键在于扶贫数据的完整性和可靠性，贵州省将大数据和大扶贫上升到省级发展战略层面，将精准扶贫作为全省各个部门的战略目标，打

通公安、卫计、教育、人社、住建、民政、水利、国土、工商、移民、农社、林业等25个部门和单位的相关数据系统，利用现代数字化端口对每个贫困户的相关信息进行更新匹配，并将基层干部采集的数据与国家扶贫开发系统每天进行更新匹配，从而全面掌握不同地区、不同城市、不同县区、不同乡镇各贫困户的信息，将提高贫困户收入水平、实现收入脱贫的单维贫困标准扩展为涵盖地理、收入、生产生活、教育、医疗等的多维贫困标准。因此，若要有效利用大数据扶贫机制协助本地区的扶贫攻坚工作，需要各部门统一思想、放低姿态，以当地的扶贫攻坚作为共同目标，实现各部门和单维之间的数据共享，才能切实实现精准扶贫的精准识别、精准帮扶和精准脱贫，有效改善贫困人口的生产生活条件，保障民生，实现在收入层面脱贫基础上的全面脱贫。

总之，贵州省扶贫工作切实贯彻“扶贫脱贫，数据为基”原则，大数据的采集和运用贯穿于识别、帮扶、脱贫始终，协助整个扶贫工作。以贵州省“精准扶贫云”扶贫机制为经验在其他贫困地区进行推广，可有效促进当地贫困大数据的建立和扶贫工作的开展，为贫困户脱贫、贫困地区摘帽起到关键性、基础性的协助作用。

第三章　旅游扶贫：湖南省“黄岩模式”[①]

怀化市鹤城区是湖南省51个省级扶贫开发重点县之一。2014年以来，该区全力打好脱贫攻坚战。到2017年年底，全区累计实现3964户13866名贫困对象稳定脱贫，综合贫困发生率由12%降至0.57%。2018年4月24日，经湖南省省级考核验收，省政府批复同意鹤城区脱贫摘帽。

黄岩旅游度假区位于鹤城区南郊海拔1174米的凉山之腰，1996年由原黄岩乡改设，属湖南省省级旅游度假区、省级森林公园。度假区平均海拔850米，距市中心19千米，区域面积55.86平方千米，为典型的喀斯特高山谷地，有“鹤城西藏”之称。现在，黄岩旅游度假区正在努力申创国家4A级旅游景区。

黄岩旅游度假区辖白马、大坪2个行政村（合并前为4个），旅游扶贫前经济产业长期滞后，贫困人口达225户791人，贫困率近23%。2015年以来，黄岩凭借旅游扶贫带动实现了村均集体经济增加至50万元，农民人均可支配收入增至1.3万元左右，贫困户人均收入增收至5000元左右。2016年，黄岩旅游扶贫模式成为湖南省5个重点推广扶贫模式之一，得到全国人大常委会副委员长严隽琪的充分肯定。

黄岩旅游扶贫经验的亮点在于对“人”的重视。发展过程中通过不同的政策引导，既发挥村落能人的带头作用，也注重激发一般村民的参与热情，以构建多元参与、融合共赢的发展模式。黄岩属于典型的区域级旅游次优区，全国范围具有类似等级资源的区域并不鲜见，加之黄岩旅游扶贫模式的其他基本条件在全国的分布也较为广泛，因此其扶贫经验有较大的可复制性、可借鉴性和可推广性，值得深入挖掘。本案例在深入剖析黄岩旅游扶贫模式的基础上，总结其发展模式，提取其复制与推广经验，以利于中国旅游扶贫工作的开展与相关扶贫知识的凝练。

---

① 感谢怀化市旅游局、怀化市扶贫办、鹤城区旅游民宗局、鹤城区扶贫办、黄岩旅游度假区管理处提供的座谈、咨询与资料，也感谢中央民族大学在读博士杨清波帮助协调怀化各相关部门以顺利完成本次调研。

一、黄岩旅游扶贫背景

（一）黄岩旅游发展的机遇与困境

黄岩位于北纬 27°26′31″，东经 110°03′55.9″，隶属怀化市鹤城区，与中方县新建镇康龙自然保护区、中方镇乌溪村、洪江市岔头乡相接。黄岩与怀化主城区有宽约 4 米的杨黄公路相连，从怀化市到黄岩的车程约为 40 分钟，地处主要客源地 1 小时交通圈内，旅游开发的区位优势突出。

黄岩的旅游资源较为丰富，有“怀化庐山”和“鹤城西藏”之美誉。[①] 整个规划区主体属典型的喀斯特高山谷地，自然资源保护较好，区内森林植被覆盖率高达 88%，拥有密布的石林溶洞、高山的平湖、险幽的峡谷、广袤的原始次生林、壮观的梯田等自然景观。黄岩夏凉秋爽，年平均气温 17.9℃，常年比城区低 5～7℃，具有避暑养生的气候资源优势，是“湖南西部生态休闲养生高地”。此外，黄岩民风淳朴，地方原生态民俗风情浓厚，又具有黄岩腊肉、土鸡、蕨粑、干笋、大米、香芹、延季杨梅、高山葡萄等丰富的土特产品可供游客选购，自然旅游资源与人文旅游资源、旅游业与农业的结合度较好。

黄岩旅游度假区虽然 1996 年就已成立，但 2015 年以前的发展一直不温不火，甚至一度低迷。困境形成的主要原因包括：①黄岩的旅游发展规模尚小，因而游客接待量少，接待规模的基数小，增长的绝对数量也有限；②旅游资源开发水平不高，知名度不大，吸引范围有限，绝大多数的客源来自怀化本地；③旅游宣传不到位，缺乏有力的推广活动，游客了解黄岩的途径狭窄（陈香姬，2015）。

（二）黄岩的贫困状况与脱贫成效

黄岩系鹤城区相对偏远的高寒区域，2018 年有总人口 872 户 3531 人，贫困人口合计 225 户 791 人，其中白马村 145 户 504 人、大坪村 80 户 287 人（见表 3－1）。白马村和大坪村皆属省级贫困村，人均收入在 2014 年仍不足 3000 元，收入相对单一，主要依靠传统种植、养殖业，部分村民通过外出务工获取收入；集体经济较为薄弱，曾一度处于山穷水尽的绝境，村集体经济收入不足 2 万元。

① 参考中共怀化市鹤城区黄岩旅游度假区管理处委员会《生态旅游带动精准扶贫深度融合推进乡村振兴》，2018 年 6 月。

表3-1 黄岩的贫困状况与脱贫成效①

贫困地区	白马村	大坪村	合计
总户数（户）	465	407	872
总人口（人）	2166	1365	3531
建档立卡户（户）	145	80	225
贫困人口（人）	504	287	791
2014—2017年脱贫户数（户）	135	73	208
2014—2017年脱贫人口（人）	476	264	740

旅游扶贫的推进给当地人带来了更多增加收入的机会。2016年，白马村花海景区共为当地村民支付劳务工资163万元，有的贫困户一家三口的劳务收入达到6.3万元；大坪村怀化大峡谷景区从开工建设至2018年共发放劳务工资82.5万元，参与务工的贫困人口多达137人。此外，2个村还采用入股分红、土地流转等多种方式促进贫困户增收。在促进村民增收的同时，旅游业的发展也吸引了当地外出打工的青年返回村里，如大坪村返乡村民达到120人，他们把新视野、新知识、新资本带回家乡，共同参与家乡建设，加快了黄岩脱贫致富的速度。

2015年致力于旅游扶贫以来，短短几年内，白马、大坪两村通过旅游业发展实现快速脱贫，成效突出。截至2017年年底，2个村合计脱贫208户740人，其中白马村135户476人、大坪村73户264人，两村贫困户仅剩17户51人。预计2018年年底，剩余贫困户脱贫15户48人，最后2户贫困户共3人将于2019年年底脱贫，即2019年年底白马、大坪2个村将实现全部贫困户脱贫，完成脱贫攻坚任务。

二、黄岩旅游扶贫过程

（一）经验学习，寻求突破

如何让“绿水青山”变成“金山银山”？如何让旅游资源变为脱贫致富的源泉？2015年，新一任黄岩管理处坚持以黄岩转型发展、脱贫攻坚为己任，敏锐搜寻到十八洞乡村旅游扶贫、凤凰花海景区经济转型的成功案例，并尝试将两地经验相结合，吸收两地发展之所长，转化为促进黄岩旅游扶贫产业发展的重要推动力。2015年4—6月，黄岩管理处对黄岩境内的旅游资源进行了全面清查，并邀请怀化市内知名

① 中共怀化市鹤城区黄岩旅游度假区管理处委员会《黄岩白马大坪旅游产业发展联合委员会及产业链党组织建设情况汇报》，2018年5月28日。

“驴友”以及户外拓展、旅游等方面的专家学者到管理处召开座谈会，请他们为黄岩的旅游发展出谋划策，寻求转型与突破之路。

结合黄岩自身旅游资源实际情况，经多方论证，管理处最终确定在白马村石林种植200亩格桑花海项目，并制定了格桑花海产业带动旅游扶贫的工作方案、落实措施。在此期间，管理处专程从江苏聘请了专业团队帮助打造白马村石林花海景区，并从青藏高原引进格桑花种子，在白马村进行大规模的格桑花种植。2015年国庆节期间，黄岩格桑花竞相开放，形成了一道独特而亮丽的风景线。美丽的格桑花海加上专业的营销，吸引了大量市民慕名前来赏花、留影。市民在拍照的同时，也通过微信、微博等网络社交媒体分享给朋友、同事，从而引发了更大区域、更为广泛的关注。一时间，前来黄岩赏花的游客络绎不绝，游客来源也从最初的怀化本市逐步拓展至长沙、娄底、邵阳等省内城市及贵州、广东等其他省市区。格桑花海前期20万元的成本投入得到了巨大回报。据统计，2015年国庆节后，景区每天接待赏花游客仍有2000人以上，周末更是达到5000人以上，到11月中旬关园为止，累计接待游客7万多人次，实现旅游总收入500万元以上。部分贫困户通过在花海务工等多种途径实现每人增收3200元以上，带动合并前的白马村5户贫困户20人脱贫致富，另有其他村15户贫困户55人通过农产品销售脱贫，100余人在景区获得就业创业机会，白马村村集体经济增收42万元。通过打造黄岩白马格桑花海景区，促进了黄岩旅游扶贫、观光农业、产业基地、就业创业、村集体经济增长、农产品销售、农民增收等的全面发展，[①] 充分发挥出旅游业带动效应强的功效，使扶贫村落能够实现经济、社会双向受益之效果。

（二）扩大规模，提升品质

在白马村格桑花海效应的带动下，黄岩干部、村民纷纷转变观念，树立起对旅游业的信心，发展旅游业的积极性逐渐高涨。2015年年底，管理处党委召集白马村、大坪村村“两委”干部、党员代表，会商黄岩乡村旅游走向，形成了“统一布局、一村一品、资源互补、农旅共赢”的共识。2015年12月，白马村成立黄岩生态旅游开发有限公司，实施格桑花海扩园提质工程。与白马村相同，2015年12月，大坪村也成立了怀化市辉皇旅游开发有限责任公司，与鹤城区党委合作共同打造旅游产业发展示范基地，提升大坪村怀化大峡谷的影响力。在此背景下，2016—2017年，

---

① 参考中共怀化市鹤城区黄岩旅游度假区管理处委员会《生态旅游带动精准扶贫深度融合推进乡村振兴》，2018年6月。

管理处指导白马村、大坪村先后实施千亩花海、怀化大峡谷2个核心景区建设。[①]

白马村格桑花海项目的升级版——白马千亩花海于2016年5月28日正式开园。项目面积扩至1200亩，品种由单一的格桑花增加至13个花卉品种，建成游步道8000米，建设凉亭18座、停车场3个，拥有停车位1000个，游客服务中心、农产品展示销售中心各1个，[②] 景区的餐饮、住宿设施日渐完备，游客甚至可以在此观夜景、留宿帐篷，越来越多符合市民消费需求的旅游体验项目被开发出来。毗邻的大坪村采取了错位开发的方式，着力打造的怀化大峡谷景区于2016年8月23日开园。项目建成悬崖栈道6800米、观景台12个、玻璃观景平台1处、游步道7000米、800多米的钟鼓洞、400多米的直跨高空滑索。到2016年12月底休园，两个景区共接待省内外游客15万人次以上，实现景区门票收入570多万元、景区内餐饮消费150多万元、景区内农产品土特产销售收入310万元，带动黄岩地区累计旅游消费2000万元以上。贫困户通过园区务工、土地流转、就业增收、农产品销售、产业带动、入股分红等多种方式，每一户的收入均得到增加。[③]

黄岩旅游发展的成功之处在于不断创新思路，如在传统景区旅游基础上，凭借资源优势，积极策划大型文化活动。在白马花海景区先后举办了2届怀化汽车音乐帐篷节，在怀化大峡谷景区举办了首届怀化自行车登黄岩大赛、万人步行登黄岩大赛。大型旅游文化活动不仅增加了客源，也赢得了口碑，扩大了影响力。2017年，黄岩旅游度假区共接待游客20万人次以上，实现门票收入1000多万元，带动黄岩旅游消费5000多万元。

2017年7月，黄岩管理处为进一步扩大规模，升级发展，启动怀化黄岩生态旅游区创建国家4A级景区申报，现在已完成景观资源评价和景区暗访工作，正在对不完善的部分进行全面整改，争取拿到国家4A级景区授牌。

（三）放大效应，农旅融合

为进一步扩大旅游带来的扶贫效应，黄岩2个村以旅游产业为主导，依托高山农产品生产延季特性，助推旅游服务和区域特色产业融合，实现“农区变景区、家园变花园、农产变特产”式发展。农旅融合的具体途径包括3方面。

---

① 参考中共怀化市鹤城区黄岩旅游度假区管理处委员会《“党建引领＋生态旅游”模式壮大集体经济》，2018年7月。

② 参考中共怀化市鹤城区黄岩旅游度假区管理处委员会《生态旅游带动精准扶贫深度融合推进乡村振兴》，2018年6月。

③ 参考中共怀化市鹤城区黄岩旅游度假区管理处委员会《生态旅游带动精准扶贫深度融合推进乡村振兴》，2018年6月．

一是发展种养经济。借助黄岩海拔高、气温低、距离城区近的优势，积极开发旅游农特产品，大力发展特色果蔬基地，打造休闲观光农业采摘园，累计建有高山刺葡萄、蓝莓、黄桃、红心猕猴桃、蔬菜、稻花鱼基地3000余亩。通过举办玉米、黄桃、蔬菜等果蔬采摘品尝节，为游客提供富有乡土情趣的多彩活动，实现“农旅共赢”的发展模式。

二是推动特产销售。在景区兴建了多个土特农产品交易市场、经营店，为村民，特别是贫困村民免费提供摊位店面100余个，年均土特产销售额达1200万元。从满足游客“玩”的需求到满足游客“购”的需求，延伸了旅游业的服务链条。

三是发展民宿和农家乐。引导村民将房屋改建成高标准民宿，在增加当地村民收入的同时，也解除了旅游产业“吃、住”两大要素的后顾之忧。

白马、大坪2个村在没有太多自有资金，又缺少资金雄厚企业的背景下，通过学习其他地区的旅游扶贫范例，结合自身的资源特点与区域优势，成功通过旅游业发展实现扶贫。黄岩旅游扶贫中市场营销与产品发展的主要经验包括：①地方热情要与专业团队相结合，以实现情理交融，突破困局，赢得市场；②传统业态要与新兴业态相结合，找准需求，勇于创新，大胆发展。

三、黄岩旅游扶贫模式

（一）“输造并举”：党政引领+能人带动+村民自主

旅游扶贫工作需要投入大量的资金与人力，涉及的部门亦相对较多。黄岩坚持“输血”与“造血”并举，逐步实现由“输造并举”向“自我造血”转变。[①] 扶贫过程中注重增强当地旅游业持续发展的后劲，以逐步减轻扶贫过程中相关部门的压力。旅游扶贫模式以白马、大坪2个贫困村为基地，采用与村民互惠互助的形式，通过能人带动组建公司，通过众筹实现全体村民共同参与开发旅游，使每户村民都能受益，并有效地将生态优势转化为脱贫的财富（胡应南，2016）。黄岩在“输造并举”方面的成功模式包括：

首先是党政引领。鹤城区委、区政府通过组织调研，帮助黄岩管理处理清“旅游+扶贫”的脱贫思路。黄岩管理处组织村组干部和贫困户代表赴花垣十八洞、凤凰花海景区考察学习，确定以“花、果、山”作为旅游发展的突破口。白马村的格桑花海建设，使黄岩旅游业发展迎来了新的转折点。突破困局、初见成效后，为给

① 张鹏，满长水．鹤城：旅游扶贫“四型”模式助力脱贫攻坚[EB/OL]．怀化人民政府网，[2017-09-06]．http://www.huaihua.gov.cn/web/10001/10002/10007/10031/content_381807.html.

黄岩3000多名村民出行带来方便，同时助力旅游业进一步发展，怀化市发改委驻村工作队全力推进黄岩的基础设施建建设，包括怀化大峡谷景区路面改造工程、凉山湖道路硬化工程、村卫生室建设、村部改扩建工程、村民住房美化亮化工程、村组道路亮化工程、村垃圾站建设工程、农村电子商务平台建设、“六位一体”综合服务平台、“村村响”工程、移动通信网络工程、村党务政务公开栏建设、鸭梨江电站升级改造工程等工程。[①] 在黄岩旅游扶贫模式推进过程中，鹤城区委、区政府也出台了旅游扶贫和产业发展奖补方案，累计投入6000余万元，实施规范景区内外道路硬化油化、危旧房统一改造、集镇临街立面改造、统一景区标识、停车场等基础设施建设。在党政引领下，基础设施的不断完善为实现黄岩旅游业的快速、可持续发展打下了坚实的基础。

其次是能人带动。在党政引领的基础上，黄岩通过能人带动的方式配合区委、区政府深度开展旅游扶贫工作。白马、大坪2个村的党支部委员会、村民委员会通过配备能人，坚持基层组织建设与扶贫攻坚工作相结合，利用能人示范引领当地村民筹资入股。白马花海景区和大坪怀化大峡谷景区分别由2个村的余绍友和杨英兰做主要负责人，带领村支“两委”、返乡创业能手创新创业，牵头筹资入股组建旅游经营公司。其中白马村发起人村支书余绍友入股200万元，大坪村发起人村主任杨英兰入股300万元。在两位能人的带领下，村民踊跃集资入股，资金积少成多，汇集的资金通过组建的公司实现了景区更好的经营，促进了“资金、穷人、能人、项目、市场”的连锁集聚。

最后是村民自主。在党政引领、能人带动下，黄岩村民发展旅游的积极性高涨。村民自主的模式突出了村民的主体地位，激发了村民摆脱贫困的内生动力，摈弃了传统的“等靠要”思想，由“要我脱贫”向“我要脱贫”转变。在村“两委”的引导下，白马村、大坪村村民主动流转土地、山地数千亩支持旅游业发展。村民通过主动筹资或以小额贷款资金、扶贫专项资金入股，参与到黄岩旅游的共同发展中。2个村共有430余户村民出资600余万元入股旅游公司，其中大坪村实现“每户村民均是股东”的高入股率。此外，部分村民还通过自发改造自有院舍开办农家乐的方式实现了自主就业、自主脱贫。目前，黄岩已成为怀化农家乐最集聚的区域之一，仅大规模农家乐就有20余家。通过景区建设，部分有劳动能力的贫困户可以通过在景区就业或销售农产品实现脱贫，而无劳动能力的贫困户也可通过年底分红和保障

① 刘空军，李向军，崔彦东．放大乡村旅游效应，助力大坪精准脱贫[EB/OL]．红网，[2018-09-29]．https://baijiahao.baidu.com/s?id=1610006285963160741&wfr=spider&for=pc.

兜底的方式摆脱贫困。

（二）多元收益：务工就业＋入股分红＋土地流转

黄岩旅游扶贫模式坚持“三变”战略，即“将农村变成景区，将农民变成旅游从业人员，将农产品变成旅游特产”，促进村民和贫困户通过多种途径增收。这些途径主要包括务工就业、入股分红、土地流转 3 大类型（见表 3－2）。

首先是务工就业增收，即景区在建设和经营的过程中吸收黄岩当地贫困户到景区进行务工、就业、销售农产品等相关工作。在务工增收方面，白马村花海景区扩园后景区雇用工人 70 人左右，工资为男工每天 150 元、女工每天 100 元，被雇用的贫困户每人每月可增收 2000 元以上。怀化大峡谷景区建设期间日均用工 30 人以上，工资每人每天 120 元，70% 的景区建设用工聘请的是当地贫困户居民，共有贫困户 137 人参与景区建设，拓宽了黄岩地区贫困户收入来源。在就业增收方面，景区修建和扩建期间的务工增收仅能在短期内解决贫困户的收入问题，而在景区就业才能真正为贫困户提供长期稳定的收入来源，帮助贫困户彻底摆脱贫困。白马村花海景区在运营过程中全部聘请村民从事景区保洁、种植、保安等工作，提供稳定就业岗位 23 个，就业贫困户年人均增收 1.5 万元。怀化大峡谷景区开园后，为当地劳动力提供售票员、保洁员、维护工、安全员等稳定就业岗位约 30 个，按照贫困户与一般农户6∶4 的比例安排就业，共解决贫困户 19 人就业，其中保洁员 10 人、售票员和保安各 1 人、管护员和后勤员共 7 人，参与就业的 19 人年平均增收 1.8 万元。① 在务工与就业增收的基础上，景区还实现了销售增收。在景区管理处的指导下，白马村花海景区兴建土特农产品交易市场、土特产经营店，免费提供摊位面积 600 平方米，带动就业从业人员约 300 人，村民或贫困户通过在土特产市场、零散摆摊经营年增收 5000 元以上。② 怀化大峡谷景区试营业以来，也直接带动了区内农家乐接待户的果蔬农产品销售增收。由于旅游业的发展，更多的游客来到景区，两村贫困村民有了更多机会通过销售自种自养的蔬菜瓜果、家禽和农副土特产获取收入，贫困户每户平均增收 3000 元。③

其次是入股分红增收，即鼓励贫困户通过小额贷款等途径筹措资金入股旅游公司，年底为贫困户按股份分红。通过管理处引导，分别成立了怀化黄岩生态旅游开发有限公司和怀化辉皇旅游开发有限公司，对白马村千亩花海和大坪村怀化大峡谷

---

① 鹤城区黄岩旅游度假区管理处《黄岩发展生态旅游带动精准扶贫工作典型材料》，2018 年 3 月。

② 李慧，李长宏．旅游扶贫记事鹤城黄岩：全民入股兴旅游，综合脱贫花似海［EB/OL］．红网，［2018－08－08］．http://tour.rednet.cn/c/2017/08/08/4385862.htm.

③ 焦梦．湖南怀化探索“旅游＋”的精准扶贫模式［EB/OL］．中国发展门户网，［2017－07－28］．http://cn.chinagate.cn/news/2017－07/28/content_41303762.htm.

2个景区进行公司化管理，通过入股分工的方式使公司发展同村集体经济发展和贫困户增收之间建立起完整的联结模式，即“公司+村集体+贫困户+基地”模式。在白马村，由致富带头人村支部书记余绍友发起成立公司，其中公司拥有60%股份，村集体拥有20%股份，贫困户拥有14%，一般村民拥有6%。财政支持的扶贫资金100万元按贫困户与公司7∶3的比例投入花海旅游扶贫项目中，70万元由所有贫困户入股花海旅游公司，30万元作为旅游公司基础设施奖励。公司前2年实行保底分红，每人每年300元；2年后按股份比例进行利润分红，利润分红按全年总利润的70%进行，保守预计2018年公司利润为200万元，贫困户每人可分红335元，村集体可分红28万元。① 大坪村的怀化辉皇旅游开发有限公司，杨英兰等9名发起人占股59.3%，一般村民出资占股27%，贫困户以扶贫项目资金委托大坪村旅游扶贫开发合作社统一入股旅游开发公司，占股9.7%，村集体占股4%。公司保底分红2年，每人每年按500元实行，2年后按股份比例进行利润分红。利润分红同样按全年总利润的70%进行，保守预计每年利润为300万元，贫困户每人每年可分红600元左右，村集体每年可分红约8.4万元。②

最后是土地流转增收，即通过土地流转使村民手中的自留地被充分利用起来，为村民增收。一般按田地1000元/（亩·年），菜地500元/（亩·年），荒山100元/（亩·年）的价格流转。在白马村，黄岩生态旅游开发有限公司共流转土地1200亩，受益农户（含贫困户）人均年增收500元以上。与此同时，大坪村的怀化辉皇旅游开发有限公司流转贫困户土地785亩，贫困户每年平均增收1088元。③

表3-2　黄岩“务工就业+入股分红+土地流转”增收模式④

增收途径	白马村	大坪村
务工就业	务工增收（每人每月增收2000元）、 就业增收（贫困户年人均增收1.5万元）、 销售增收（贫困户平均增收3000元）	务工增收（参与者平均增收6000元）、 就业增收（贫困户年人均增收1.8万元）、 销售增收（贫困户平均增收3000元）
入股分红⑤	余绍友等能人占股60%； 一般村民占股25%； 贫困户占股15%； 每股每年保底分红700～1000元	杨英兰等能人占股59.3%； 一般村民占股27%； 贫困户占股9.7%； 每股每年保底分红700～1000元
土地流转	每人每年平均增收500元以上	每户每年平均增收1088元

（三）连村联创：“村+处+区”抱团脱贫

怀化黄岩采用“村+处+区”模式，即兜底全村、带动全处、辐射全区，通过

①②③④　参考鹤城区黄岩旅游度假区管理处《黄岩发展生态旅游带动精准扶贫工作典型材料》，2018年3月。
⑤　参考鹤城区旅游局《鹤城区旅游扶贫经验介绍材料》，2017年12月14日。

抱团脱贫的模式，探索连村联创型脱贫新路径。“村 + 处 + 区”模式旨在建立起村、乡、区三级利益联结机制，将受益主体由黄岩逐步扩大至鹤城区所有贫困户，实现抱团发展，同步脱贫。联村联创的抱团脱贫模式主要由以下 3 个步骤构成：

首先是兜底全村。黄岩旅游扶贫做到因村因户施策，使每一个贫困村、每一户贫困户都不掉队。在扶贫工作开展前，怀化市发改委驻村工作队深入实地调研，根据 2 个村贫困现状，因地制宜制订出黄岩产业扶贫计划，确定将旅游产业作为黄岩贫困户脱贫增收的主要途径。通过发展旅游业，兜底保证贫困户通过劳务、分红、特产销售、土地流转等至少 1 个渠道增收，旅游产业成为贫困户脱贫增收的重要渠道。

其次是带动全处。白马、大坪 2 个村凭借旅游资源优势，通过旅游产业实现了快速发展，开创了以旅游业驱动的扶贫新局面。为进一步带动毗邻村庄的发展，2017 年 5 月，原白马村、田家村合并成新白马村，原大坪村、南家坪村合并成新大坪村，以促进周边烧烤园、果蔬产业、稻花鱼产业等融入黄岩旅游发展的大格局中，实现区域范围内的村庄整体脱贫。考虑到新合并村深度贫困户的稳定增收问题，采用的方式包括让并入村新增的贫困对象入股旅游公司、协调并入村村民进入土特产市场经营销售等。

最后是辐射全区。为实现全区贫困户脱贫摘帽的总体目标，鹤城区委、区政府以全区 132 名政策兜底对象的扶贫奖补资金参股黄岩的旅游公司，实现全区最贫困人口稳定分红增收。黄岩旅游业脱贫致富的示范作用，也激发了整个鹤城区发展旅游产业的热情。鹤城区推出“双百政策”（即 100 个旅游项目、100 亿元旅游投资），以通过旅游扶贫带动全区 70% ~80% 的贫困户实现脱贫。未来目标是通过把鹤城区打造成全域旅游示范区，带动区内所有贫困户脱贫。①

四、黄岩旅游扶贫经验

不仅要发挥能人的引领作用，也要关注贫困户，重视不同层次贫困户的自身价值，拓展旅游业发展的多元收益，吸引贫困户各取所长，通过多种方式参与旅游发展，最终以产业发展促进村民自身能力的提高，通过“输血”激发“造血”功能，保障扶贫的可持续性，这是“黄岩模式”最重要的经验。就旅游扶贫而言，扶贫形式分为 2 种，较初级的形式是参与非正式旅游部门的经营活动，而黄岩的形式属于较高级的形式，即居民可以全面参与到旅游的发展中，不是简单地分享边缘性的旅

① 相关数据来源于 2018 年 7 月在怀化市鹤城区扶贫办的访谈。

游收益（饶勇、黄福才、魏敏，2008），而是通过入股的方式确立了“主人”的地位。

（一）全民众筹：以少聚多，群体合作

“众筹”（Crowdfunding）一词最早出现于美国，其定义为“群体性的合作，即人们通过互联网汇集资金，以支持由他人或组织发起的项目”（黄健青、辛乔利，2013）。黄岩旅游扶贫模式中的全民众筹与传统意义上的众筹有所不同。首先，在资金众筹过程中没有借助互联网渠道，而是直接通过全民参与，特别是充分利用了扶贫资金与国家小额贴息贷款，以少聚多，通过集中成立的旅游公司进行统一运营，公司盈利后再按照投资的股份分红给村民。其次，土地流转也是全民资源众筹的一种方式，通过公司流转贫困户土地，贫困户平均每年可获得千元左右的稳定收入。最后，在资金与资源众筹的基础上，通过吸引村民和贫困户在景区务工和就业，进一步增强了全体村民对未来的发展信心，真正实现了扶贫又扶志。具体而言，全民众筹的优势主要体现在：

第一，贫困村集体往往经济薄弱，将能人与贫困户等众多贫困居民的资金聚集在一起，可以积少成多为数量可观的资金，达到“众人拾柴火焰高”之效果，从而有能力打造更好的产品，扩大市场竞争力。

第二，贫困村民能力所限，单打独斗很难突破贫困困局，通过入股的方式则有机会参与到旅游发展中，在分得红利的同时，又获得了新的工作岗位和本土就业的机会。

第三，不同于传统的企业主导型社区旅游发展模式，企业不是外来企业，而是由村民集资成立，全民众筹使普通村民和贫困户变为股民，扶贫资金变为股金，雇员变为雇主，村民对公司有更大的归属感。

第四，作为公司的主人，年底可按利分红的方式使得每一位参与众筹的村民工作热情更高，积极性更大，幸福感更强，更愿意主动学习新技能，转变旧观念，从“要我扶贫”转变为“我要扶贫”，以产业发展带动了人的发展，推进了村民自身能力建设与观念的现代化过程。

（二）“能人带村”：精英引领，模范带头

全民众筹得以展开的首要条件是村中有领头人或发起人愿意引领某一产业发展，且该产业发展有较好的预期。能人通常在村里具有一定的威望，能够让多数村民信服，同时在村庄治理、旅游扶贫工作进程中起到先锋带头作用。黄岩的“能人带村”共有4个步骤：

首先是选拔能人。作为社区精英，能人具有一定的才能或在某一个或多个方面和领域具有重要贡献。在白马村，早已成为百万富翁的余绍友在2007年选择放弃如日中天的生意回到村里当起了村干部，10年的村干部经历使余绍友深得白马村村民的信任，是能人的不二之选。在大坪村，杨英兰是当地远近闻名的农民企业家，先后从事中药材、水果、花卉苗木的栽培和销售，拥有20多年的艰苦创业经验，因此被选为致富能人。这些能人怀着对家乡的情感，回到黄岩，扎根黄岩，引领黄岩的村民一起走向共同富裕。

其次是坚持“能人治村”。村委会坚持“两高一强”的选才标准，即高政治素质、高信誉、强大的致富能力，大力选择有实力、能致富和富有创新精神的人才。在2017年2个委员会的重选和行政村的正式合并过程中，选举出2个委员会的主要成员。白马村党支部书记余绍友在兼任联合党委书记的同时，也是黄岩生态旅游开发有限公司董事长；与白马村相同，大坪村支委、村主任杨英兰既是村支“两委”成员又兼任怀化市辉皇旅游开发有限责任公司董事长。这些领导能够充分发挥基层党组织在旅游扶贫工作中的示范效用，当村民对于众筹入股项目表示怀疑甚至否定的时候，2个村的致富带头人通过身体力行、耐心解释，使每一户村民参与到项目中来，为全民众筹模式的开展奠定了基础。

再次是坚持“能人带动”。黄岩旅游业的发展极大地促进了当地经济的发展。在经济发展的同时，在“能人带动”下，黄岩依靠村支部的“两委”和公司处理村务与公司事务，解决矛盾纠纷，党委协调企业共同解决发展问题。旅游产业联合党委会成立后，针对白马村和大坪村景区基础设施相对落后的情况，委员会积极向党委和区委、区政府汇报实际情况，先后协调并获取区级项目资金数千万元，帮助优化2个景区旅游道路8300米，统一风貌改造房屋50多栋。[①]

最后是坚持培养本土人才。个人力量有限，仅仅依靠2位能人带动白马、大坪2个村近800位贫困村民共同摆脱贫困是不够的，需要更多的能人共同合作参与其中。黄岩白马—大坪旅游产业联合党委会成立后，吸引聚集在农村产业链中的一批富人积极融入党内，发挥其模范带头作用。此外，还大力支持本土本乡“土归”人才返乡创业，将文化素养高、思想觉悟高、产业带动能力强的返乡人才培养成为优秀后备力量。2017年以来，产业带头人、致富能手中有7人被选进党组织或村委

---

① 参考中共怀化市鹤城区黄岩旅游度假区管理处委员会《“红色”党建助推“绿色”生态旅游——黄岩积极探索党建引领，建立旅游产业发展联合委员会，实现“旅游+扶贫”产业发展脱贫致富新模式》，2018年5月28日。

会，3 人被列为村级后备干部，① 为“能人带村”式发展不断注入新的活力。

“能人带村”最重要的是选择正确的能人，这些能人只有思想端正、甘于奉献，愿意为村子承担责任，才能在旅游扶贫工作中起到关键作用，在此，白马—大坪旅游产业联合党委会成为引领行业发展的强大堡垒。“能人带村”使“黄岩模式”得到辐射推进，在推进过程中，联合党委形成了“一级联带动本村贫困群众，二级联带动合并村贫困群众，三级联带动周边村困难群众”的“三圈”辐射功能，使更多的贫困家庭摆脱贫困，增加了收入。

（三）参与式扶贫：自主脱贫，不等不靠

社区居民作为贫困地区的“主人翁”，在政府、企业、市场、旅游者之间起到联络沟通的作用（龚艳、李如友，2016）。黄岩地区贫困户在支持旅游扶贫工作的基础上，在2 位能人的带动下，改变“靠山吃山”的传统思想，共同建立发展目标，实现“贫困户自主脱贫”。除传统的土地流转、委托入股分红等增加收入的手段外，自主式发展方式包括：

1. 积极创办农家乐和民宿

在景区管理处的帮助下，白马、大坪 2 个村部分贫困村民通过小额贷款方式创建了农家乐，旺季时每个农家乐日收益可达 500 ~ 1000 元，白马村一些村民通过创办农家乐仅 3 个月便获纯利润 6 万元。在农家乐的基础上，通过统一规划、统一设计、统一标准，2 个村的一些贫困户通过修缮改造把民房升级成民宿客房，加上其他村民开设的民宿，2 个村最多时可接纳游客 400 多人，旅游旺季时可实现户均增收 1000 余元。

2. 主动参与务工就业

白马花海和怀化大峡谷建成初期，在景区务工的贫困户率先为黄岩管理处所雇用。随着景区的逐步扩建，贫困户主动参与到景区建设中来，补充景区岗位的空缺。怀化大峡谷景区长期或阶段性岗位中有 50 余位贫困户，部分贫困户全家多人在景区务工，年工资收入超过 5 万元。② 白马花海在现代休闲业的发展进程中，激发贫困户主动参与，促使贫困户实现了由小工小贩向固定的旅游企业员工的职业转换。

---

① 参考中共怀化市鹤城区黄岩旅游度假区管理处委员会《“红色”党建助推“绿色”生态旅游——黄岩积极探索党建引领，建立旅游产业发展联合委员会，实现“旅游 + 扶贫”产业发展脱贫致富新模式》，2018 年 5 月 28 日。

② 参考中共怀化市鹤城区委员会、怀化市鹤城区人民政府《“1234”机制纵深推进乡村旅游扶贫发展升级》，2017 年9 月。

3. 主动参与打造农业品牌

黄岩自然生态环境良好，拥有海拔差，种植的水果和蔬菜深受公众喜爱。过去黄岩2个村村民仅仅通过向游客兜售一些水果蔬菜获得较少的利润。如今村民配合黄岩管理处全力推动农业品牌建设和推广，借助微信朋友圈等新媒体，推动电商下乡，实现了“旅游+电商+扶贫”的深度融合，使黄岩农产品为更多人所熟知。目前，黄岩特色果蔬已被认定为无公害绿色食品，黄岩的果蔬品牌也基本确立。蔬菜订单主要供应长沙、株洲、湘潭地区，蓝莓、葡萄、猕猴桃和其他水果通过电子商务远销上海和广州等一线城市。

旅游扶贫要以人为本（文冠超，2009）。旅游扶贫的目标定位于贫困人口的脱贫和发展，所以贫困人口如何在旅游发展中获益和增加发展机会是旅游扶贫的核心问题（梁滨，2008）。黄岩旅游扶贫模式的亮点在于关注每一位贫困户，将贫困户的利益放在首位，确立当地贫困户的主体地位，因势利导，依靠和激发黄岩村民群众“我要脱贫”的原生动力和首创精神，通过发展旅游业，确保所有贫困户脱贫。

（四）可持续扶贫：保障脱贫，预防返贫

旅游扶贫是一场持久战。如何实现永久脱贫，防止返贫现象的发生是确保2020年如期实现脱贫攻坚目标的关键所在。黄岩旅游扶贫模式通过多方努力，致力于打造一个良性循环的发展过程，实现可持续的持久脱贫（见图3－1）。

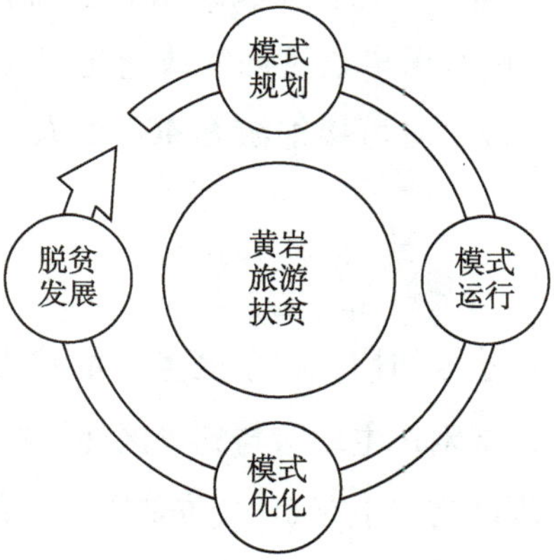

图3－1　黄岩旅游精准扶贫可持续发展过程

首先，通过景区管理处的正确引导与专家的专业咨询，科学规划发展模式。坚持“四跟四走”原则（即资金跟着贫困户走，贫困户跟着能人走，能人跟着产业项目走，产业项目跟着市场走）（胡应南，2016）。其中，在资金跟着贫困户走方面，近年黄岩区域投入各类资金1.1亿元，其中扶贫奖补资金、贷款资金近1000万元；

在贫困户跟着能人走方面，白马、大坪2个村旅游产业发起人均为村支“两委”干部、返乡创业能手，可示范带动、连锁集聚村民群众和贫困户踊跃集资入股；在能人跟着产业项目走方面，近年来，2个村实施各类农特产种植项目20余个，建成旅游景点项目10余个，续建项目20余个；在产业项目跟着市场走方面，白马花海景区和怀化大峡谷景区建成后，2个景区日均接待游客合计200人以上，实现旅游收入1.2万元，带动农产品销售、旅游消费等3万元以上。① 此外，黄岩旅游度假区还聘请湖南大学规划专家及北京专业旅游规划公司，按照国家4A级景区标准，编制了黄岩旅游发展总体规划和景区旅游项目控制性详细规划，并通过加强规划指导，科学合理确定了旅游扶贫重点开发项目，确保旅游扶贫模式正常运行。通过制定黄岩旅游扶贫总体方案，加强了扶贫办与国土、环保、林业、农业、水利、交通、公路、工商、财政、安监、食品药品等多部门的沟通衔接，将旅游扶贫与美丽乡村建设、城镇化建设和城乡环境综合整治统筹协调，保障了怀化黄岩旅游扶贫有序健康发展。②

其次，在黄岩旅游扶贫模式运行过程中注意不断发现问题、解决问题，创新发展，进行模式优化。①产品创新：随着市场上其他地区有竞争性的产品增多，合力共谋，不断根据市场需求开发新产品。白马村在石林格桑花海的基础上，因地制宜建设了自由滑草、玻璃栈道、溶洞、漂流等项目，并利用当地昼夜温差大、果蔬含糖量高的特点，种植蓝莓、黄桃、猕猴桃等，建成休闲观光产业园。②开发方式创新：在规划大坪村怀化大峡谷景区过程中发现，该景区整体建成开发规模大、建设周期长、资金经验相对不足，因此采取了分期经营的策略，目前运营的是一期建设项目。③景区与社区关系创新：怀化大峡谷探索改造现有闲置民居内部设施，将其开发为茶舍，既节约了资金，又促进了就业，并鼓励村民将荒置的梯田种植上中草药，既发展了产业，又形成了以生态休闲、养生度假、体验自然为特色的景观带，促进了景区与社区居民的共荣式发展。

最后，通过不断进取实现黄岩旅游扶贫的可持续发展，使脱贫成果得到切实保障。黄岩坚持从多途径大力拓展旅游产业扶贫空间。①通过争创国家全域旅游示范区，带动旅游与产业扶贫工作有机融合，加快脱贫攻坚步伐。②提升旅游扶贫项目资金争取力度，打造精品旅游路线，吸引资金投入，积极组织黄岩旅游精品线路扶贫村的村干部参加国家、省旅游局组织的培训班，提升人员素质。③结合旅游扶贫，

① 参考中共怀化市鹤城区委员会、怀化市鹤城区人民政府《“1234”机制纵深推进乡村旅游扶贫发展升级》，2017年9月。

② 参考怀化市旅游外事侨务局《2016年全市旅游脱贫攻坚工作总结》，2016年12月30日。

加快等级景区创建步伐。如对黄岩2个村的民居风貌改造以及农家旅馆、民宿建设等提出了要求，并要求一定要拉长产业链条，带动村民致富。④加快旅游品牌创建，加大品牌创建力度。建立特色民族村寨，打造特色旅游品牌。⑤为贫困户提供就业机会并进行相关技能培训。在景区中为贫困户提供相对稳定的工作，定期对贫困户员工进行培训，授之以渔，保证贫困户拥有稳定的收入来源，最终带动黄岩村民提高能力、彻底摆脱贫困，防止返贫现象出现。[①]

五、余论

旅游业因其具有见效快、就业门槛低以及产业关联广等特点，被认为是促进经济增长和减缓贫困的重要工具。习近平总书记指出，“脱贫攻坚，发展乡村旅游是一个重要渠道。要抓住乡村旅游兴起的时机，把资源变资产，实践好绿水青山就是金山银山的理念”。[②] 2018年9月，由世界旅游联盟、中国旅游研究院共同撰写的《世界旅游发展报告2018：旅游促进减贫的全球进程与时代诉求》（以下简称《报告》）在杭州发布。《报告》肯定了中国近年来在旅游减贫上取得的巨大成就。国务院扶贫办和国家旅游局2017年的报告显示，2011年以来，中国通过乡村旅游已带动1000万以上的贫困人口脱贫致富，占贫困人口的比重超过10%。[③] 2017年，全国乡村旅游游客共计32.99亿人次，通过乡村旅游实现脱贫的人数更是占到脱贫总人数的17.5%。乡村旅游已成为我国农民就业增收、农村经济发展、贫困人口脱贫的主战场。[④]

湖南是脱贫攻坚的重点地区，是武陵山片区中贫困县最集中、人口最多的省份。湖南省怀化市鹤城区黄岩地区在其旅游扶贫实践中，充分发挥了旅游业产业关联广的特点，旅游带来的5种收益分配机制（村民直接参与旅游经营，在乡村旅游经营户中参与接待服务，出售自家农副土特产品获得收入，通过参加乡村旅游合作社和土地流转获得租金，通过资金、人力、土地参与乡村旅游经营获取入股分红）皆有体现，因此使黄岩成为湖南乃至全国旅游扶贫的典型案例。此外，黄岩旅游业发展还是一种依托次优旅游资源的需求驱动式发展，全国具有类似等级旅游资源和开发条件的区域较多，其扶贫模式与经验具有较强的可复制性和可推广性。

① 参考怀化市旅游外事侨务局《2016年全市旅游脱贫攻坚工作总结》，2016年12月30日。
② 习近平总书记在参加党的十九大贵州省代表团讨论时指出。
③ 参考《世界旅游发展报告2018：旅游促进减贫的全球进程与时代诉求》，2018年9月10日。
④ 李金早．发展乡村旅游，促进旅游扶贫——在2018年全国乡村旅游与旅游扶贫工作推进大会暨锦绣潇湘推介会上的讲话[EB/OL]．搜狐网，[2018-09-13]．http://www.sohu.com/a/253969846_728998.

但同时，旅游业亦具有脆弱性强的特点，供求变化、自然灾害、人为事故都有可能对旅游业收益带来较大影响，从而直接威胁到村民的生计与扶贫的可持续性。因此，需要时刻警惕由此可能带来的再贫困问题，在对旅游扶贫保持信心与乐观的同时，也要对潜在的风险以及未来发展有充分的认识与考虑。

首先，全民众筹的方式有优势，也有风险。5 万元小额贴息贷款作为建档立卡贫困户入股旅游公司的股金，既可让贫困户参与旅游发展、获得红利，又可使得旅游公司缓解融资压力；但其良性运转是以旅游业的快速、成功开发为前提，如果项目失败或进展缓慢，而公司又没有足够的资金支撑，将会造成 3 年到期无法还款的尴尬局面。

其次，政企合一的“能人带村”模式见效块，但有待完善。黄岩 2 个村的带头人既是村干部，又是公司领导，优势是便于沟通协调，发展效率高，在特定时期有利于推动经济发展。但随着进一步发展，这种既当“运动员”又当“裁判员”的制度安排，高度依赖于能人本身的自觉与道德水准，会日益成为推进经济高质量发展的羁绊。

最后，景区进一步发展的方式需关注，待探索。游客的特点是“喜新厌旧”，旅游业的发展犹如逆水行舟，不进则退，公司需要在内生式增长与外延式发展间作出抉择。内生式增长需要提升管理水平，增强创新能力，人力资源开发是关键；外延式发展需要更多的资金支撑景区提质升级，倾向于通过合资或转让的方式引进外来企业。在上述进程中，入股村民的利益如何得到进一步保障还需积极寻求新机制、新模式，以满足未来发展的需求。

第四章　公益扶贫：云南省河边村小云助贫中心的村级贫困综合治理①

经过30余年的快速发展，中国的公益事业也呈现出蓬勃发展的态势，各类型公益组织也相应涌现，成为社会救助体系的重要部分。其中，民间公益组织的发展，改变了政府捐助和国际捐助的传统格局，成为公益界最具有生命力的中坚力量。小云助贫中心就是在这样的背景下成立和发展起来的。本章以民间公益组织小云助贫中心在云南省西双版纳傣族自治州勐腊县河边村的扶贫试验为案例，探讨小云助贫中心在河边村的村级贫困综合治理模式，并分析其经验和启示。

一、河边村村级贫困综合治理的背景

（一）小云助贫中心介绍

2015 年 3 月 24 日，由中国著名发展学家中国农业大学教授李小云创立并执行的“勐腊小云助贫中心”在云南省勐腊县注册成立。小云助贫中心的成立得到了国务院扶贫办、云南省扶贫办、西双版纳傣族自治州和勐腊县扶贫办、民政局的大力支持。小云助贫中心的机构发展项目在浙江敦和慈善基金会、友成企业家扶贫基金会、盖茨基金会、腾讯基金会、爱德基金会、中国妇女发展基金会、社会公众募捐等公益组织的支持下迅速启动，开始在基层践行“朴素公益”的理念。小云助贫中心团队在李小云教授的带领下，经过 3 年的不懈努力，使河边村和河边村村民的生活发生了根本性变化。截至 2018 年 9 月，河边村复合型产业的基础已经形成，高收入的主导性产业的盈利模式初见成效，农民在不断面对冲突和缓解冲突的过程中，不断学习按照现代伦理把握市场，提高了自主治理和经营的能力。

---

① 感谢“勐腊小云助贫中心”对本次调查和写作的支持。

小云助贫中心以“稳暖皆如我，天下无寒人”为己任，致力于：①公益资源扎根基层，促进优质公益资源下移；②孵化草根公益形态，促进基层公益组织发育；③创新微型助贫模式，探索有效瞄准穷人的助贫机制；④探索村级综合扶贫治理模式，引领贫困乡村永续发展。小云助贫中心的工作领域包括：①实施直接瞄准穷人，并与穷人需求对接的、可持续性的微型助贫项目；②探索并示范基于环境、资源和文化友好的、着眼于社区整体治理改善的助贫模式；③在乡、村一级孵化公益组织形态；④展开基于行动和实践的政策研究。

（二）河边村的基本情况

1. 河边村概况

河边村系 1982 年由高桥旧址搬迁而来，地处西双版纳热带雨林自然保护区南腊河流域，平均海拔为 800 米左右，平均气温 19.2℃，年均降雨量在 1600 ~ 1780 毫米。全村常住人口共有 57 户 206 人，劳动力 138 人，2 人为汉族上门女婿，其余皆为瑶族（蓝靛瑶）。河边村现有土地 782.3 亩，其中水田 145.7 亩、旱地 636.6 亩，橡胶林地 2800 亩左右（其中半数与某橡胶开发公司存在橡胶开发争议）。人均水田 0.67 亩，人均旱地 2.95 亩。农民生计的主要来源是种植业和养殖业，种植业中主要为水稻、玉米、甘蔗、砂仁，养殖业中主要是冬瓜猪。农民家庭的主要收入来源是种植甘蔗、砂仁及外出打工。村内居住条件均为人畜混居的破旧简陋的木干栏式房屋，村内无硬化路，通村路为 8000 米土路。

河边村 2014—2015 年的每户平均收入是 13277 元，人均纯收入是 3193 元，远低于 2014 年我国农村居民 10489 元的人均收入，也远低于云南省 2014 年 7465 元的人均可支配收入。2016 年以前，全村没有一间像样的住房，平均负债高于平均收入，常规性收入增长无法平衡刚性支出和债务，属于陷入深度贫困陷阱的典型，也是精准扶贫的难中之难。

2. 河边村选点原因

当社会上的大多数人都处于贫困状态时，国家难以通过直接的工资转移扶贫。除非这个国家有丰富的自然资源，可以依靠资源的开发，通过再分配的机制普惠于公民；或者这个国家很小，可以通过援助来维持基本的福利。否则，真正的扶贫减贫就需要通过促进贫困人口的经济增长来实现。20 世纪 80 年代，我国以农业为主业的农民数量占全国人口的 90% 以上，因而农业和乡镇企业的大发展带来了农村大规模的减贫。而今天，农业占国民经济的比重不到 10%，经济增长的基点已发生改变，主导产业的发展已经不再直接和贫困人口的生计相联系。更为严重的是，经过

30 多年的发展，虽然绝对贫困人口的数量大幅减少，但是不平等状况变得十分严峻，城乡之间、农村与农村之间甚至一个村内部的差别都很大。当市场机会出现时，很快便会被优势群体捕获，致使贫困人口在市场机制下难以走出贫困。目前，我国的社会保障尚不健全，非收入性维度的贫困对贫困户的影响远远大于对富裕农户的影响。例如，当贫困人口因治疗疾病产生债务时，每年产生的收入都被用于缓慢地还债，无法形成资本积累。若相对富裕的家庭也因为疾病产生了差不多的花费，则他们不仅不用借债，还有资金投入生产。很明显，千千万万个贫困人口已经陷入了不平等竞争的结构性贫困陷阱，按照一般性的市场公平竞争的机制扶贫很难产生预期的效益。

因而，扶贫的有效办法之一便是调整农村扶贫开发的政策框架，将公共资源的整合作为“输血”方式投入从而换取“造血”的条件；在长远规划的指导下，使公共投入得到积累并转变成贫困人口的财产，提高贫困人口的财产起点，达到真正意义上的赋权，从而使贫困人口能和相对较富裕的人口处在差别不大的起始线上。在这样的情况下，开发式扶贫才有可能真正产生减贫的效益。

小云助贫中心按照这个理念，选择了云南省西双版纳傣族自治州勐腊县勐伴镇河边瑶族村寨作为村级贫困综合治理的示范村。河边村是众多陷入贫困陷阱的贫困村的代表。河边村的粮食作物以水稻和玉米为主，基本自给自足，几乎无商品粮可卖。经济作物则主要是橡胶、甘蔗和香蕉等。在种植规模不大、农产品价格不高的情况下，农户的现金收入非常有限。村外和村内无硬化路，雨季既进不来，也出不去。可以说，河边村没有一间像样的住房，破旧不堪的木结构住房坐落在山腰上，人畜混居，卫生条件极差。同时，由于建房技术老旧，房屋每隔 10 年左右就需重建和修缮，消耗了农户仅有的存款。虽然村里有大量的劳动力，但疾病和上学等消耗了家庭有限的收入，甚至使得不少家庭欠下债务，无法发挥劳动力的优势。如果不进行对贫困的综合治理，很难想象这样的村子该如何摆脱贫困。

基于河边村的现实情况，小云助贫中心汇集各方力量，制定了村级扶贫综合治理规划，有关活动已基本完成。也因为“小云助贫”公益行动的介入，河边村这个过去“白天不见村庄，晚上不见灯光”的贫困村发生了翻天覆地的变化。村内和村外的道路等基础设施已经全部建成，一栋栋瑶族特色的干栏式木楼拔地而起，村庄的面貌焕然一新。更重要的是，村民主体的发展能力也明显增强。河边村贫困综合治理项目已经成为全国范围内知名的可学习、示范广、可复制、可借鉴，对接“最后一公里”的村级贫困治理试验项目。

二、河边村的村级贫困综合治理实践

（一）贫困诊断

2014 年，小云助贫中心理事长李小云教授来到河边村，经过近半年的调研，对河边村的贫困现状作出了判断——这是一个落入贫困陷阱的深度性贫困民族村寨。2014—2015 年人均支出为 7000 多元，而人均收入仅为 3000 多元，人均负债达 4000 余元。这意味着，假定 2015—2016 年人均支出和收入维持不变，人均负债将会攀升到 8000 多元；假定人均支出不变，人均收入达到 7000 元，只能确保不发生债务累积增长，而原有债务并未得到清还。因此，如果在支出维持不变的情况下还要偿还债务，则人均年收入必须达到 11000 元。但即便收入达到 11000 元，也只是偿还了债务，整体福利水平并无改善。这就是所谓的贫困陷阱。全国农民收入每年的增长率为 9% ~10%，对于深度贫困的群体来说，若他们的收入也按照这个水平增长，就永远无法脱贫。河边村要走出贫困陷阱的话，收入至少需要提高 100%，而仅靠传统的农业产业不太可能实现。

深度性贫困的缓贫方案的要素就是综合治理。综合治理需要有 3 个维度：一是有效的社会保障，二是大幅度的收入提高，三是贫困农户能力的提高。社会保障和基础设施的公共投入，一方面减少了这些领域对农户收入的消减，另一方面可以为“造血”提供条件。高增长强度的收入来源，可以产生更多可支配收入的剩余，用于不断补充固定资产的不足，从而提高整体福利水平。收入来源的多元化，可以避免单一产业的市场风险，同时在高收入产业收入之上叠加更多可支配收入的剩余。贫困农户把握发展机会的能力，不能依靠一般的培训或者建立合作社等来实现，必须要靠发展过程中的自然锻炼。基于这一结论，李小云及其团队对河边村的资源进行了系统梳理，分析了当地的特点，如自然资源、气候资源、劳动力情况等，最后决定，利用当地的自然资源和少数民族文化优势打造小型会议村，以会议、培训为主，再加上度假、休闲旅游、亲子活动等，作为主导性产业。在此基础上，河边村“主导性产业 + 辅助性产业 + 基础性产业”的复合型产业发展模式跃然于纸上。

（二）整合资源

为了筹措实施河边实验的社会资源，李小云教授于 2015 年年初发起成立勐腊小云助贫中心，并于 2015 年 3 月在云南省勐腊县民政局注册登记为民办非企业单位。

小云助贫中心成立 3 年来，先后得到浙江敦和慈善基金会、友成企业家扶贫基金会、爱德基金会、中国妇女发展基金会、招商局慈善基金会、南都公益基金会、中国扶贫基金会、盖茨基金会、澳大利亚使馆等优质公益机构的支持，累计筹集了300多万元的社会资源用于河边实验。在浙江敦和慈善基金会和友成企业家扶贫基金会的支持下，小云助贫中心招募到来自全国一线城市的优秀专业规划师与中国农业大学人文与发展学院的专家共同设计完成河边村深度贫困综合治理实验规划方案。2015—2017年的3年间，小云助贫中心借助腾讯“99公益日”腾讯乐捐平台，围绕河边实验中的综合治理项目活动，为“边陲瑶寨旧貌换新颜”“瑶族妈妈的一间客房”“瑶族妈妈的一间厨房”3个项目筹措资金共计193万余元。在这些资金的支持下，小云助贫中心帮助河边村改善了人居环境，同时为每家农户嵌入了一家酒店式客房，增加了家庭经济收入的重要生计资产。同时，勐腊县政府及勐伴镇政府配套了近2000万元，用于河边村的基础设施建设（包括村庄道路、农户房屋、产业扶持）。

（三）规划先行

制定具有前瞻性又切实可行的规划是任何一个社区发展的首要任务，整村规划在河边村的发展中起着战略引领和刚性控制的重要作用。在对河边村的贫困现状进行系统诊断并商定河边村的未来走向之后，小云助贫中心开始了系统的规划设计。2015年5—9月，在友成企业家扶贫基金会的支持下，来自全国多地从事建筑设计、项目规划、热带生计发展的13名志愿者分5批来到勐伴镇河边村开展实地测绘和调研，经整理初步形成了《建设山河秀美的贫困瑶寨河边村——云南勐腊县勐伴镇河边村贫困综合治理规划》（以下简称《规划》）。《规划》包括村落整体布局规划、住宅整体布局规划、住宅结构设计、人居环境景观规划、生产生计系统规划、基础设施规划等成果。

《规划》的设计过程充分体现了村民的参与性。制定规划方案时，小云扶贫充分考虑村民诉求，与当地村民们共同规划村寨，力争做到村民参与式的优质资源下移，让村民之间在共建发展村寨中自发形成有意识地改造自我、管理自我和互帮互助的正能量，而不是简单的物质施舍，滋生“靠等要”的恶性行为。《规划》的设计过程也体现了生态环保和人文精神。在《规划》设计的过程中，设计者们始终坚持“两不”原则——不改变自然及人类居住的天然联系，不造成对天然景观的改变，希望将现代居住生活要素融入传统和自然中，突出功能。同时充分考虑道路建设、排水建设、垃圾处理等公共建设与自然景观的和谐一致；并更多地使用本地以木质为主的材料，强调低碳建设，色调与自然景观和瑶族民风相一致。

经过设计团队5个月紧锣密鼓的调研、走访、讨论和设计，《规划》最终定稿。人居环境景观规划在尊重当地的台地地形与景观特色，保留村庄原有地形地貌、植被、开放空间的基础上以“一轴一带”为重点；住宅结构设计从根本上解决了河边村原有住房的一系列问题，如住宅建设粗糙、四周无窗、室内昏暗、建筑缝隙过大、透风防雨性差等。本着“舒适、安全、经济、美观”的原则，设计师重新设计居住格局，改善村民居住环境。在基础设施体系方面，设计师对村内的水、电、路以及村寨公共场所、幼儿园、瑶寨文化博物馆、五保居、公厕、垃圾处理场等公共服务设施进行了系统规划；在道路规划方面，本着减少出行困难的原则，村内道路规划为村内主要干道、次级道路、宅间路及人行通道，由于当地废弃木料较多，人行通道主要采用当地木料建设；结合当地给水水源为山泉水，村内无污水排放设施、无雨水收集系统的现状及村民供电需求，规划了给水工程、污水工程、雨水工程、排水系统方案、电力电信工程。生产生计系统规划设计了生态型木瓜、香蕉种植园区，冬季作物种植带，冬瓜猪、肉类鸡和蛋类鸡饲养体系，黑心树薪炭林园，瑶族文化展示区，以电商为基础的市场系统 6 大体系。

（四）住房改造

住房改造是打造小型会议经济与高端休闲经济的社区的核心。2016 年 4—5 月，正式启动河边村住房改造示范户样板房的建设项目。小云助贫中心聘请了专业建筑师，指导村民自发组建的建筑团队学习建房技术，并以互助形式完成样板房的建设工程。2016 年 11 月，小云助贫中心正式启动“瑶族妈妈特色客居”综合改造示范项目，小云助贫中心与河边村发展工作队共同选定建房条件良好的 3 家农户开展嵌入式客房、卫生间综合改造示范。

河边实验中新型产业所打造的客房，不同于以往“民宿”“客栈”的概念，避免了千篇一律的民宿模式。李小云教授提出了“包容性休闲旅游”的概念，即尽可能避免有实力的外部公司直接介入从而截取贫困农民最大收益的弊端，将政府投资的“输血”，通过技术的投入和设计及创新，转变成“造血”的基础性资产条件。在这些思想的指引下，嵌入农居的具有瑶族特色的“瑶族妈妈的一间客房”应运而生，即在每一户由政府支持建设的、具有瑶族特色的木质干栏式住房中，打造一间具有民族特色的舒适客房，每间客房主要由每户的瑶族女主人主持接待服务工作，从根本上改善她们的收入结构。客人与主人同住一栋房屋，分享空间，既保证了双方的隐私，又能在休闲中体会到原汁原味的少数民族文化。

河边实验采用边建设、边盈利的方式，最大限度为农户提供建设资金。只要建成的客房都会安排客人入住，从而产生收益，为农户进行下一步的建设提供有力支持，同时激发正在建房和尚未开工的村民的积极性。

在此过程中，小云助贫中心与河边村村民一起完成了制订装修计划、选购装修材料、根据当地特色由村民制作客房家具等工作。除此之外，“河边青年创业小组”还启动了小云助贫中心驻村工作室周边微型景观绿化示范项目。他们就地取材，充分发挥想象力和创造力，修建了休闲凉亭、台阶便道、竹篱笆菜园和木桩景观灯等。

（五）产业生计发展

种植养殖业是河边村复合型产业发展的基础产业。河边村除嵌入式客房的收入之外，传统的农业种养收入也是收入结构的重要组成部分。2016 年 2 月 25 日，由小云助贫中心支持、村民自主运营的“版纳河边雨林天然出品”微店正式上线运营，河边村第一批雨林鸡蛋在上线 3 个小时内售罄。2016 年 11 月，“版纳河边雨林天然出品”正式推出雨林鸡蛋年卡试运营，首批 13 户年卡客户将在 2017 年每月定期收到 10～30 枚河边鸡蛋。在综合河边村鸡蛋产量和试运营过程中的问题之后，年卡销售模式将会得到进一步推广。河边村的鸡蛋不同于工业化生产的鸡蛋，也不同于充斥于市场中的各种柴鸡蛋，是不折不扣的“天然产品”。为了确保天然产品的品牌，小云助贫中心不鼓励村民扩大养殖规模，因为扩大规模必然会改变鸡群的生态链条，导致啄食资源相对下降，农户必然会增加人工饲料的投入，从而丧失其天然产品的价值。所以，小云助贫中心团队和村民讨论决定，按照现有的养殖规模，不扩大生产，保证质量，确保河边村鸡蛋的天然价值，并以高价营销给有消费能力的群体，进行订单式销售，探索市场性扶贫机制。

同时，小云助贫中心还动员农户利用房前屋后、道路两侧种植木瓜、柚子、芭蕉等当地特色产品，形成河边村辅助性产业。河边村冬瓜猪是极具当地特色的畜牧资源，小云助贫中心申请项目建设猪舍，将分散养殖的冬瓜猪集中养殖，从而改善村民的居住环境，同时也利于冬瓜猪的防疫。小云助贫中心与上海的生鲜销售公司洽谈产销合一的冬季蔬菜生产，帮助村民形成基础性产业，作为原有农业种植的有益补充。

（六）公益型社区建设

作为贫困社区综合治理的一部分，小云助贫中心在河边村项目试点公益型社区建设，目标是增强村寨凝聚力，建设治理良好、合作关爱的新型公益性农村社区。2015 年 11 月底，小云助贫中心团队与河边村发展工作队一起制定河边村的村规民约。村民代表实地参观了傣族纳卡村，边看边学；召开头脑风暴会讨论村规民约细则，围绕文明公民、公共卫生、社会治安、乡风民俗、邻里关系、计划生育及婚姻家庭、文化教育、规划建设与土地管理、户籍管理等 9 个主题逐条讨论，达成共识。2016 年 7 月，小云助贫中心支持村民赴西双版纳“雨林传说”“傣缘”等地参观学习景观绿化、室内装修知识，帮助其开阔眼界，学习经验。2016 年 8 月，小云助贫中心组织河边村村民赴西双版纳景洪参观告庄、万达等景观，实地研究学习先进的、符合当地特色的景观建设。2016 年 10 月，小云助贫中心支持村民代表赴北京、河北等地参观美丽乡村民宿及农产品服务邻近城市居民的“巢状市场”模式。

（七）大众公益理念的践行

小云助贫中心秉持“朴素公益”和“大众公益”的理念，连续 3 年借助腾讯公益平台进行社会公益众筹，打造了“边陲瑶寨旧貌换新颜”“瑶族妈妈的一间客房”“瑶族妈妈的一间厨房”3 个公益产品，累计 13371 人参与捐赠，筹集善款近 200 万元。2015 年 9 月 9 日，借助腾讯公益平台“99 公益日”，小云助贫中心发起“边陲瑶寨旧貌换新颜”项目，通过乐捐平台向社会公众募集资金，共有 4008 人线上捐款约 102 万元。

2016 年 9 月 9 日，小云助贫借助腾讯乐捐平台为河边村发起了“瑶族妈妈的一间客房”项目的筹资活动，截至 2016 年 12 月 31 日，共获赠善款 579324. 28 元，共计 5472 位爱心人士进行了捐赠。此次所募集善款将全部用于河边村瑶族特色客房装修及妇女接待能力建设。

2017 年 9 月 9 日，小云助贫再次借助腾讯乐捐平台发起“瑶族妈妈的一间厨房”公益募捐活动，目的是解决河边村儿童营养不良问题，共计 3891 人参与了捐款，筹集到的 334341. 45 元用于给河边村每户家庭引入一间现代厨房。目前，被列为样板厨房的“云芬茶厨”已经投入使用，开始服务于会议接待和村民。

小云助贫中心打造的公益产品具有创新性。首先，产品找到了受益人的反向价值差，并放大了受益人的优势价值。一方面通过嵌入现代性的客房和厨房，河边村具备了会议接待的硬实力，另一方面河边村独特的民族风情和原生态的自然风光使得接待会议的价值倍增。这样的公益产品不同于传统捐赠的物资转移，而是通过资产化让项目本身具有发展的可持续性，进而最大化受益人的福利。其次，产品推广了朴素的大众公益理念。现在中国的公益和慈善仍然具有精英主义的特征，认为公益都是有钱人应该做的事。这种依赖有钱人捐赠的公益，一方面影响了公益事业的可持续性，另一方面弱化了受益人的话语权，造成公益文化的扭曲。而推崇人人都是捐助者的“大众公益”理念，调动了民间捐助热情，有益于公益事业和公益组织更健康地发展。

三、河边村减贫成效

经过3年的扶贫行动，一栋栋瑶族特色的干栏式木楼拔地而起，村内和村外基础设施全部建成，河边村发生了根本性的变化。截至2018年5月，河边村复合型产业的基础已经形成，高收入的主导性产业的盈利模式初见成效，农民在不断产生冲突和缓解冲突的过程中，学习按照现代伦理把握市场，提高他们自主治理和经营的能力。目前，河边村共有41户建成了嵌入式客房，并带来了可观的收入，预计到2018年年底所有农户的客房将基本建成。41户农户的客房平均收入达到了7600元，收入最高的农户达到了1.9万元，收入最低的农户也有2100元。根据统计，截至2018年5月，小云助贫中心对接了近10个会议及公益旅游活动，为河边村打造小型会址经济和休闲旅游提供了重要的基础（见表4－1）。此外，河边村建成了5家餐厅，平均每家的餐厅收入为1.4万元，收入最高的农户达到了2.2万元，收入最低的农户也达到了5000元。小云助贫中心打造的河边雨林鸡蛋已销售近3000个，产生收入近3万元，有的农户收入高达3000多元。为了确保河边村农户收入的可持续增长，小云助贫中心正在协助河边村农户创办专业合作社，真正在未来帮助农户有效连接市场，同时动员并管理好农户的客房经营，真正将河边村打造成小型会议经济与高端休闲经济的社区。

表4－1　2017年5月以来河边村承接的会议及活动列表

序号	活动名称
1	小云助贫2017年机构理事会
2	河边公益对话：方案公益与精准扶贫研讨会
3	国务院扶贫领导小组专家委员会扶贫研讨会
4	中国农业大学商务部援外学位学历教育项目考察团
5	中国农业大学精准扶贫与乡村振兴现场论坛
6	北京一土学校公益冬令营活动
7	第六届“东盟＋3”村干部交流项目实地考察项目
8	河北农业大学商务部援外学位学历教育项目考察团

河边村深度性贫困综合治理的初步探索产生了很好的社会影响，得到云南省委、省政府的高度重视。云南省委书记陈豪同志于2017年5月视察河边村，对河边村深度性贫困综合治理实验给予高度评价并指示大力宣传。2017年12月，国务院扶贫领导小组专家咨询委员会主任委员范小建、副主任委员汤敏与其他专委会专家一同考察河边村扶贫实验。2018年1月，全国政协常委、全国政协经济委员会副主任、

中央农村工作领导小组原副组长陈锡文，中国农业大学校长孙其信考察河边村，并出席中国农业大学勐腊县精准扶贫与乡村振兴合作示范基地启动仪式。

四、河边村村级贫困综合治理的成功经验

河边村村级贫困综合治理的成功，得益于通过公益组织的介入，推行复合型产业发展模式，以“公益组织＋政府”的有机结合来积极撬动公共资源，实施人人参与的公益型乡村治理模式，重视本土人力资源的培养。经过3年多的试验，扶贫资源快速转变成农户资产，农户的收入大幅度提高，农户的收入结构更加多元，农户的福利得到改善，农村治理井然有序，形成了以贫困群体为主导的村级贫困综合治理模式。

（一）“公益组织＋政府”的有机结合

精准扶贫是政府福利涵盖的内容，也只有政府拥有足够的资源去帮助贫困群体摆脱贫困。而公益组织的优势在于在扶贫实践中积累了更专业和更创新的实践经验。小云助贫中心的工作方式就是在政府的领导下，补充政府工作之不足。通过弥补政府工作的不足，创造公益组织独特的不可替代的作用。通过在政府开辟的场域中发展，发挥自己独到的作用，进而从根本上实现公益组织的价值。基于多年贫困研究的经验积累，小云助贫中心创新了一条政府和公益力量协力发展的路径。通过“政府＋公益”的力量，先将市场挡住，防御扶贫收益的外溢，将所投入资源在“最后一公里”之内转化为可以使村民持续产生收入的脱贫资产，再去找市场谈判，平等合作。

在河边村的扶贫实验中，小云助贫中心通过与政府行动的有机衔接，引领资源有效利用。通过用公益方案引领政府资源的理念，获得来自政府的配套资金2000余万元，主要用于建设住房和基础设施等。为了不增加农户的债务，小云助贫中心于2015—2017年连续3年，通过腾讯“99公益日”为河边村进行了公众筹资，筹集善款近200万元。与具有公募资质的机构——爱德基金会和中国妇女发展基金会签订了项目执行协议，全程监管善款的使用情况。通过这种机制，小云助贫中心还吸引了招商局基金会、澳大利亚大使馆等机构对项目进行捐赠。“99公益日”筹集的善款及从其他资助机构获得的善款共计达300余万元，主要用于村落景观、示范楼居、示范客房的建设以及“瑶族妈妈的一间客房”装修材料的补助等方面。

小云助贫中心在河边村的实践成果证明，公益组织提供的专业性的实施方案，使政府有了抓手，政府提供了到位的支持，投入的扶贫资源快速转变成农户资产，

公共资源的扶贫效果得到了有效发挥。

（二）复合型产业发展

河边村复合型产业发展模式的提出，是基于对河边村贫困现状的判断。河边村要想跨越贫困陷阱，人均收入需大幅提高至少3倍，这是一项非常艰巨的任务。基于这一结论，李小云提出河边村必须发展复合型产业。

在此基础上，小云助贫中心整理出了河边村复合型产业的脱贫蓝图。

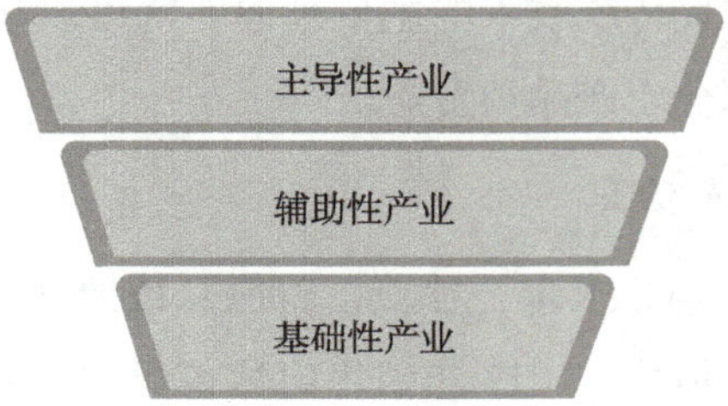

图4-1　河边村复合型产业体系示意图

1. 复合型产业体系内容

第一，发展主导性产业。河边村具备很多优势，如全方位的气候资源、热带雨林景观、少数民族文化资源，附近还有著名的望天树景区可借力。基于这样的判断，高端会议经济旅游休闲小镇被规划为河边村的主导性产业。村内根据《规划》，在村民的瑶族传统风格木楼内，嵌入一间相对独立的客房，前来旅游、开会的人可以住在瑶族人家的客房里，与他们一起生活，形成“嵌入式”居住，让农民的收入实现大幅度的提高。

第二，发展辅助性产业。小云助贫中心项目组通过微电商平台，瞄准北京、上海等大城市的中高端消费人群，打造河边村雨林鸡蛋品牌。“母鸡变成了‘战斗鸡’，鸡蛋变成了‘钻石蛋’。”10元1个的天然雨林鸡蛋直供上海、北京、广州等地，为村民带来了不菲的收入。在小云助贫中心的引领下，河边村大打绿色、生态牌，打造“河边生态出品”，充分利用网络信息平台进行宣传和销售。由河边村8位年轻人组成的“河边村青年创业小组”在网络上开了一家名叫“版纳河边雨林天然出品”的店铺。从微店开张至今，已卖出3000多个土鸡蛋，全村增加了上万元的收入。

河边村土鸡蛋走出边远的瑶家山寨，进入北、上、广等一线大城市，深受消费者欢迎，这只是河边村依托自身独特优势、瞄准市场发展产业的开始。未来还将开发包括古法红糖、蜜柚、芭蕉、木瓜、蜂蜜等在内的一系列天然产品，同时也会发展冬季蔬菜和中草药育苗，增加辅助性产业的内容。小云助贫中心与村民协商，希望村民不要将山地租给外来的投资者进行商品化、大规模的热带水果生产，而是按照天然生长的方式种植数量不多的热带水果。这一方面可以作为景观和采摘，另一方面可以与鸡蛋和冬瓜猪等形成系列产品，通过微店进行专门销售。同时，小云助贫中心邀请有经济能力的青年创业者打造基于营销的市场运营体，将其作用定格在市场营销上，阻止优势资本侵入全产业链条。

第三，发展基础性产业，即当地现有的种植业，如水稻、玉米、甘蔗等。现有的基础性产业是河边村村民传统收入的主要来源，既可以让村民有稳定的保底性收入，又可以满足村内的部分农产品消费需求。

2. 复合型产业的收入估算

假定基础性产业（水稻、玉米、甘蔗、砂仁）按照9%的速度增长；辅助性产业按照目前的产业规划来估算，2017年销售雨林鸡蛋，2018年在销售鸡蛋的基础上增加冬瓜猪及冬季蔬菜，2019年销售包含鸡蛋、冬瓜猪、冬季蔬菜、柚子、木瓜、芭蕉等在内的全部产品；主导性产业收入为客房收入。河边村村民可支配收入如表4－2所示。

表4－2　河边村人均可支配收入预测表　（单位：元）

年份	2015	2016	2017	2018	2019	2020
基础性产业	4303	4690	5112	5572	6074	6620
辅助性产业	0	0	200	500	1000	1500
主导性产业	0	0	200	1000	2000	3000
总收入	4303	4690	5812	7072	9074	11120

3. 该框架的难度与风险

该方案最大的难点是新型产业的市场营销以及农户进入市场的组织管理能力的分散，主要在于：第一，分散的“瑶族妈妈的一间客房”如何在村内进行统筹管理，避免恶性竞争；第二，如何进行市场性营销；第三，如何在与市场性公司对接时确保产业的倾贫性。

该方案最大的风险在于：第一，当高收入成为可能时村庄内部发生的紊乱；第二，贫困户无法获得外部市场而可能产生的外部经营实体对利润的盘剥；第三，可能的经营不当造成的客源减少。

小云助贫中心在3年多的时间里，在河边村这个不足60户人家的深度性贫困小村庄，充分发挥了公益组织的作用，建立了高产值、市场导向型的复合型产业体系，帮助贫困群体摆脱了对雨林资源的依赖和破坏以及长期低收入的状态；创新了“公益组织＋政府”的扶贫结构，把公益组织优势与政府公共资源有机结合起来，完成了基础设施和人居环境的建设，帮助贫困群体摆脱了基础设施障碍对收入积累的消解；发育了人人参与的公益型乡村治理模式，高度激励了贫困群体的主观能动性，在项目推进的过程中逐渐培养贫困群体的发展意识和能力，改变贫困乡村服务和治理落后的局面。

（三）人人参与的公益型乡村治理

1. 尊重村民的主体性

贫困群体在精准扶贫中的主体性不能丧失，动员贫困群体在政府和社会力量支持下走出贫困是脱贫攻坚战取得胜利的根本所在。打赢脱贫攻坚战在全国范围内备受重视。领导干部以前所未有的热情投入脱贫攻坚战中。各级各部门领导频繁工作在贫困村，各种资源也陆续到位。在这样大的支持下，村民很容易产生一个误解，就是政府和社会将会为他们带来富裕的生活。这样的预期并没有错，政府和社会的确在尽最大努力帮助贫困人口摆脱贫困，但是，只有贫困群体提升内生的发展动力和发展能力，扶贫效果才有可持续性。农村社区组织长期以来重治理功能、轻发展功能，社区建设注重形式上的组织形态而忽视了自发成长基层组织发展功能的机制。因此，小云助贫中心在河边村所进行的组织创新并非直接建立正式的组织形态，而是依托村一级已有的行政资源，将自主型发展功能嵌入已有的组织系统中。因此，小云助贫中心将志愿者提供的专家建设蓝图交给发展工作队和创业小组，支持他们按照自己的设计，根据自己具有的各种资源进行创造性的乡村建设。这个过程从一开始就显示出了村民的智慧和积极性的价值，河边村的实践显示出了贫困人口自主性改变命运的意义。

值得借鉴的是，小云助贫中心的扶贫行动没有盲目引入工商资本，没有立即组织合作社，而是将河边村青年组织起来，对他们进行培训，支持他们进行村内景观建设、学习客房装修设计、参与农产品的开发和营销，希望在实践中发育以农民为主体的市场组织形态和市场经营能力。通过这样的实践，逐渐以这些年轻人为主体组建起河边村村民自己的经营实体，发育市场公司与农民公司的合作模式。小云助贫中心希望河边村的青年人在这样的过程中成长起来，成为今后建设美好家园的生力军，发挥这群具有活力和创造力的年轻人的积极性，也帮助他们找到个人成功和实现梦想的位置。

2. 激励村民的互助协作

自助与团结协作在村庄发展的过程中至关重要。有学者认为，贫困地区缺乏的是一种自我发展的文化，农民已经高度原子化，并陷入利己主义的小圈子。在河边村的实践表明，在生活生计的各个方面，农民本身以及整个村庄都表现出巨大的能动性潜力。这进一步说明，贫穷并不是因为穷人自身的不作为，他们缺乏的可能只是组织和引导，缺少的是来自外界的技术性支持。例如，河边村干栏式木楼的整个筹备和建设过程中都凝聚着农户大量的心血，每一栋房子的成功搭建都离不开村民自助以及村民之间的互助协作。从木料的收集、整改、打磨、切割、运输到立框架、做家具，村民们自发组织起来，分享劳动工具，制订盖房用工计划，极大地节省了建房成本，村民的学习能力、协作能力和精神面貌也在劳动过程中显著提高。

综观村民盖房的整个过程，尽管从外观上来看，村民自建的砖房没有那么整齐、自己制作的桌椅没那么美观，规划的进展也存在各种问题，但是农民自主参与到房屋的建设之中，能动性得到极大发挥，自信心显著提高，这在很大程度上已经实现了参与式扶贫的初始目标。

（四）本土人力资源的培养

小云助贫本着“简易有效管理”的原则，并按照培养当地少数民族公益人才的设想，着力建设当地人力资源，提高贫困群体的脱贫能力，激发贫困群体的参与动力，突破贫困群体的参与障碍。

小云助贫中心的人力资源培养对象分为 3 类：

一是核心工作人员。这些人员主要是受过高等教育和具有相应技能的当地少数民族青年。如中心副干事长张萍系勐腊哈尼族，中央民族大学社会学硕士毕业；行政助理李发新和财务助理衡瑞瑕均为当地聘用的专职工作人员。本土人士的参与能够在扶贫实践的介入、选择、实施、管理和协商过程中产生官方威信与民间自觉双重路径的影响，既能有效规避受益群体的阻抗情绪，又能为当地培养人才，有助于公益扶贫中介入者、调和者、创新者和引导者角色的生成。

二是村一级的年轻公益骨干力量。这些力量将逐渐成为发育乡村公益骨干的基本人才队伍。目前已建立 12 人的“河边村发展工作队”，以及平均年龄 22 岁的 8 人“河边村青年创业小组” 2 支骨干队伍，以互助的形式，带动和帮助村民一起发展生产、创业脱贫。河边村青年创业小组在小云助贫中心的指导下，注册成立了由村民自主管理的土特产电商销售平台。从调研、搜集数据、搭建微店平台、包装设计、物流到销售，所有流程的实验大致花了半年时间，每个流程都注重青年创业小组的能力建设。河边村青年创业小组的青年人，在小云助贫中心的带领下前往河北、北京等地参观学习，让村民对休闲式旅游和可持续发展模式有了直观的感受。创业小组在河边村人居环境景观绿化微型示范项目中不仅表现出了超强的执行力，还充分结合当地优势自然资源，把周边具有欣赏价值的景观绿化植被融合进来。青年创业小组景观绿化微型示范项目的建成共用时2周，小面积景观绿化示范看起来容易，但其起到的意义却不容忽视。

在河边村人力资源培育的过程中，村民的执行力、凝聚力、思考力等综合发展能力有了显著提高。同时，河边村村民的热情和责任心也得到了正向激励，为河边村未来公益骨干力量储备了人才。

三是志愿者。根据公益扶贫的需要，通过公开招聘，组建临时志愿者队伍，同时聘请长期志愿者，提供财务、项目设计、网络宣传、筹资、研究等技术服务。小云助贫中心通过发起“发展知识与技术伙伴计划”，吸引具有发展学知识和技能的青年学者以不同的方式在中心兼任志愿性的技术工作，践行低成本、简易型的管理理念。例如，参与整村规划的有来自深圳理性城市·中国·城市规划研究中心有限公司的规划师，来自深圳市万泽集团汕头公司总工程师，来自中国文联、清华大学、中国农业大学、中国社会科学院等高校和研究机构的师生们，他们都不同程度地为河边村贡献过自己的专业知识和力量。

五、河边村村级贫困综合治理存在的问题

（一）多主体参与背景下扶贫实践的冲突与挑战

民间公益组织的扶贫实践，实质上是民间公益组织、地方政府和村民的互动过程，任何一个项目的实施，都离不开这三方主体的有效参与。因此，对于这一多主体背景下扶贫模式的探讨，要从民间公益组织、地方政府和村民3个维度展开。其中，每一种维度背后都有其独特的文化背景与相应的权力运作：民间公益组织代表的是现代性的文化背景；地方政府代表了政府行政逻辑与文化背景；而村民则代表了地方文化传统的背景。所以要想做好扶贫工作，就必须应对上述3种文化与权力之间冲突的挑战，这就对公益组织工作人员本身的专业性提出了更高的要求。

上述多文化、多维度之间的张力，体现在公益组织、地方政府官员和村民在管理理念、扶贫策略、行事风格等方面的一系列冲突。在扶贫目标一致的前提下，这一系列冲突经常会导致扶贫工作效率降低、扶贫实践受到影响。这些矛盾，往往是文化上的冲突导致的，而这一文化上的冲突，则为三方合作带来了极大的内部张力。

小云助贫中心在河边村的扶贫实践过程中也不可避免地遇到了这样的问题。在整村规划设计阶段，在村民充分参与决策的情况下，《规划》决议保留了具有民族

特点的环境友好型干栏式木楼建筑形式，坚决反对当地旧房新建过程中常见的千篇一律的砖瓦房形式。村民代表虽然已经同意这样的规划设计，但内心更加中意砖瓦房，因为在他们的意识里，砖瓦房才是现代化的象征，传统的干栏式代表着贫穷和落后。因此，他们在房屋重建过程中迟迟不肯动工，还向上级政府反映了不想盖木楼的意愿。面对此种情况，小云助贫中心与村民经过长时间的沟通，让村民明白必须要保留这样的建筑形式，而同时可以将房屋内部设计得更加现代化，满足他们对城市生活的憧憬和向往。在河边村整村规划的过程中，虽然新的规划是在原地重建，但也涉及一些局部调整，这些调整事关宅基地的移动和变化。房子是村民生活中最大的事，村民选择在一个地方建房是充分考虑到各种因素的，如“风水”，一旦涉及位置的移动等变化，势必会产生冲突和摩擦。《规划》原本希望村庄入口处的两户移动一下位置，以便能有一个小的中心广场。但这样的规划最终因为一户不愿意挪动而不得不放弃。小云扶贫中心没有强迫农户，因为房子对他们来说太重要了。

（二）现代性植入落后乡村的断层

河边村的扶贫模式中，政府资源和公益组织实现了有机结合。然而，这样的结合也存在很大的挑战。小云助贫中心把一种现代性理念植入了一个显著落后的村庄里，这中间存在文化、管理、市场化等方面的断层。如何同农民建立一种合作关系和合作机制来处理这种断层带来的障碍，对于公益组织来说是一个重点问题。

第一，公益组织把一种先进的、现代化的理念引到乡村以后，如何让这些理念变成乡村自己的？这是个很大的挑战，也是小云助贫中心正在探索的问题，因此河边村现在放慢了发展速度。第二，公益组织如何帮助农民创新，让农民自主和市场对接？一般的做法是“公司＋农户”或者“公司＋合作社＋农户”，但有的时候这种做法并不理想，很容易造成扶贫收益外溢的后果。目前的情况是，当地项目还不能离开小云助贫中心，当地政府也没有能力接手，外界还没有真正了解当地人的需求和能力，这种情况确实是公益行业的一个瓶颈。

（三）参与式工作方法在实践中的运用问题

参与式的工作方法在国内外公益组织、NGO 中普遍被使用。在河边村项目的推进过程中，受参与式工作方法的影响，小云助贫中心的工作人员非常注意听取村民的意见，不以他们的意志强迫村民。当公益组织的想法和村民发生冲突时，最终作出的决策也是尽量尊重村民们自己的选择，但这样的决策往往会影响到扶贫效果。例如，小云助贫中心在村里选择了备料最齐、动工较快的一栋木房作卫生间和客房装修的示范。这家主人决定将卫生间放在房子的阳面。由于房屋主人的个人意志比较强烈，本着尊重客房拥有者自身意愿的想法，小云助贫中心最终按照主人的规划修建了卫生间。等到卫生间修建起来后，在现场确定示范户客房装修方案时，才发现已经修建好的卫生间存在诸多问题。一方面，红砖砌成的卫生间在房屋的正阳面，正对着村中主要道路，直接影响了房屋的整体美观；另一方面，卫生间的位置完全遮挡了客房的采光和视野，导致在设计客房装修方案时非常困难。在示范户卫生间修建这件事上，李小云教授认为真正有益的参与式工作方法应该是对村民进行负责任地引导，将外部积极的因素整合进来，而不是以村民意见为主导。从河边村客房整体规划的成功经验和卫生间修建的不成功案例，可以看到参与式工作方法应该是一种积极互动的方法，而绝不是机械式地遵循村民的意见。但是，如何巧妙运用这一方法并把握好尺度，对于公益组织的工作者来说是一个专业性的挑战。

（四）公益项目的可复制性问题

公益项目的可复制性，显而易见是为了推广成功经验，实现规模效益。无论是政府还是大众，都希望一个成功的公益项目能够在更大范围内发挥其影响力，进而解决更多相似的社会问题。随着河边村村级贫困综合治理的成功经验在国内的广泛传播，很多专家、学者和公益同行都提出了项目可复制性的问题。

河边村的扶贫经验可以被复制吗？什么可以复制？什么不可以复制？当某个公益项目解决的问题是直观、可评估的，项目的成功指标是可数据化的，这个项目就比较容易被复制推广，且能达到解决问题的目标。但是，当项目的成功指标难以确定和估计的时候，可复制性也会随之变得不稳定，例如，项目目标涉及人的发展的时候，因为人的发展是一个多因素、多情境的概念。这类项目的复制，没有标准化的操作流程，需要依托专业的发展干预工作者。这类项目能复制活动过程，却难以保证项目结果，任何公益组织都无法承诺效果的可复制性。但是，即使复制的结果不尽如人意也是一种发展，因为这不仅是公益行业整体专业人员专业水平提升的漫长过程，也是国家发展的漫长过程。

因此，对于公益项目的可复制性问题，讨论的重点不应在能否复制，而是要回归到项目的变革理论以及发展工作者的专业价值观上。可复制与否，要根据具体情况而定，最终的目的是要有效地解决社会问题。

六、公益扶贫模式的案例启示

（一）公益组织应集体性和系统性地参与扶贫

中国公益组织一直都把扶贫救助作为其主要工作内容，也在这“一公里”之内积累了丰富的经验。但是，尽管中央政府反复号召鼓励公益组织参与精准扶贫，但在当前大规模的精准扶贫实践中却很难见到体量非常庞大的公益组织集体性和系统性地参与。主要原因一是大部分公益组织没有足够的财政来源，扶贫实践趋于碎片化；二是政府缺乏针对公益组织扶贫实践的制度供给，公益组织在扶贫项目招投标等环节受到限制；三是公益组织自身的系统性发展能力有待加强。大量公益组织的扶贫行动仍然集中在各种救助性行动，关注的问题比较边缘，很少见到系统性的方案，即使有创新实践也只是停留在很小的范围中。以上原因造成了公益组织扶贫实践的碎片化和非系统化问题。但是，精准扶贫无论从贫困人口的识别，还是从贫困人口的需求以及解决贫困人口的问题等方面都需要系统性的知识体系作支撑，大多数公益组织尚不具备这个知识体系。

（二）公益事业应下沉基层

中国社会的问题是权力和资源在上位，而问题都堆积在下位。这一现象也表现在公益事业的发展上。首先，公益资源的分配不尽合理，公益资源包括的资金、人力资源和管理资源等多集中在交通相对便利、项目执行难度不大的优势区位；其次，公益资源，特别是公益资源的分配主要掌握在精英手中；最后，公益文化呈现出后现代性特点。这一方面由于近 10 年来公益事业在概念和实践中受欧美公民社会形态的影响较深，另一方面也与强势掌握公益资源分配权的知识精英的文化取向有关。问题是，中国社会的经济及文化的结构性分化程度远远高于欧美国家，不同社会分层的文化价值取向、价值追求和文化认知存在很大的差异。由于掌握公益资源和从事公益事业的人主要来自中国的中上层和受教育程度高的群体，这部分群体对于后发展或后现代的文化符号具有切身的亲密感，因此造成了公益文化的某种专属性。但是，基层群体对于精英化的公益并没有足够的认知，特别是在极端贫困的社区。这种认知的缺失，使得公益只能不断下沉基层，让公益不再成为精英们的专属，让社会大众从根本上转变公益精英化的刻板印象，让普通民众积极参与到公益事业中来，形成根植于本土的公益形态。小云助贫中心倡导的“朴素公益”，正是践行了公益下沉基层的理念，通过打造人人可参与的公益产品，让公益文化的话语表述和文化符号更好地唤起草根群体的公益觉悟，构建中国的公民社会力量。当然，这是一个漫长的过程，需要公益行业以及全社会的长期共同努力。

（三）公益组织应积极撬动政府资源

公益组织要想成为中国政治社会变革中的一个积极力量，必须明确如何和政府建立起一个比较积极的关系模式。这个关系模式基于 2 个目的：一是确保中国的政治社会相对稳定，不能制造断裂和麻烦；二是提高政府资源与公益组织资源的互补性，提高资源的使用效率，不要产生浪费。这个互补性关系建立的关键在于，公益组织本身要能够呈现出其独特的、不可或缺的作用。这需要很高的技能，公益组织应该不断去探索和学习，在减贫的“最后一公里”做到让政府和老百姓都需要，将政府投入在“最后一公里”的钱花得专业和有效。

从长期贫困研究的田野观察来看，一方面，真正贫困的群体要么很难直接从政府的支持中受益，要么得到了政府的资源扶持却难以盘活和持续；另一方面，资本市场以扶贫为切入点进入贫困地区，贫困群体及其世代赖以生存的自然资源受到资本的盘剥。因此，如何既能引领政府的资源又能避免异化，既能利用市场资源又能排除市场过度占有价值链的份额，是解决问题的关键。小云助贫中心形成的村级贫困综合治理规划有力地协助了政府实现其良性预期，从而避免政府专业性组织资源不足造成的盲目投入问题。例如，将政府异地搬迁款对村内基础设施的投入转变成可以有效提高收入的景观休闲资产，既改善了村民的居住条件和人居环境，又为农户未来可持续生计提供了一个重要来源。

七、公益扶贫的推广价值

小云助贫中心在河边村村级贫困综合治理的探索，作为民间公益组织基层扶贫的有益尝试，取得了瞩目的成功。扶贫实验过程中积累的经验和发现的问题，对公益扶贫组织来说是有益的借鉴，对政府扶贫工作亦有创新性的启示。

小云助贫中心在河边村深度贫困综合治理实验取得阶段性的成果之后，为了验证该实验的可行性，正在将这一实验成果进行初步推广。基于河边村的深度贫困特性，小云助贫中心于2017年选择了云南省楚雄彝族自治州永仁县外普拉村、湖北省恩施土家族苗族自治州恩施市枫香河村作为深度贫困综合治理实验的推广社区。云南省楚雄彝族自治州永仁县外普拉村目前是联合国开发计划署中国办事处与美国玫琳凯公司、中国妇女发展基金会共同开展的联合国可持续发展目标示范村项目的村庄。小云助贫中心将会在此项目中提供综合治理的设计思路、实施专业支持，从而确保解决外普拉村的深度贫困问题。浙江新湖慈善基金会、小云助贫中心、盛家坝乡政府将共同在湖北省恩施土家族苗族自治州恩施市枫香河村开展深度贫困综合治理项目。

第五章　资产收益扶贫：内蒙古自治区“喀喇沁模式”

中华人民共和国成立以来，我国扶贫开发历经救济式扶贫、项目式扶贫、开发式扶贫、参与式扶贫和精准式扶贫等5个阶段，并在不同历史时期相应取得了辉煌的成就，农村贫困人口从1978年的7.7亿人减少到2015年的5575万人，贫困发生率从97.5%下降到5.7%（李培林、魏后凯等，2017）。虽然贫困人口大规模减少，但仍有相当比例的贫困人口生活在经济基础弱、自然条件差、贫困程度深的地区，是扶贫开发中最难啃的“硬骨头”。根据对国务院扶贫办建档立卡农户数据的分析，在我国目前的贫困人口中，因病、因残以及缺少劳动能力的致贫人口超过60%（汪三贵、梁晓敏，2017）。这部分贫困人口自我发展能力弱，在传统的扶贫开发项目中，难以实现脱贫致富，需要开展有针对性的帮扶，以实现我国“十三五”规划中“现行标准下农村贫困人口实现脱贫，贫困县全部摘帽，解决区域性整体贫困”的任务。

资产收益扶贫是我国精准扶贫的重大制度创新，是指在精准识别的基础上，以稳定增加贫困人口的财产性收入为目的，为贫困人口创造资产、撬动贫困地区资源，充分运用市场化因素，提高贫困人口生产参与度，为其创造财产性收入。这类帮扶方式一方面照顾了现有贫困人口劳动能力不足、市场意识差的问题，一方面贯彻了精准扶贫方针，实现了措施到户，提高了扶贫效率（汪三贵、梁晓敏，2017）。

2015年10月，《中国共产党第十八届中央委员会第五次全体会议公报》首次提出“探索对贫困人口实行资产收益扶持制度”；2015年11月，《中共中央 国务院关于打赢脱贫攻坚战的决定》提出“探索资产收益扶贫，在不改变用途的情况下，财政专项扶贫资金和其他涉农资金投入设施农业、养殖、光伏、水电、乡村旅游等项目形成的资产，具备条件的可折股量化给贫困村和贫困户，尤其是丧失劳动能力的贫困户”；2016年3月，《中华人民共和国国民经济和社会发展第十三个五年规划纲要》提出“探索资产收益扶持制度，通过土地托管、扶持资金折股量化、农村土地经营权入股等方式，让贫困人口分享更多资产收益”。为贯彻落实中央关于资产收益扶贫的探索和部署，2017年7月，财政部会同农业部、国务院扶贫办印发了《财政部农业部国务院扶贫办关于做好财政支农资金支持资产收益扶贫工作的通知》，进一步明确了资产收益扶贫的基本原则、实施环节和保障措施。除了国家层面的政策引领，各省区市也根据自身建设需要相继制定资产收益扶贫的指导性文件。贵州、四川、重庆、河北、湖北等地积极开展了资产收益扶贫的实践探索，并涌现出了威县模式、石柱模式、平昌模式等一批卓有成效的资产收益扶贫经验。

一、喀喇沁旗资产收益扶贫的主要做法与效果

（一）喀喇沁旗基本情况

1. 区位条件

喀喇沁旗地处内蒙古东部，赤峰市南部，蒙、冀、辽三省区交界地带，居东北经济区、华北经济区、环渤海经济区的接合部。全旗总面积3050平方千米，有林15万公顷，森林覆盖率达48%，耕地75万亩。该旗下辖9个乡镇、2个街道、1个自治区级经济开发区、161个行政村、10个社区，总人口35.1万，其中蒙古族人口15.1万，占总人口的43%。

喀喇沁旗区位优越，交通便利。旗政府所在地锦山镇西距北京390千米、天津420千米、承德160千米，东距赤峰38千米、沈阳400千米、锦州港280千米。陆路运输极为便捷，赤锦、赤沈、京通铁路通过辖区，2座客货两用火车站坐落于所属乃林镇镇内。公路纵横交错，赤凌一级路、大广高速公路穿境而过，赤大、赤朝、赤通高速公路辖区交汇。赤峰玉龙机场坐落于旗内，与北京、天津、上海、成都、广州、呼和浩特、沈阳、大连等多个城市实现互航，是内蒙古自治区进京出海最近、最便捷的地区之一。

2. 自然资源禀赋

喀喇沁旗物产丰饶，特色明显。旗内矿产资源丰富，已探明石灰石、硅石、黄金、煤炭等各类金属和非金属矿藏40余种，特别是石灰石远景储量达2亿吨以上，居华北和东北地区首位，被称为“华北汉白玉”。全旗耕地75万亩，其中蔬菜、中药材、马铃薯、食用菌、山葡萄等特色种植达到33万亩，是全国中药材北沙参、桔梗的3大产地之一，北沙参产量占到全国总产量的2/3以上。2012年，牛家营子镇

北沙参和桔梗获得国家“地理标志”登记认证，牛家营子镇被誉为“中国北沙参、桔梗之乡”。

喀喇沁旗历史悠久，山川秀美。中国最大保存最完好的蒙古族亲王府、千年古刹龙泉寺、地质奇观月牙山溶洞、茅荆坝林海、“塞外黄山”马鞍山、“东方雪源圣地”美林谷滑雪场等一系列自然和人文景观，加之锡伯河玉带环绕，在生态文明与宜居和谐的喀喇沁交相辉映。“春来踏青、夏游园林、秋览山色、冬享滑雪”是喀喇沁四季旅游的一张亮丽名片。

3. 经济社会发展概况

喀喇沁旗通过转变发展方式，经济实力巩固增强。到2017年年底，全旗地区生产总值由2012年的58.4亿元增加到79.5元，年均增长7.3%；公共财政预算收入3.9亿元，年均增长3%；公共财政预算支出24亿元，年均增长4.6%；社会消费品零售总额35.2亿元，年均增长10.6%。产业结构不断优化，三次产业结构由2012年的19∶44∶37演进为2017年的18∶40∶42。城乡常住居民人均可支配收入分别由16918元和6332元提高到26370元和10320元，年均分别增长9.6%和10.2%，人民生活水平得到进一步提高。

4. 精准扶贫、精准脱贫工作情况①

喀喇沁旗是国家扶贫开发工作重点旗、国家级革命老旗。2014年，喀喇沁旗全面开展建档立卡贫困识别工作，共识别出贫困人口1.27万户4.24万人。通过精准识别“回头看”、贫困人口动态调整，现有档内贫困人口11481户26145人，占农村人口的8.5%，其中已脱贫5334户13343人，未脱贫6147户12802人，贫困发生率降至4.16%。贫困村88个，贫困村占比54.6%，2016年退出26个，2017年退出12个，剩余50个。喀喇沁旗把贫困发生率在5%以上的4个贫困乡镇、贫困发生率在10%以上的18个贫困村确定为全旗重点贫困地区，把摸排出的286户确定为深度贫困户，624人确定为深度贫困人口。

从地域分布分析，贫困人口主要集中在西部山区美林镇、王爷府镇、小牛群镇、南台子乡等4个乡镇，四地贫困人口数达到7050户15762人，占全旗贫困人口总数的60.3%；从年龄结构分析，1~18岁的有3371人，占比12.9%，19~60岁的有14307人，占比54.7%，60周岁以上的有8467人，占比32.4%；从致贫原因分析，因病致贫5613户11913人，占比45.6%，因残致贫1223户2633人，占比10.1%，

① 根据《喀喇沁旗脱贫攻坚2017年工作总结及2018年工作计划》、喀喇沁旗《2018年政府工作报告》整理。

因学致贫 433 户 1535 人，占比 5.9%，因缺劳力致贫 1000 户 1833 人，占比 7.0%，因缺资金技术致贫 2938 户 7512 人，占比 28.7%，其他原因致贫 274 户 719 人，占比 2.7%。

喀喇沁旗紧紧围绕脱贫攻坚目标任务，建立了脱贫攻坚责任、政策、投入、社扶、监督、考核 6 大体系，实施产业扶贫、健康扶贫、就业扶贫、移民扶贫、生态扶贫、教育扶贫、兜底保障扶贫 7 大脱贫工程，坚持精准扶贫、精准脱贫。喀喇沁旗全力推进产业扶贫，在认真分析贫困人口劳动力状况的基础上，从 3 个方面实现产业扶贫“全覆盖”。

针对有劳动能力贫困人口，根据个人意愿，实施设施农业、养殖业、乡村旅游、商业、光伏发电、资产收益 6 大类 16 种菜单选项，由贫困户自主“点菜”、政府埋单，为每名建档立卡贫困户安排 7000 元产业发展周转资金，并为有需求的贫困户提供 5 万元 3 年贴息贷款。2017 年，实施“菜单式”产业扶贫 23221 人，财政投入扶贫资金 12929 万元，其中选择自主发展养殖、种植、乡村旅游、商业、光伏产业的有 4756 人，占比 20%，补贴资金 2424 万元；实施资产收益项目的有 18456 人，占比 80%，补贴资金 10503 万元。

针对弱劳动能力贫困人口，实施“扶强带贫”，扶持 129 家农民专业合作社和专业种养大户，与贫困人口建立密切利益联结机制，让贫困人口通过参与生产、劳务用工等融入产业发展，既增收入也带技能，实现“产业壮大”和“群众增收”双赢。

针对无劳动能力贫困人口，把“资产性收益”扶贫作为补充路径，通过代种代养、入股分红等方式从中获得收益。2017 年，为企业注入发展周转金 1.05 亿元，带动 8334 户 18465 名贫困人口获得资产性收益 1100 万元。

2017 年，通过产业扶贫，共带动 23221 名贫困人口增收，实现 7563 人正常脱贫；通过健康扶贫落实“三个一批”政策，减轻了 11566 名贫困人口看病就医负担；通过开发公益性岗位带动 794 户 2330 人增收脱贫；通过社会兜底保障扶贫为 11999 名贫困人口发放救助资金共 2232.47 万元；南台子镇、小牛群镇、王爷府镇的 765 名贫困群众入住移民产业新村；义务教育阶段建档立卡贫困家庭学生生活补助实现全覆盖，大学新生资助政策由城乡低保家庭扩大到所有建档立卡贫困家庭。2017 年，8511 名贫困人口实现脱贫，贫困发生率下降至 4.16%。

（二）喀喇沁旗资产收益扶贫模式

喀喇沁旗为贯彻落实国家、自治区、赤峰市关于资产收益扶贫的战略部署，提高精准扶贫、精准脱贫的效率，积极探索实践资产收益扶贫。

一是建构了基本的制度框架。喀喇沁旗制定出台了《喀喇沁旗产业精准扶贫实施方案》《喀喇沁旗培育发展脱贫产业奖补办法》《关于对 2017 年“菜单式”扶贫项目（资产性收益）实施方案》等文件，明确了资产收益的内涵；规定了资产收益扶贫项目中贫困户每年获得不低于 12% 的稳定收益，优先雇用贫困人口；规定了资产收益扶贫的实施主体为扶贫龙头企业、农民专业合作社、种植养殖大户等新型农业经营主体；明确了资产收益扶贫实施途径，通过产业发展“十动模式”实施“菜单式”产业精准到户项目，提出以“四带动”模式落实“扶强带贫”思路等。

二是提高了扶贫的精准性。喀喇沁旗 2017 年对贫困人口进行大规模的动态调整，在精准识别致贫原因的基础上全力实施“菜单式”产业精准到户项目，针对无发展门路又无劳动能力的建档立卡贫困人口，将每人 7000 元的产业发展周转基金通过量化入股分红，股权收益归持股贫困人口所有，提高了扶贫的精准性。

汪三贵、梁晓敏（2017）将参与资产收益扶贫的资产分为自然资源、农户和村集体自有资源或权益、扶贫资金直接投资、扶贫资金投资不动产等。其中，自然资源参与的资产收益扶贫项目主要以光伏扶贫为主，农户和村集体自有资源或权益中土地权益是最重要的形式。本章借鉴汪三贵、梁晓敏（2017）对资产收益类型的分类，结合喀喇沁旗资产收益扶贫的实际情况，总结出土地资源收益扶贫模式、旅游资源收益扶贫模式和投资收益扶贫模式等 3 种主要模式。

1. 土地资源收益扶贫模式

利用土地资源参与资产收益扶贫的具体方式包括土地流转和土地入股 2 种方式。喀喇沁旗的土地资源收益扶贫模式以传统的土地流转为主。

一是积极推进土地规范流转。喀喇沁旗成立了喀喇沁旗农村土地承包经营权流转服务中心，乡镇（街道）成立了土地流转服务站，村设土地流转信息员，全旗形成了旗、乡镇、村 3 级土地流转服务站。根据有关法律法规和上级政策，结合全旗实际，制定出台了《喀喇沁旗并存土地城堡经营权流转管理办法》，并统一印制了《喀喇沁旗并存土地城堡经营权流转合同》，规避无合同或合同不规范引发的土地纠纷。设立了农村土地流转纠纷调解冲裁机构，编制了相应的法律文书。

二是培育新型农牧业经营主体。大力培育种植养殖大户、专业合作社、农牧业企业等新型农牧业经营主体，促进主体集中向规模经营主体流转，推进适度规模经营。截至 2017 年年底，喀喇沁旗农村经济合作组织发展到 1361 家，带动农户 5 万户，集中流转土地 29.6 万亩，农业产业化龙头企业发展到 28 家，农畜产品就地加工转化率达到55%。①

三是建立利益联结机制。鼓励旗内种植养殖场、合作社、大户等农牧业产业经营主体发展设施农业、中药材、养殖业、林果业、露地蔬菜、万寿菊，对当年新流转贫困户土地20亩以上的流转贫困户，一次性给予业主每亩补贴100元。如锦山镇金多鑫设施农业合作社采取“合作社+农户”的形式，流转土地150亩，涉及农户60户，其中有贫困户13户，贫困户流转土地的租金为每亩每年1100元，高于普通农户30%；南台子乡民信蔬菜种植专业合作社和金牛农牧业合作社共流转24户贫困户135.2亩土地，土地租金每亩每年1000元，可增加流转土地贫困户年人均收入2700元以上；西桥镇雷营子村班子牵头成立了农业观光旅游合作社，组织全村164户农户全部以土地入股的形式加入了合作社。

2. 旅游资源收益扶贫模式

一是发展壮大乡村旅游项目。喀喇沁旗每年调拨1500万元作为全域旅游发展的专项资金。目前，已确定了雷营子村、林营子村、马鞍山村、小美林村等10个村作为乡村旅游发展重点村。其中，雷营子村、林营子村、马鞍山村、小美林村、砬子沟村、通太沟村被列为国家首批乡村旅游示范村。

二是加大政策扶持力度。对于自主发展农家餐馆或农家旅店的贫困户，给予房屋装修和配套设施补贴，每人按上限7000元补贴，不足每人7000元的按实际投资补贴。对于自主发展参与体验性乡村旅游项目的贫困户，每个项目按上限7000元补贴，不足每人7000元的按实际投资补贴。同时每户按实际需求最高解决5万元贴息贷款。为巩固提高旅游扶贫项目质量，每人最高补贴巩固提高周转金4000元，不足每人4000元的按实际投资补贴。

三是建立利益联结机制。旅游项目安排贫困人口就业，并签订用工协议，每人年务工收入达到5000元以上，给予业主支付贫困户务工收入10%的补贴，用于生产经营。2017年，喀喇沁旗共确定发展16个乡村旅游接待户，2户已通过验收。乡村旅游接待人数达到11.1万人次，旅游收入达到5024.3万元，带动217名贫困人口实现脱贫。

3. 投资收益扶贫模式

喀喇沁旗为发挥涉农资金整体效益，提高既无劳动能力又无发展门路的贫困人口的财产性收入，制定出台了《喀喇沁旗统筹整合使用涉农资金管理办法》《喀喇

---

① 参考喀喇沁旗《2018年政府工作报告》。

沁旗整合涉农资金项目审批及使用监管办法》《关于对2017年“菜单式”扶贫项目（资产性收益）实施方案》《关于进一步明确实施资产收益扶贫项目有关事宜的说明》等文件，把财政涉农资金统筹整合，投入到社会信誉高、经营效益好、有持续经营能力的扶贫龙头企业、农民专业合作社等新型农业经营主体，以增加无劳动能力贫困人口的持续性稳定收入。2017年，喀喇沁旗将产业扶贫（资产性收益）项目补贴资金8053.694万元（涉及5282户贫困户、11700名贫困人口）分别投入内蒙古连盛畜禽养殖有限公司、赤峰市羽翔蛋鸡养殖合作社、赤峰荣兴堂药业有限公司、喀喇沁旗浩源粮食商贸有限公司等企业或合作社（见表5－1），提高了财政涉农资金的整体效益，壮大了地区优势产业，增加了贫困人口的财产性收入。如美林镇两家村全村886户2158人，截至2017年年底，建档立卡贫困户74户152人，而因病、因残致贫的比例达到59.5%。选择“菜单式”产业扶贫项目中资产收益扶贫的有53户118人，占贫困人口总数的74%，项目资金共计82.6万元，2017年合计收益8.26万元。西桥镇吉旺营子村按照上级相关政策，经该村村民代表大会表决，将“三到村三到户”项目资金统一投放到本村的喀喇沁旗吉旺农牧业专业合作社，资金收益率为12%，每半年发放一次收益金。2017年7月，为全村精准识别贫困户68户200人人均发放收益分红150元，共计3万元。

表5－1　2017年喀喇沁旗产业扶贫（资产性收益）项目补贴资金明细

项目覆盖乡镇街道	贫困户（户）	贫困人口（人）	申请资金（万元）	资金总额（万元）	合作企业
王爷府镇	979	2065	1445.500	4492.445	内蒙古连盛畜禽养殖有限公司
锦山镇	298	704	391.845		
南台子乡	229	471	329.700		
十家乡	310	764	534.800		
河南街道	271	576	403.200		
河北街道	104	198	138.600		
小牛群镇（21个村）	802	1784	1248.800		
小牛群镇（解放地）	147	397	277.900	277.900	赤峰市羽翔蛋鸡养殖合作社
牛家营子镇	587	1260	846.650	846.650	赤峰荣兴堂药业有限公司
西桥镇	563	1314	919.800	919.800	喀喇沁旗浩源粮食商贸有限公司

续表

项目覆盖乡镇街道	贫困户（户）	贫困人口（人）	申请资金（万元）	资金总额（万元）	合作企业
美林镇	633	1259	881.299	881.299	赤峰鸿源创景旅游开发有限公司
乃林镇	359	908	635.600	635.600	赤峰市景致种养殖专业合作社 喀喇沁旗聚恒兴种植养殖合作社
合计	5282	11700	8053.694	8053.694	

数据来源：喀喇沁旗《关于下达2017年“菜单式”产业扶贫项目资金的通知》。

（三）喀喇沁旗资产收益扶贫典型案例介绍

1. 连盛畜禽养殖扶贫项目

内蒙古连盛畜禽养殖有限公司位于喀喇沁旗小牛群镇农畜产品加工园区，成立于2015年5月，主要从事种鸭养殖、鸭苗孵化、商品鸭养殖、屠宰、饲料加工、鸭粪加工制造有机肥等，是集养殖、加工、销售于一体的企业。公司占地面积350亩，总投资1.2亿元，分别在金地村新建和租赁种鸭养殖基地2处、在白台沟村建种鸭养殖基地1处、在赵窝铺村改建种鸭养殖基地1处，共建标准化圈舍48栋。2018年计划投资4.6亿元，新建15万只种鸭养殖场18万平方米、5000万只肉鸭屠宰加工车间3万平方米、饲料加工车间2万平方米、鸭苗孵化车间2万平方米、有机肥加工及指向塑料袋配套车间2万平方米。该项目的资产收益扶贫效果明显。

一是入股分红。该公司对无劳动能力的贫困户采用财政扶贫资金量化入股、年末分红方式扶贫。目前全镇共有2993户贫困户、6562人享受资产收益。

二是代养种鸭。该公司利用自身业务特点，采用“公司+合作社+贫困户”模式，尽可能地帮助当地农民从事种鸭养殖，提供鸭苗、饲料、药品等服务。有劳动能力且有养殖意愿的贫困户可与公司合作放养，签订代养合同，按合同收购种鸭，降低养殖户的风险，提高养殖户的收益，帮助他们尽快致富。目前代养合同鸭达到6万多只。

三是安排就业。该公司现有员工135人，其中建档立卡贫困人员36人，年均工资3万元，均已实现脱贫。此外，商品鸭屠宰厂、鸭苗孵化厂、饲料加工厂建成后，可安排就业2000余人，平均工资达到3000元，使有劳动能力的贫困户实现稳定脱贫。

四是产业带动。小牛群镇与连盛畜禽养殖有限公司合作成立了喀喇沁旗鑫泰种植养殖合作社，该项目采取建档立卡贫困户自愿加入合作社的方式，将扶贫资金用于棚圈等基础设施建设，所有权归合作社社员，由社员优先承包养殖，也可委托管理并享受季度分红，社员无法进行养殖的，可采用资金收益的方式获得脱贫资金。目前可实现建档立卡贫困户93户210人脱贫致富，为当地解决劳动力80人，增加农民收入240万元。2017年，该合作社还在原有12栋2万平方米种鸭舍的基础上，扩建24栋6.24万平方米种鸭舍，累计投资2520万元。项目建成达产后，解决贫困劳动力就业50人，实现稳定年收入平均3万元。

2. 七老图山戎部落旅游扶贫项目

七老图山戎部落森林文化休闲旅游区位于美林镇东局子村西南沟，由东局子村和赤峰鸿源创景旅游开发有限公司共同合作开发，项目计划投资10.6亿元，全部由公司出资建设。该旅游区以“山戎文化”为主题，以自然地质奇观为背景，从文化、生态、产业3方面规划设计，是集文化体验、野趣游乐、休闲运动、山林养生、自然风光、餐饮购物等功能于一体的复合型旅游区。拟建设自驾营地狂欢游乐区、森林水寨部落区、山戎石寨区、高山欢乐草甸区等项目。

该项目主要通过投资收益、安排就业、直接补助、产业带动等途径增加了贫困户的收入。

一是投资收益。美林镇将“菜单式”产业扶贫（资产性收益）项目补贴资金881.299万元注入赤峰鸿源创景旅游开发有限公司，依托七老图山戎部落旅游度假区带动全镇17个行政村、633户贫困户、1259人，贫困户每人每年获利10%，享受资产性收益700元，形成了稳定性收益。

二是安排就业。赤峰鸿源创景旅游开发有限公司和东局子村委会和建档立卡贫困户签订协议，承诺在开发东局子村西南沟期间，所有企业用工优先雇用东局子村民。对于建档立卡贫困户，家里有劳动能力的，每户安排1人就业，每个月工资2000元。旅游景区每年可解决固定劳动力100人，季节性劳动力200人。

三是直接补助。对于没有劳动能力的孤寡老人、贫困户，赤峰鸿源创景旅游开发有限公司承诺每人每年发放企业补助资金3500元，并随脱贫标准线适时变化，持续领取3年。

四是产业带动。东局子村依托七老图山戎部落森林文化休闲旅游区成立了九源创景农业观光专业合作社，发展农家乐、采摘园、民宿等旅游业态，带动就业100余人。

（四）喀喇沁旗资产收益扶贫的效果

1. 拓宽了贫困人口的增收渠道

从喀喇沁旗选择资产收益扶贫的贫困人口的总体情况来看，资产收益扶贫实施后，贫困人口的财产性收入普遍得到提高。更为重要的是，通过资产收益扶贫，拓宽了贫困户的增收渠道，使其能够获得多元而稳定的收入。一是将财政扶贫资金或贫困户产业发展周转资金量化入股到龙头企业、农民专业合作社等新型农业合作组织，获得保底财产性收入。二是有劳动能力的贫困户可以到这些企业或合作社务工，获得工资性收入。三是有自主发展意愿且有劳动能力的贫困户可通过与企业、合作社签订代种代养合同，获得经营性收入。四是企业、合作社的产业发展可以辐射带动贫困地区其他产业的发展而增加贫困户的收入。如东局子村贫困户通过七老图山戎部落森林文化休闲旅游景区的辐射带动效应，将山野菜、菌菇、榛子等土特产品进行包装销售，增加了林下经济收入。多种收入来源使贫困人口的增收渠道增加，同时增加了贫困人口的抗风险能力，巩固了精准脱贫成果。

2. 优化了贫困地区的资源配置

从喀喇沁旗资产收益扶贫的实践结果来看，资产收益扶贫优化了贫困地区的资源配置，尤其体现在土地资源收益扶贫模式和旅游资源收益扶贫模式上。土地资源收益扶贫模式通过土地流转、土地入股等途径使分散的土地集中到涉农龙头企业、农民专业合作社或种植大户，实现规模化种植，提高了土地的使用效率、新型农业合作组织的发展规模和贫困户的收入。旅游资源收益扶贫模式通过有效整合贫困地区的生态资源、文化资源，将其以存量折股、增量配股、土地入股等多种形式转换为村集体和贫困户的股权收益，盘活了贫困地区因缺少资金、先进理念而未开发的“沉睡资源”。土地和旅游资源收益扶贫模式均提高了贫困地区的资源利用率，优化了贫困地区的资源配置。

3. 增强了新型农业经营主体的发展实力

农村新型经营主体是带动农村经济发展和农民增收的重要力量，但是资金短缺始终是这些企业发展的巨大障碍。喀喇沁旗大力发展农民经济合作组织，在引导其发展地区特色、优势产业的同时选择社会信誉高、经营效益好、有持续经营能力的扶贫龙头企业、农民经济合作组织，将财政扶贫资金以量化入股的方式投入这些企业，有效缓解了经营主体的资金压力，为企业扩大再生产提供了必要的支持。这些新型农业经营主体快速发展，为贫困户获得稳定的资产收益提供了坚实保障。

4. 激发了贫困人口的内生动力

资产收益扶贫将贫困户的利益和经营主体的利益结合在一起，唤起了贫困户的自我发展意识和提升其技能素质的意愿，改变了其“等靠要”思想，提高了贫困户脱贫的积极性和参与度。多元收入格局有助于增强贫困户的抗风险能力，使有自主发展意愿的贫困户减少顾虑，积极投身到脱贫致富大军。

5. 提高了财政扶贫资金的使用效率

喀喇沁旗将财政扶贫资金、涉农资金、贫困户产业发展周转资金统筹整合，投入新型农业经营主体，依托新型农业经营主体的观念优势、人才优势、技术优势、资金优势、项目优势、组织优势，提高了财政扶贫资金的使用效率，规避了贫困户因无经验而导致的财政扶贫资金和产业发展周转资金使用的低效率。同时，为无发展门路又无劳动能力的贫困户提供了稳定的财产性收入。

三、喀喇沁旗资产收益扶贫可能存在的风险及对策

（一）资产收益扶贫可能存在的风险

1. 扶贫收益分配缺乏监管机制

从资产收益扶贫项目经营主体的角度来看，喀喇沁旗现有的项目经营主体多为中小型养殖、粮食、旅游企业或农民专业合作社，这些经营主体公司制法人治理结构尚不完备、财务监管体系尚不健全。另外，由于喀喇沁旗贫困户普遍文化水平较低、法律意识薄弱，难以从外部对项目经营主体资金的使用情况进行跟踪和监督，这就造成资产收益扶贫资金面临着内部控制不严、外部监管不足的情况。如果难以对项目经营主体的资金使用过程形成有效的监督机制，则可能出现经营主体隐瞒或伪造财务信息、侵占扶贫资金收益，甚至卷款跑路、资金流失的情况。

从贫困户的角度来看，受到经济发展水平制约及传统观念、民族文化等因素的影响，喀喇沁旗贫困户普遍存在教育文化水平低、法律意识淡薄、小农意识浓厚、契约精神和信誉观念缺失等问题。在资产收益扶贫项目开发过程中，贫困户与项目经营主体达成协议后不履行合同的情况屡屡发生，项目经营主体难以有效规避贫困户违约情况，也难以让其承担违约责任。如何建立起贫困户与项目经营主体之间的信任机制、约束机制，是利益分配的一大障碍。另外，现有的资产收益扶贫模式在贫困户入股资金的退出管理机制上尚不健全，因而不能最大限度地保障贫困户的资产收益与利益不受损害。

2. 经营主体存在经营风险

企业、农民专业合作社等新型农业经营主体是喀喇沁旗资产收益扶贫项目的实施主体，承担着生产经营、实现资产保值增值的责任。资产保值增值的实现，归根结底取决于项目经营的成功。而在市场经济条件下，无论何种经济组织或经营主体都必须遵循市场机制和经济规律，其从事生产经营必然面临市场竞争和经营风险。当前经济下行压力加大，资本回报率偏低，企业经营特别是实体经济经营普遍面临着较大的市场风险。尤其是作为资产收益扶贫的企业、农民专业合作社、农村集体经济组织，还负有帮扶贫困户、带动农村经济发展的社会责任，其经营活动面临着更大的风险和压力。

具体来说，首先，喀喇沁旗资产收益扶贫项目的产业收益普遍较低。喀喇沁旗资产收益扶贫项目以农业产业项目占多数，如养殖、杂粮、药材、林果等，而涉农产业普遍存在风险高、收益不稳定且受季节气候等自然因素影响的劣势。

其次，扶贫任务可能影响项目公司、合作社的正常经营。在市场经济条件下，任何经济组织和经营主体都必须按照市场机制进行生产经营决策，但项目公司、合作社在参与政府资产收益扶贫项目后，其生产经营还必须充分考虑帮扶贫困群众脱贫的社会责任和政治任务。例如，为保证贫困户的稳定收入，项目公司、合作社在对贫困户的股权收益分配中实行保底分红，而按照正常的股份合作制企业运作方式，分红只有在企业盈利后才能进行，因此在项目尚未取得收益时，为了保障贫困户的收益而保底分红，可能会对项目企业、合作社的长期稳定发展造成一定的负担。

最后，部分参与资产收益扶贫的项目公司、合作社等新型农业经营主体本身经营能力不强，不具备带动贫困户脱贫致富的能力。而某些地方为了完成资产收益扶贫试点任务，在缺乏对项目公司、合作社等新型农业经营主体深度了解的情况下，可能降低项目经营主体的经济实力、经营者的经营能力等标准。事实上，部分参与资产收益扶贫的企业、合作社，最主要的动机就是在融资难的情况下，利用财政补助资金、贫困户的贷款资金，缓解其资金压力。如果这些企业经营不善，不仅难以兑付分红约定，还存在贫困户参股本金收回难的问题（赖作莲，2018）。

3. 贫困农户参与度低

在一定程度上，资产收益扶贫项目调动了喀喇沁旗贫困户参与扶贫项目建设、入股分红的热情，但从整体上看，当地贫困户的参与程度并不高，仍有相当部分的贫困户没有参与这种模式。这一方面和贫困户自身的经济条件与劳动能力有关，但更重要的原因在于，贫困户的自我发展意识不足、观念保守。喀喇沁旗贫困户整体上教育文化水平较低，观念还停留在“自给自足”的封闭式家庭发展，小农思想浓厚，缺乏对自身发展的认知及提升自我素质技能的意识。在这种思想意识的指导下，喀喇沁旗贫困农户不愿意去学习并接受新的发展观念，不愿意去尝试新的发展方式，即现代化农业生产方式。因此，参与资产收益扶贫项目的热情较低，难以激励其参与扶贫项目的建设，真正地融入市场经济环境中。

（二）对策建议

1. 建立健全资产收益扶贫相关分配、监管机制

（1）完善贫困户与经营主体之间的利益分配机制

在缺乏有效的内部控制和外部监督的机制下，经营主体为了赚取更多的利润，有可能会掩盖企业真实的盈利情况，隐瞒或伪造财务信息，故意提高生产成本预算，让名义上的利润变得微薄，减少贫困户的分红收益。因此，要确保资产收益扶贫资金的安全，确保贫困户的收益不受损害，就必须明晰贫困户和经营主体各自的权利与义务，完善贫困户与经营主体间的利益分配机制，确保贫困户的应得利益不受损害。在资产收益扶贫过程中，政府有责任对承担资产收益扶贫项目的经营主体加强监督管理，明确其使扶贫资金保值增值的责任，在项目分红环节上，要保障贫困户的保底收入、争取贫困户的最大收入。

（2）强化监管、风险防范机制，确保扶贫资金安全

为避免经营主体将扶贫资金据为已有或者转移海外等风险，必须进一步完善信息披露、资金监管、风险防范等相关机制。深化扶贫项目公开及扶贫资金使用透明制度，引入第三方监督与审计机构，对经营主体的财务状况、资金使用情况进行监督。建立财政扶贫资金动态监控体系，对扶贫资金进行实时监控。

（3）完善贫困户股权及资金退出机制

在贫困户入股的扶贫开发项目中，当项目面临一定风险，特别是当项目主体经营状况出现严重危机时，应保障贫困户拥有相应的退出或转让机制。对于财政资金入股，则应制定股权转让制度。在贫困户入股时，就应制定并明确股权退出、转让的条件与程序，确保贫困户的财产安全和经济利益。

2. 破除要素市场化配置障碍，降低制度性交易成本

增加对资产收益扶贫项目经营主体的财政补贴，降低对中小企业、粮食企业及农民专业合作社等经营主体的税费。针对部分地方政府部门存在的重审批、轻监管、弱服务等问题，应在喀喇沁旗继续推行“放管服”（简政放权、放管结合、优化服务）改革，加快转变政府职能，减少对资产收益扶贫项目经营主体的直接干预，注

重从宏观上加以引导，加强对扶贫资金使用情况的监督、市场监管和公共服务。

3. 加强贫困户自我发展意识和市场观念的树立，培育新型农民

要激励喀喇沁旗贫困户参与扶贫项目，积极入股、参观，建立长久、持续的自我发展能力，真正做到脱贫致富。首先，必须树立其自我发展的意识，让贫困户对自身的客观情况有一个科学的认识，即认识到自己的需要、需求，建立其自我发展的意识和意志，做到“扶贫”与“扶志”相结合，让贫困户变被动为主动地去提高自己的技能素质，提升其发展的内生动力。其次，要形塑贫困户的市场经济观念，使其融入市场竞争中，成为具有自我发展意识和市场竞争观念的“新型农民”。

四、资产收益扶贫模式启示与机制创新

（一）喀喇沁旗资产收益扶贫模式的启示

1. 项目发展需要因地制宜、因人而异

从全国的实践来看，资产收益扶贫项目虽然在项目选择、经营主体、收益分配等方面具有广泛性，但不同地区资源禀赋、产业基础的不同决定了在不同地区实施项目时应结合本地区实际情况，因地制宜地选择资产收益扶贫项目。如喀喇沁旗根据生态资源、产业基础，美林镇和西桥镇依托乡村旅游、锦山镇和王爷府镇依托硬果番茄种植、牛家营子镇依托中药材种植、小牛群镇依托肉鸭养殖、乃林镇依托育肥牛养殖，将当地的贫困户与贫困人口纳入其中，通过入股分红、代种代养、安排就业等途径实现脱贫致富。根据致贫原因及有无劳动能力，在资产收益扶贫中有所侧重，实施分类扶持、精准施策。如喀喇沁旗为因病因残且无劳动能力的贫困户安排收益较高、收益年限较长的项目，同时通过兜底保障的方式改善其生活条件；针对有劳动能力或弱劳动能力的贫困户实施“扶强带贫”，通过扶持新型农业经营主体，让贫困户通过参与生产、劳务用工等途径增收。

2. 新型农业经营主体是推动资产收益扶贫的重要载体

新型农业经营主体是现代农业发展和农民增收的核心主体，在资金来源、盈利能力、辐射带动、经营规模、品牌建设、销售渠道、市场导向等方面具有明显的优势。因此喀喇沁旗在选择资产收益扶贫项目的承担者时均选择了扶贫龙头企业、农民专业合作社等新型农业经营主体。从实践效果来看，新型农业经营主体利用自身优势，将财政扶贫资金和个别贫困户的产业发展周转资金投入产业发展中，使企业或合作社的发展规模扩大、发展进程加快，进一步保障了贫困户的资产收益。同时，

随着发展规模的扩大，有劳动能力的贫困户到企业或合作社务工，增加了贫困户的收入来源。

3. 利益联结是推动资产收益扶贫的持久生命力

资产收益扶贫是社会救助与扶贫开发的有效衔接，而其衔接机制就是利益的联结，利益联结机制中最重要的是利益分配机制。长效的利益分配机制有助于资产收益扶贫的进行，有利于扩大新型农业经营主体的发展规模、增加贫困户的内生动力和资金收益。如喀喇沁旗在将财政扶贫资金和涉农资金投入新型农业经营主体时规定，资产收益扶贫项目中贫困户每年获得不低于12%的稳定收益，同时优先为贫困人口安排就业。

4. 政府引导是推动资产收益扶贫的重要保障

政府对资产收益扶贫的推动体现在两方面。一是成立党委和政府主要负责人为双组长的脱贫攻坚领导小组，制定相应的政策文件，做到制度先行。将资产收益扶贫作为贫困人口的能力建设与物质帮扶的重要手段，将具体措施传达到包扶干部、驻村第一书记，并与贫困户无缝对接。二是有效整合扶贫资金和涉农资金。如喀喇沁旗2017年整合扶贫专项资金，发改、农业、林业、水利、财政、民宗等部门涉农资金17103.17万元，其中用于补贴资产收益扶贫项目的资金为8053.694万元，占比47%，支持7个扶贫龙头企业和农民合作社开展资产收益扶贫项目。

（二）推进资产收益扶贫机制的健全与创新

资产收益扶贫的运行机制既要适应市场经济发展规律，又要凸显扶贫政策的社会效益。通过创新和完善其运行机制，可以更有效地发挥资产收益扶贫的效用，更有利于资产收益扶贫模式的推广。

首先，拓宽资产来源，优化投资比重。资产收益扶贫的资产来源，主要是中央和地方的财政专项扶贫资金，其他涉农资金投入农业、牧业、养殖、光伏、旅游等领域形成的资产，以及贫困地区的矿产、能源等自然资源。另外，土地资源、农户自有资源也可入股。因而在确定各种资产入股比重时，要充分考量贫困户入股资产的市场价值，也应突出扶贫导向，合理适度地提高贫困户入股比重。

其次，严格挑选资产收益扶贫的产业项目和经营主体。资产收益扶贫项目的经营主体应充分考虑扶贫地区具有比较优势的、当地特色的产业，统筹考虑产业基础、市场竞争环境、当地人群消费习惯和民族文化，选择具有良好发展前景的优势项目，重点发展优势种养业、农产品深度加工业、当地旅游产业等项目，紧紧以产业发展为核心推进资产收益扶贫，充分发挥地方优势产业的发展对当地经济和扶贫事业的辐射带动作用。确定了投资产业之后，要严格挑选投资的经营主体，即应选择那些公司结构完整、财务监管体系完善、经营能力强劲的企业、农民专业合作社等。

再次，保障贫困户资产收益的安全性和稳定性。根据扶贫目标，确定资产运营方的项目经营主体对扶贫资金形成资产负有保值增值的责任。在分配收益时，对于资产收益扶贫的投入所形成的资产，收益权优先分配给贫困户，同时向特困人口和残疾人口倾斜。为保障资产收益的安全性和稳定性，可推广使用“保底收益＋按股分红”的分配方式。在分配过程中，既要注重资产市场运作获得等量回报的公平性，又应注重资产收益扶贫项目重点帮扶贫困人口的导向性。

最后，加强资产收益扶贫项目的风险预防和管理监督。资产收益扶贫项目的风险主要包括主体经营风险、资产挪用风险和收益分配风险。预防主体经营风险，关键在于选择好产业项目和经营主体，政府部门也应提供必要的引导和帮扶，提高经营主体抵御市场风险的信心和能力。预防资产挪用风险，主要在于各级政府部门加强对扶贫资金的监管，落实信息公开披露制度，切实保障贫困人群对资金使用情况的监督权、知情权，提高公众的参与度。预防收益分配风险，主要在于完善贫困户与经营主体之间的利益分配机制，完善贫困户股权及资金退出机制，降低项目经营风险和投入资产违规使用风险，提高资产收益偿付能力。

第六章　林业扶贫：云南省“红河模式”

消除贫困是一个世界性话题，受到了广泛关注。习近平总书记说，“决不能落下一个贫困地区、一个贫困群众”，到2020年中国要全面消除现行标准下的贫困。在精准扶贫思想的指导下，党的十八大以来，我国贫困人口每年减少1400万，取得了过去30年累计脱贫7亿多人口的辉煌成就。

截至2016年年底，我国有4335万农村建档立卡贫困人口，主要分布在591个国家扶贫开发工作重点县、集中连片特困地区县，多数西部省份的贫困发生率在10%以上，民族八省区贫困发生率达12.1%。在现有的591个国家级重点贫困县中，有496个分布在山区，面积大、经济发展滞后、贫困人口多而集中。长久以来，由于山多地少，毁林种地造成水土流失、荒漠化、草原退化等自然灾害频发。贫困山区既是生态最为重要的地区，又是生态条件最为脆弱、经济最为落后的地区。其中85%以上山区的林木林地资源非常丰富，特别是在云南、贵州、湖南等重点林区，森林资源是当地贫困群众最重要的生产生活资料，具有发展林业的天然优势。林业作为脱贫攻坚战的主战场之一，在合理利用现有资源和实现未来可持续发展方面都大有可为，在扶贫攻坚中具有显著的作用和意义。

一、红河州基本情况

红河哈尼族彝族自治州位于云南省东南部，北连昆明，东接文山，西邻玉溪，南与越南社会主义共和国相接，北回归线横贯东西。红河州是云南省第4大经济体，经济总量和部分社会经济指标居全国30个少数民族自治州之首。红河州面积3.293万平方千米，是一个多民族聚居的边疆少数民族自治州，有10个世居民族、241万少数民族人口。红河州有滇南政治、经济、军事、文化中心蒙自，有“世界锡都”个旧，有国家历史文化名城建水，有文献名邦石屏，有河口和金水河2个国家级口岸，有悠久而著名的锡文化、陶瓷文化和梯田文化。红河州是云南省经济社会和人文自然的缩影，是云南省近代工业的发祥地，也是中国走向东盟的陆路通道和桥头堡。此外，红河州还被列为第2批国家新型城镇化综合试点地区。

红河州地形主要为高原，哀牢山和元江在其西南，南盘江流经其东北。产桂皮、鹿茸等药材，锡矿资源丰富。农产品有稻、玉米、薯类、甘蔗、花生、烟草、棉花等，并产出香蕉、菠萝、荔枝等水果和咖啡。有冶金、机械、化学、建材、电力和制糖等工业。特产有个旧锡制品、蒙自石榴等。名胜古迹有弥勒白龙洞、泸西阿庐古洞等。全州地势西北高，东南低。地形以元江为界，元江以东属于滇东高原区，元江以西为横断山纵谷的哀牢山区。全州最高处为金平县西南部的西隆山，海拔3074米；最低处在河口县南溪河口，海拔76.4米。州内河流分属红河、南盘江（珠江）2大水系。红河发源于云南省中部，由西北向东南奔流。上游有东、西2条主要干流，东干流发源于楚雄州绿丰县境，称东河，西干流发源于大理州巍山县境，称大西河。两河在楚雄州交汇，水量骤增，称嘎洒江、漠沙江。流入玉溪元江县境，亦称元江。中游进入红河州，流经红河、石屏、元阳、建水、个旧、金平、蒙自、河口等县市境，在河口县城旧街处与南溪河汇合后流入越南，经河内市注入南海北部湾，在下游形成了富饶的红河三角洲。

红河州下辖9县4市，常住人口468万，以哈尼族、彝族为主的少数民族人口占总人口的60%，是云南省脱贫攻坚任务较重的地区之一。截至2017年年末，全州还有未脱贫建档立卡人口440776人，贫困人数居全省第2位，贫困发生率13.06%。建档立卡人口中，少数民族人口388052人，占88.06%。自打响精准脱贫攻坚战以来，红河州委、州政府高度重视少数民族地区脱贫攻坚，及早谋划、统筹推进、精准发力，2017年实现9.81万少数民族贫困人口脱贫，占年度脱贫人数的74.62%。[①]

二、林业扶贫的运行模式

林业扶贫有多种模式和多种运作方式。按发展动力和运行机制可分为政府推动模式、市场推动模式、品牌和龙头企业拉动模式等；按政府组织行为可划分为招商引资模式、政策扶持模式等；按生产要素类型可划分为资源型发展模式、科技型发展模式、文化型发展模式（赵荣、杨旭东、陈绍志等，2014）。这些模式往往代表了林业产业发展阶段的不同形态，在很多情况下都是相互兼容的。通过研究林业行业扶贫特点、定点扶贫和各级政府林业扶贫的主要做法，红河州的林业扶贫可以总结归纳为以下几类主要林业扶贫模式。

---

① 数据来源：红河哈尼族彝族自治州统计局。

（一）产业化扶贫模式

产业化扶贫是以市场为导向，以龙头企业和专业合作社为依托，以贫困地区特有的资源优势为基础，逐步形成“产销一条龙”产业化经营体系。实现规模化、集约化，持续地带动贫困农民脱贫增收。

1. 林业企业带动模式

通过结合当地优势资源，引进林业企业，充分利用特色资源，形成当地特色产业，延长林农初级生产的价值链，拓宽林农生产的初级产品市场，带动当地林农脱贫致富。

例如，在云南省重点核桃基地之一的弥勒市，近年来，全市各乡镇因地制宜大力发展核桃产业，引进大型种植企业，目前全镇已种植核桃树 19.5 万亩，实现了“村村有核桃树”的壮观景象。麦冲村建档立卡贫困户普继良指着山坡上的一大片核桃树林说：“我家在山地种了 90 多棵核桃树，去年有 50 多棵进入旺果期，收入 4 万多元。今年，核桃比去年结得还多，果子也大，收入肯定会更多些，全家人的日子一年比一年好过！”随着核桃产业的发展壮大，弥勒市每年举办一次核桃交易会和评比会，对全市 12 个乡镇核桃种植户选送的 60 多个核桃品种进行评比奖励，活动吸引了来自四川、贵州等地的客商，每年核桃交易量超过 10 万千克，交易金额 400 多万元。麦冲村通过发展核桃产业，现已退出贫困村行列，贫困人口基本实现脱贫。

2. 专业合作社带动模式

林业专业合作社是由同类林产品的生产经营者或者同类林业生产经营服务的提供者、利用者，按照自愿联合和民主管理的原则组织起来的一种互助性经营组织。专业合作社带动模式避免了一家一户生产经营的盲目性，有利于实现规模经营和特色产品生产、销售，促进农民增收。

随着新一轮退耕还林工程项目的实施、产业结构的调整，红河州建水县普雄乡引进了 6 家大型种植企业，组建了 5 家水果产销专业合作社。在种植企业、专业合作社和种植大户的示范带动下，全乡流转土地 8000 多亩，带动贫困农户种植苹果、沃柑、红脆李、红桃等 3700 余亩，涉及该乡全部建档立卡贫困人口 896 户 3560 人，全乡特色优势产业逐步发展，2017 年，全乡人均纯收入已达 4513 元。

为全力打赢定点帮扶贫困村脱贫攻坚战，针对定点帮扶的绿春县平河镇略马村、东哈村、车里村等 3 个贫困村脱贫摘帽时限短、任务重的情况，红河州林业局坚持每村每年整合林业项目资金不低于 300 万元。3 年来，红河州林业局先后在 3 个贫困村成立了砂仁、橡胶、养殖、中药材等产业合作社3个，入社群众234户，吸纳建档立卡贫困户349户。到2018年年底，略马村、东哈村2个贫困村将实现整村出列、贫困人口全部脱贫。

（二）以林业工程带动的生态经济扶贫模式

生态经济扶贫模式基于生态与经济协同发展的观点，依托林业重点工程改善当地生态环境，借助工程的各种政策机遇和资金帮助，加快贫困地区的植树造林步伐，发展生态型产业，促进当地经济发展和农民致富。

2016年以来，红河州林业局牵头成立了生态转岗脱贫工程工作组，多次召开生态转岗脱贫推进会、调度会和培训班，制定并出台了《红河州精准脱贫“生态补偿脱贫工程”实施细则》《红河州生态护林员管理细则》等文件，为实施生态转岗脱贫提供科学保障，并为护林员发放劳务报酬和购买意外伤害保险。家住红河州屏边县玉屏镇新荣村的建档立卡贫困户庞朝明就是护林员中的一员，对于自己现在护林员的工作，他感到非常满意。庞朝明以前是村里出了名的特困户。2016年，屏边县林业局有关负责人鼓励他成为一名生态护林员，每年提供8000元工资，帮助他树立脱贫信心，并支持他在家就近打零工，培植林下草果4亩助力生产。护林员的工作让庞朝明尝到了自己动手、丰衣足食的甜头，望着家对面绿树繁茂的山林，庞朝明的脸上满是笑容。

红河州各级党委、政府和林业部门还把生态转岗脱贫工作作为带动林农脱贫致富的“重点工程”，纳入对县市、乡镇、有关单位考核的重要指标，并加大了“回头看”的检查督察工作力度，确保护林员信息真实有效，通过走访调查及电话抽查等方式确保护林员工资发放到位，保障贫困户的利益不受侵占。目前，红河州3136名生态护林员已全部培训上岗。这些建档立卡贫困户在守护绿水青山中增收，仅依靠林业收入就能实现“一人护林、全家脱贫”的目标。

（三）以特色资源为基础的林下经济扶贫模式

林下经济扶贫模式是在集体林权制度改革后，以林地资源和森林生态环境为依托，发展林下种植业、养殖业、采集业和森林旅游业，克服了农民经营林地投入高、收益周期长和风险大等缺点，拓宽了农民经营林业的收入来源。

红河州蒙自市西北勒乡是典型的喀斯特地貌、高海拔、石漠化贫困山区，2007年以来，在各级政府的帮助下，以发展苹果种植为突破口，将生态建设与产业精准扶贫相结合，为贫困山区脱贫致富创出了一条新路。到2015年，全乡苹果种植面积已达7万亩，人均拥有苹果面积7亩，覆盖了全乡5个村民委员会33个村民小组的

2099 户农户。其中，大丫口村王继和种植的 300 余亩苹果，2014 年销售额就达到了 400 余万元。2019 年，全乡大部分果园将进入丰产期，按亩产 2 吨计算，年总产量会达到 14 万吨，年产值将突破 7 亿元，人均收入 7 万元。西北勒乡的苹果将会成为名副其实的“石头缝里种出的金苹果”。①

2017 年，红河州泸西县三塘乡李子箐村引进云南菌视界生物科技有限公司的种植技术，采取“党总支 + 合作社 + 农户”模式，投资 70 余万元引进 70 亩羊肚菌种，并于 2017 年 10 月开始实施在李子箐村种植羊肚菌的项目，每亩纯收入达到 8000 元，当年实现收入 56 万元。2017 年该村人均纯收入达 3960 元，到 2018 年年底全村将退出贫困村行列，贫困人口实现全部脱贫，真正实现贫困户的“两不愁、三保障”。

红河州南部山区的元阳县，近年来充分抓住了退耕还林政策的机遇，引导当地群众大面积种植桤木水源涵养林，同时积极探索林下经济模式，大力发展林下种植和养殖，实现了生态效益和经济效益的双赢。元阳县先后投入扶持资金 2100 余万元，在 8 个乡镇沿线 100 多千米的退耕还林区新植草果 6.8 万亩，草果种植面积累计达 12.5 万亩，带动 1.4 万余户、5 万群众实现增收，成为该县的绿色支柱产业。该县摸索出来的“桤木 + 草果”模式深受退耕林农欢迎，独树一帜的“红河模式”也在全国适宜地区普遍推广。

（四）以科技和管理支持为特征的智力扶贫模式

智力扶贫模式主要通过发挥技术、人才、项目方面的优势，瞄准贫困地区实际需求，转化实用技术、扶持支柱产业、建立服务体系、培养乡土人才、提高创新能力。以科技和管理为支持的智力扶贫工作，提升了贫困地区干部群众依靠科技管理、自力更生脱贫致富的能力，对促进当地经济社会加快发展起到了重要的推动作用。

举例来说，针对红河州略马村、东哈村、车里村 3 个贫困村，结合其简单粗放的生产方式，红河州林业局坚持“扶贫”与“扶志”、“输血”与“造血”相结合的原则，坚持“富口袋”先“富脑袋”，着力激发贫困人口内生动力，派出驻村林业技术员 10 人，进驻贫困村指导农户科学化、规范化、集约化发展产业。通过建立示范基地、专家现场示范、发放资料等方式，先后在 3 个贫困村举办了妃子笑荔枝、八角、橡胶、澳洲坚果、胡椒、砂仁、杉木的栽培和病虫害防治等技术培训，商品林种植示范点现场观摩学习培训，建立 10 亩以上示范基地 3 个，培训农户 1520 人

---

① 马钧，田猛，杨光柱，等．红河州苹果产业扶贫中存在的问题及对策[C]．云南省科协学术年会暨红河流域发展论坛，2016.

次，发放技术资料1100多份，广泛普及了妃子笑荔枝、八角、橡胶、澳洲坚果、胡椒、砂仁、杉木等林产业种植、施肥、修剪等方面的技术，贫困户基本掌握了1～2门林业实用技术，彻底改变了原有简单粗放的生产方式，有效提高了贫困户的科学经营水平，增强了脱贫致富本领，激发了贫困户致富奔小康的内生动力，让贫困户掌握了生产技能，拓宽了其脱贫致富渠道。

（五）以兼顾生态治理的综合扶贫方式

在贫困地区，环境都较恶劣，自然灾害频繁，单独给予产业支持极易造成自然资源的浪费，且收不到良好的效果，故兼顾生态环境的治理，从整体上帮助贫困地区开发资源，对当地经济发展具有更明显的带动作用。

红河州利用自身优势，针对红河干热河谷水土流失、植被破坏与农林种植低效等问题，兼顾生态治理与产业扶贫，综合开发30万亩干热河谷土地促进脱贫。先后建成水库17座，全县有效库容总计4165.58万立方米，共有干、支、斗农渠4347千米，为红河县干热河谷开发保证充足的水源；道路设施完善，2015—2017年改扩建5大片区34条热区开发公路，公路里程274.25千米；电力通信设施完备，热区内电力供应充足，信息网络畅通，区域内均有移动网络信息覆盖，为热区综合开发创造了有利条件。在政府的主导下，通过招商引资引进一批农业龙头企业进行合作开发。以库博农业发展有限公司为例，流转土地4.1万亩，涉及农户880户，其中贫困户294户。带动就业127户，户均年收入6.3万元以上，基地建成后，预计带动农户700余户，实现就业2800余人。南热区产业建成后，可实现年总产值35亿元，年纯收益20亿元，可提供10多万人的就业岗位。

三、红河州林业扶贫的效果

红河州是云南省的林业大州，林业用地面积2891万亩，占全州总面积的59.7%，全州90%以上的贫困人口分布在山区，林地林木等森林资源是山区最重要的生产资料和林农最丰厚的家产。红河州林业部门作为州域“生态补偿脱贫一批”的责任单位，如何用好林业政策，将政策用在刀刃上，让贫困人口在生态补偿脱贫中享有实实在在的获得感，是其最为重要的任务。红河州林业局结合林业实际，发挥行业优势，认真调查研究，围绕产业扶贫、退耕扶贫、补偿扶贫、挂包帮村扶贫等政策工作，认真梳理了中央、省、州相关扶持政策和规定，理清了工作思路，明确了工作重点和制约的瓶颈因素，完善制定了《红河州林业局关于贯彻落实行业主管部门脱贫攻坚责任清单实施方案》[①]，出台了具体的办法和政策措施，夯实脱贫攻坚基础。

（一）生态补偿促脱贫

森林生态效益补偿是国家为保护公益林资源、维护生态安全启动实施的一项惠民补贴政策，是深化集体林权制度改革的配套改革措施。2017年，中央向红河州下达财政森林生态效益补偿资金10225.32万元、面积882.33万亩；省级财政森林生态效益补偿资金4164.56万元、面积292.66万亩（权属为集体和个人的每亩补助15元，其中10元为补偿费、5元为管护费；权属为国有的每亩补助8元全部为管护费）。红河州林业局在全省率先制定了《红河州公益林管理办法》[②]，规范了公益林管理和扶持政策。红河州公益林补偿面积已由最初的437.07万亩增加到1220.48万亩，直接惠及31.17万建档立卡贫困农户，近131.09万人、4511名农民通过直接参与公益林管护实现增收。全州共兑现2016年度森林生态效益补偿资金13764.14万元，完成任务数14296.17万元的96.28%，其中兑现国家级公益林补偿资金9676.11万元，兑现省级公益林补偿资金4088.03万元。共兑现2017年度森林生态效益补偿资金6767万元，完成任务数14389.88万元的47.03%，其中兑现国家级公益林补偿资金4399.92万元，兑现省级公益林补偿资金2367.08万元。覆盖建档立卡贫困户1.55万户，惠及贫困人口6.55万人，年人均增收2143元。

（二）退耕兑现促脱贫

2014—2016年，全州新一轮退耕还林建设任务30.77万亩，资金补助46155万元。其中，贫困县建设任务24.58万亩，占总建设任务的79.9%，惠及农户22148户、102318人；建档立卡贫困户退耕总面积4.56万亩，占贫困县总建设任务的17.4%，惠及5672户、23862人，占惠及农户数的25.6%，人均年增收573.3元。2017年，按照省委、省政府“25度以上坡耕地应退尽退”的要求，以及云南省林业厅关于申报2017年新一轮退耕还林任务的相关通知精神，红河州结合其绿化工作和各县市上报数据，积极申报2017年度新一轮退耕还林任务25.68万亩。其中，25度以上非基本农田坡耕地面积8.07万亩，25度以上基本农田坡耕地面积17.61万亩。目前，各县市按照2017年度项目申报任务数，结合精准扶贫、全面绿化工作，正在宣传发动、准备种苗、落实地块。建水、红河、金平、绿春等县已落实2017年

① 《红河州人民政府关于印发红河州加快推进产业扶贫实施意见及三个配套实施方案的通知》（红政发〔2018〕8号）。

② 资料来源：红河哈尼族彝族自治州林业局，2018－02－17。

度退耕面积12万亩。2017年计划任务下达后，将开始种植2017年度的冬季造林树种，同时确保退耕还林工程量的80%安排到贫困县市、乡镇和建档立卡贫困户，助推退耕地区和建档立卡贫困户精准脱贫。目前，全州已落实2017年度退耕面积13.07万亩。其中，个旧市0.26万亩、开远市0.6万亩、蒙自市0.1万亩、屏边县0.5万亩、建水县0.7万亩、弥勒市1.7万亩、泸西县0.85万亩、元阳县2万亩、红河县2万亩、金平县1万亩、绿春县3.3万亩、河口县0.06万亩。从整体来看，退耕兑现脱贫效果明显。

（三）林业产业促脱贫

近年来，在州委、州政府的高度重视和大力支持下，州林业局强化抓点示范，开展督查检查，加强技术培训和技术指导，抓基地建园、抓综合科管、抓加工营销、抓品牌打造，全面推进以核桃等为重点的经济林提质增效工作，积极引导干部群众更新思想观念，实施科学管理，促进增产增收。目前，全州涉林企业已达到508个，涉林企业总资产26.5亿元，培育和引进的省级以上林业龙头企业达25个。林业产业逐步形成了州北部以核桃、桉树、油茶、林果为主，南部以桤木、杉木、橡胶、棕榈、八角叶及林下资源等为主的多个产业带和产业群。其中，核桃、橡胶、林果等产业发展规模超过了100万亩，核桃、桉树、竹子、橡胶、草果、棕榈、石榴等产业的产值均超过了1亿元。以石榴、枇杷、杨梅、樱桃、棕榈等为主的经济果木林成为全省最大的林果产区；100多万亩橡胶成为全省主要的橡胶产区；70多万亩草果成为全国最大的草果产区；近30万亩棕榈成为全国主要的棕榈产区。林业总产值达135亿元，林业产业可利用资源面积已达到1000万亩以上，用材林500万亩，经济林520万亩，实现农民人均4亩以上特色林，农民从林业获得的人均收入达到1500元以上。覆盖全州60%以上的建档立卡贫困户，惠及贫困人口近35万人。2017年，全州投资1500万元，实施核桃、油茶等经济林基地建设及提质增效共13.75万亩，其中核桃6.3万亩、油茶2.78万亩、澳洲坚果0.51万亩、其他经济林4.16万亩；发展林下中药材6000亩；以种植、养殖、相关产品采集加工和森林景观利用为主的林下经济项目共带动3577户建档立卡贫困户实现增收767万元，户均增收2100元。

（四）选聘生态护林员促脱贫

生态护林员是贯彻落实《中共中央 国务院关于打赢脱贫攻坚战的决定》中“利用生态补偿和生态保护工程资金使当地有劳动能力的部分贫困人口转为护林员等生态保护人员”要求，直接增加贫困户工资收入的惠民之举，是林业精准脱贫的重要举措。州林业局抓住国家出台生态护林员政策的机遇，积极向省林业厅等相关部门争取生态护林员指标，2017 年省级财政安排新增生态护林员资金 1283 万元，全州共落实建档立卡贫困人口生态护林员 1562 名，新增管护面积 38.8 万亩。其中，金平县补助资金 782 万元，新增生态护林员 977 名，新增管护面积 294116 亩；绿春县补助资金 337 万元，新增生态护林员 421 名，新增的生态护林员充实原有的管护面积；河口县补助资金 164 万元，新增生态护林员 164 名，新增管护面积 93856 亩。全州累计选聘生态护林员 3011 名（每个岗位每年补助 8000～10000 元），投入补助资金 2443 万元，按每户 4 人算，使 12044 人脱离贫困，实现“一人护林、全家脱贫”的目标。

（五）林权流转促脱贫

全州集体林权制度改革确权发证 2062.12 万亩，户均占有林地近 40 亩，林地成为农民家庭固定资产的重要组成部分。尤其是深化集体林权制度改革，林地流转和林权抵押贷款解决了林地变现难、贫困人口发展产业缺乏资金的制约瓶颈，为贫困户发展脱贫产业提供了资金来源。目前，全州林权（林木权）抵押面积达 57.29 万亩，累计发放林权（林木权）抵押贷款 116713.77 万元，其中林木权抵押贷款 3010 万元，农户贷款金额 84258.65 万元。林权抵押贷款涉及农户 2522 户、10088 人。流转林地 89.52 万亩，流转金额 4.275 亿元，涉及农户 72.32 万户，其中贫困户 36.16 万户，林地流转户户均年增收 500 元以上；林地流转为贫困户脱贫提供了发展资金、注入了发展活力。

（六）包村扶贫促脱贫

2016 年以来，州林业局包村扶贫工作调整到绿春县平河镇略马村、车里村、东哈村 3 个村委会后，局党组高度重视，多次召开会议研究部署挂钩包村扶贫工作，成立了由局长任组长、局班子成员任副组长、各科室单位主要负责同志为成员的脱贫攻坚领导小组，专门设立了脱贫攻坚办公室，先后派驻了 2 批驻村脱贫攻坚工作队，先后抽调 42 名干部长期蹲点，落实挂包帮扶工作。先后组织开展了摸底调查，制定了挂包帮扶村扶贫实施方案、年度计划、项目建设方案、工作队职责等一系列管理制度和办法，做到了制度办法、工作职责、包抓任务上墙公示，明白清楚，一目了然。同时，强化党建引领，细化落实了局挂包帮扶村、机关科室单位挂包帮扶组、党员干部挂包帮扶贫困户的工作机制，层层夯实挂包帮扶工作责任。在具体工作落实中，重点突出项目争取、产业扶持、基础设施建设、村容村貌整治 4 大重点，州林业局每年整合林业项目资金不低于 300 万元落地实施；每个科室、单位在挂钩村每年安排不低于3万元的项目资金；州局每年为干部职工结对帮扶安排1000元/户的帮扶物资或资金，为每个村委会安排不低于10万元的工作经费；各挂钩干部职工根据挂钩户实际情况自愿配套物资或资金实施扶贫。强化责任落实和督查检查，确保挂包帮扶村扶贫工作任务的全面完成。红河州林业局先后争取生态效益补偿、林下经济发展、退耕还林、文化广场修建、人畜饮水工程、通村道路建设工程等挂包帮扶项目资金3000多万元。目前，村级文化广场、人畜饮水工程、通村道路改造、工作队办公用房和厨房改造等建设任务基本完成。同时，实施森林抚育33213.9亩，投入资金265.7112万元；实施新一轮退耕还林7000亩，投入资金350万元；实施生态公益林补助金43.95万元；安装太阳能热水器217台21.7万元，成品灶1187套41.545万元；实施防火通道建设5000米10万元；实施低效林改造1.2万亩96万元；实施造林补贴2000亩40万元；实施木本油料提质增效2000亩16万元；实施苗圃建设15亩30万元。在建档立卡贫困人口中提供生态护林员岗位151个，共投入补助资金134万元。发放板蓝根8万余千克、杉木苗近288万株、砂仁苗68万余株、杨梅苗8185株、木棉花苗3万株，共投资232.74万元。成立了砂仁、橡胶、养殖、中药材等产业合作社3个，入社群众234户，吸纳建档立卡贫困户182户。①

林地占红河州接近60%的面积，对红河州来说有着尤为重要的地位，而贫困人口往往居住在山林之间，充分发展林业脱贫是完全符合当地基础条件的，林业脱贫可以对绝大部分的贫困人口产生帮扶作用，并迅速减少贫困人口，这对于贫困县的摘帽有着巨大贡献。

（七）平河镇林业脱贫实施项目

1. 森林抚育项目

实施以杉木林等商品林为主的森林抚育项目2.922万亩，补贴补助到位资金239.36万元。其中略马村15545亩，补贴补助资金124.36万元；东哈村11707亩，补贴补助资金93.656万元；车里村2667亩，补贴补助资金21.336万元。

2. 新一轮退耕还林项目

在平河镇实施新一轮退耕还林项目1.3万亩。其中在挂钩帮扶的车里村实施7000亩，已完成第一年补助资金350万元；在挂钩帮扶的略马村实施2000亩，已完成第一年补助资金100万元。

① 数据来源：红河哈尼族彝族自治州统计局。

3. 低效林改造项目

实施低效林改造项目 1.1 万亩，兑现补贴补助到位资金 88 万元。其中略马村 1821 亩，补贴补助资金 14.56 万元；东哈村 5471 亩，补贴补助资金 43.76 万元；车里村 3603 亩，补贴补助资金 37.66 万元。

4. 集体生态公益林项目

实施生态公益林补助金 43.95 万元。其中东哈村 11.078 万元，涉及 249 户；略马村 13.158 万元，涉及 453 户；车里村 19.714 万元，涉及 444 户。

5. 苗圃建设项目

在略马村实施苗圃建设 15 亩，投入资金 30 万元。

6. 其他林业产业项目

共投入补助 203 万元。其中，在车里村实施砂仁项目 20 万株，补助 4 万元；在东哈村实施砂仁项目 35 万株，补助 10.05 万元；在略马村实施示范林基地补植补造项目 2011 亩，补助 5.2 万元；在略马村实施澳洲坚果补助项目 3.1 万株，补助 51 万元；在东哈村实施杉木种植补助项目 78 万株，补助 15.6 万元；在车里村实施杉木种植补助项目 114 万株，补助 22.8 万元；在略马村实施杉木种植补助项目 10 万株，补助 2 万元；在车里村、略马村共实施妃子笑荔枝种植补助项目 200 株，补助 4000 元；在 3 个村共发放杨梅苗 8185 株，补助 13.5 万元，木棉花苗 3 万株，补助 54 万元；在略马村发放猪、鸡、化肥、石棉瓦、空心砖等，投资 9.6 万元；在车里村发放小猪 66 头，投资 6.6 万元；在东哈村发放农药化肥 7.8 万元。以上项目已全面完成实施。

7. 生态护林员项目

在全镇实施生态护林员项目 149 户，每年以人均不低于 0.8 万元、不高于 1 万元的标准按月发放 149 名生态护林员补助资金 119.2 万元，使 600 人脱离贫困，实现“一人护林、全家脱贫”的目标。其中，略马村 15 户，补助资金 12 万元；东哈村 13 户，补助资金 10.4 万元；车里村委会 14 户，补助资金 11.2 万元。

四、红河州林业扶贫面临的挑战与对策

（一）红河州林业扶贫面临的挑战

林业扶贫存在的最大问题是前期投入大，如果缺乏政府支持，则很难启动。如大规模国土绿化行动，需要中央和地方财政长期大量的投入，而拨给林业的款项相

较于农业、制造业等比重偏低。见效周期长也是林业扶贫的特点，很多贫困户因主观和客观等多种因素，看不到眼前的利益便望而却步，给扶贫工作带来一定困难。总结过去的扶贫工作，具体存在以下 5 个方面的问题。

第一，生态补偿是目前红河州林业扶贫的主要方式，主要包括重点生态工程的补贴及生态护林员工资，但补偿标准总体偏低，未能做到因区位定标准。例如，云南省大部分属石漠化片区，进行治理时，立地条件较好的石头山间采用人工挖塘填泥的方式，而立地条件较差的地段需要爆破整地。每塘用半筒炸药进行爆破，挖成树塘后再填上泥土种上袋苗，进行小块状混交，并由有经验的技术员进行监督，指导造林，确保造林成活率。这种“爆破 + 客土造林”的方法在石漠化片区适用性很高，但每 1 公顷成本约 1.5 万元，仅靠国家造林补贴很难维持推广。林业属于第一产业，多数贫困地区仍采用传统的生产模式，林业产业化水平低、产品附加值低。要把贫困地区丰富的林业资源转化为扶贫资源，资金、技术、市场等问题仍是最主要的制约因素。林区水、电、道路等基础设施的改善需要资金，林业产业的发展同样需要资金，而贫困地区财政资金能力有限，中央、各级政府的扶持资金很难满足贫困地区林业产业发展的需要。

第二，目前扶贫探索更多关注的是路径机制，重点放在如何脱贫上，而对因何致贫关注较少。建档立卡可以解决一部分问题，但要真正做到精准，需要下更多的功夫。且针对老、弱、病、残的贫困人口，只依靠低保兜底，不是长久之计。再如一些家庭依靠生态护林员脱贫，但一旦其不能胜任护林员的工作，全家都将面临返贫的风险。

第三，林业自身发展问题。首先，林业发展周期长、见效慢。众所周知，林业生产周期具有层次性、阶段性和复杂性，其发展还受自然环境、气候条件、社会因素等影响，生产经营活动风险性强。其次，林业发展前期投资大，发展资金不足。贫困户在从事林业项目时要充分考虑机会成本，在林业发展过程中会表现出较大的经济依赖性。最后，林业扶贫效益不易评价。林业具有生态、经济、社会等多重效益，而当前经济效益是扶贫效果中较为重要的评价指标，且经济效益的评价指标不易精确设置。

第四，基础设施建设落后，尤其是在发展森林旅游方面，缺乏统一规划，多为小规模开发。一些区县热衷于森林栈道建设，但栈道存在下雨后湿滑、缺乏安全措施，甚至破坏生态等问题，景区交通、住宿、餐饮等配套设施跟不上游客需求，存在管理制度不完善、缺乏专业管理人员的现象。

第五，扶贫人才队伍建设不足。多数贫困地区自然条件恶劣、生活条件艰苦、交通条件不利，许多林业专业人才不愿意到这些地方进行林业产业的开发，先进的林业生产技术无法在贫困地区得到推广。同时，由于当地政府缺乏相应的人才激励政策，常常出现难留人才的问题，导致林业扶贫队伍整体素质偏低。当前，贫困人口获取林业生产科技知识的手段主要还是传统经验的积累，无法接收到最先进的科学技术。这严重制约林业生产的发展，从而影响林业扶贫的效果。

（二）进一步推进红河州林业扶贫的对策

林业具有生态、经济、社会等多重效益，发展林业是贫困地区实现脱贫致富的重要途径。针对上述红河州林业扶贫遇到的挑战，可以从创新林业扶贫模式、开展林业扶贫风险研究、完善林业扶贫效果研究等方面找出相应的对策。

1. 创新林业扶贫模式研究

结合目前红河州已有的林业扶贫模式，多数贫困地区选择了林业生态、林业产业、林业科技、林业工程等传统的林业扶贫模式，这些模式过于同质化，有些模式并不适用于当地的社会经济环境，缺乏一定的创新。当前，互联网科技发展迅速，扶贫与互联网相结合已成为大势所趋。中央网信办、国家发展改革委、国务院扶贫办2016年10月联合印发的《网络扶贫行动计划》，要求贯彻落实习近平总书记关于要实施网络扶贫行动的重要指示精神，充分发挥互联网在助推脱贫攻坚中的重要作用，推进精准扶贫、精准脱贫。因此，林业扶贫可以与“互联网＋”结合，以互联网推动林业精准扶贫，从而提高林业扶贫政策和资源精准性，切实转变林业扶贫的管理方式。此外，开展“互联网＋电商”扶贫，实现“线上”和“线下”相结合，将有效解决林产品滞销的问题，拓展特色林产品、民族旅游工艺品等产品的销售渠道，帮助贫困群众树立品牌效应，提升林产品价值，实现林业精准扶贫。

2. 开展林业扶贫风险研究

林业扶贫在改善自然生态环境、促进农民增收致富、构筑国土安全等方面具有很多优点，但同样不可否认的是，林业扶贫过程中同样存在生态、技术、市场、信息、政策、效益等潜在的以及无法规避的风险。以效益风险为例，林业生产周期长，前期投资大，加工成本高，并且产品生长受自然环境的影响较大，具有较多的不可抗拒和不可控制的因素，因此，林业扶贫比其他类型的产业扶贫的效益低，存在一定的效益风险，如果不能很好地预防和控制，不但起不到扶贫应有的效益，而且会造成贫困群众经济上的损失，导致他们失去发展林业产业的信心，进而影响林业扶贫的整体进程。除此之外，市场信息不对称、产品价格不稳定、相关政策多变性等风险也会影响林业扶贫的结果。而现有文献很少提到林业扶贫过程中可能遇到的风险问题，因此，学术界应当加强对林业扶贫风险的相关研究，系统分析林业扶贫过程中可能遇到的风险，探讨预防和规避相关风险的有效路径，从而减少林业扶贫的经济损失，提高林业扶贫的效益，真正帮助贫困群众摆脱贫困的局面。

3. 完善林业扶贫效果研究

林业发展是否真正增加了贫困群众的经济收入，改善了贫困地区的生态环境？林业扶贫之后贫困群众生产生活发生了什么变化？林业扶贫的经济效益、社会效益以及生态效益到底如何？这不仅是政府和林业等相关部门需要考虑的问题，更应该是学术界关注的问题。但目前，多数学者仅仅通过实地观察或简单访谈用自己的主观感受分析林业扶贫的效果，即使有定量分析，也只是对一些基本数据的整理比较，通过收入提高等论证林业发展给贫困群众带来了经济效益，而没有考虑发展林业的资金投入以及机会成本，使得分析结果主观性太强，缺乏说服力，也会使得政府的一些林业扶贫项目缺少评价依据。中共中央办公厅、国务院办公厅《关于创新机制扎实推进农村扶贫开发工作的意见》强调应研究建立重点县退出机制，建立扶贫开发效果评估体系。因此，在进一步研究中，一方面，要采用定量和定性分析相结合的方法，在定性分析的基础上，使用恰当的计量统计方法对数据进行分析或采用相应的效益分析法，如数据包络分析法（DEA）进行评价，增强评价结果的数据支撑，提高研究结果的科学性。另一方面，将林业扶贫与其他扶贫模式进行比较分析，只有通过综合比较，才能真正评价林业扶贫的效果，从而发现林业扶贫中存在的问题与不足，为制定林业扶贫的政策建议提供理论依据。

五、林业扶贫模式案例启示与推广价值

（一）苹果产业扶贫经验

苹果产业是山区贫困人口脱贫致富的重要产业之一，其作为云南省红河州近些年发展起来的区域特色新兴产业，在亚热带高海拔山区农民增收、农业增效中发挥着越来越重要的作用。目前，苹果产业已成为红河州高海拔贫困山区精准扶贫的重要产业。

红河州位于云南省南部，属亚热带高原季风气候。在中部、北部海拔 1800 ~ 2300 米的高山地区，年平均气温 11℃ ~ 13℃，最冷月平均气温在 7.3℃ ~ 15.2℃，最热月平均气温在 19.8℃ ~ 27.7℃。年平均日照时数 2300 小时，年平均降雨量为 800 ~ 1200 毫米，光热资源丰富，是优质早熟苹果的适生区。目前，辖区内的蒙自、个旧、建水、开远、石屏、泸西等县市海拔 2000 ~ 2200 米的喀斯特熔岩山区都种植

着苹果。截至 2015 年，全州种植面积约为 11.3 万亩，产量 7000 吨，产值约 6500 万元，并继续以每年新增 5000 亩左右的速度发展，到 2020 年面积会达到 15 万亩。

当然，由于发展历史短、认识不到位等，苹果产业扶贫也暴露出一些问题。例如，生态适应性的问题。各地在引进种植推广过程中，缺乏对品种生态适应性的认识，盲目轻信外地苗木生产户的广告宣传，引进了一些不太适应当地生态特点的品种，产量和品质难以得到保证，预期的效益也就无法实现。又如，健康种苗供应问题。在调运过程中，由于缺乏足够的专业知识，对品种的纯度和苗木质量难以辨别，将一些不适应的品种和危险性病虫害引了进来，苹果轮纹病、腐烂病、苹果棉蚜、炭疽叶枯病在局部地区蔓延。再如，技术储备与服务问题。当地原有的技术推广队伍缺乏这方面的技术储备，无论是对品种选择、栽培模式还是对病虫害防控、整形修剪、肥水管理都缺乏系统的了解，对生产的指导也就无从谈起。果园抵御自然灾害的能力有限，大部分果园仍属于典型的雨养果业，冬春干旱、春季霜害、雹灾等自然灾害时刻威胁着产业的发展。

针对这些问题，应综合考虑解决对策，抓住问题本质，这样对全州的果林产业扶贫才能有重要帮助。首先，应认真做好区域发展规划。苹果是典型的温带落叶果树，对环境条件有一些特殊的要求，不能简单地根据海拔这一单一指标盲目种植，要在综合分析苹果生产所需的环境条件是否被满足的基础上，充分考虑规划区域和品种的生态适应性，提出产业区域发展规划，进一步调优品种结构，加大中早熟品种推广，逐步推进落实“一村一品”发展战略，不可一哄而上，避免盲目性造成的损失。

其次，应强化基层专业技术人员知识更新培训。依托国家苹果产业技术体系昭通综合试验站和云南省农科院温带水果产业技术省级研发团队的研发力量，通过“请进来、送出去”等多种方式，重点在栽培制度建立、病虫害综合防控、水肥管理、整形修剪等苹果园管理环节，强化对县乡基层一线果树专业技术人员知识更新培训，构建省、州、县、乡、村 5 级联动的培训机制，加快新品种、新技术推广应用步伐。

再次，应系统开展现代苹果种植新模式的研究与示范。目前，多数果园栽培仍以传统的乔砧密植为主，管理难、结果晚、产量低、投资回报期长、要求技术管理水平高，但果品产量、品质得不到保证，难以适应不断增长的劳动力成本与高品质产品生产的需求。因此，加快品种结构调整步伐、加快新旧栽培模式的转换进程，稳步推进简约化栽培技术的推广应用，降低生产成本，进行精品化生产，是提高果品区域价值的唯一选择。

又次，应加快苹果专业合作社培育。培育新型经济合作组织是产业发展的基础。通过“以奖代补”的方式，积极引导主产区农户自发组建苹果生产专业合作社，在种苗生产、农用物资统购供应、病虫害统防统治、采后分级包装等关键环节实行集中管理，实现规模化、标准化、专业化生产，创建区域性品牌并提升其潜在的市场价值，减少因无序生产而产生的低效益，为实现产业的精准扶贫目标提供组织保证。

最后，应加大优生区基础设施投入扶持力度。优质果品的生产离不开良好的水肥管理。由于红河州苹果适生区多集中在交通不便、水利条件落后的山区，90%以上的果园缺乏必要的灌溉条件，受春季干旱的影响，每年的损失都在30%左右。因此，加快基础设施建设和投入就成为促进产业发展的首要任务。通过对优生区基础设施重点扶持投入，提高财政资金精准扶贫的使用效益，促进产业整体素质的提高。

以上几点对于苹果产业带动贫困山区经济发展有巨大作用，我国贫困地区以山区为主，特别在云贵川三省区，贫困县较多，且环境相似，合理发展苹果种植产业对当地经济发展有巨大的推动作用，不仅如此，在全国范围内，不同地区拥有不同的自然资源，结合当地特殊情况，充分发挥区位优势对脱贫产业的发展具有至关重要的作用。

（二）开发干热河谷

红河县利用自身优势，综合开发了30万亩干热河谷土地促进脱贫。热区土面积361.55平方千米，占红河县土地面积的17.82%，主要集中在托萨镇，冬至大黑工曼车，西至大洋街巷大水塘，北临红河，南涉及石头寨、甲寅、宝华、乐育、浪堤、大羊街等6个海拔1200米以下的乡，农业人口约55万人。

红河县红河谷属南亚热带半干旱季风气候，年平均气温19.3℃，年最低气温7℃，年最高气温39.6℃。区域内降雨的季节性较为突出，多年平均降雨量600～850毫米，从4月下旬至9月下旬，雨季降水占全年总量的82%，年均日照总时数2048.3小时，年积温6200℃～6800℃。历年相对湿度81%，全年无霜。

土壤主要有燥红土、冲积土、水稻土等类型，土壤有机质和矿物质含量丰富。而日由于气候炎热，土壤熟化程度高，土壤耕层厚达20～60cm，适宜热区农作物及经济林果生长。

干热河谷是红河县难得的资源，但一直以来干热河谷的土地利用价值都比较低。红河谷热区传统农业以甘蔗、木薯和粮食作物种植为主。近年来，随着国际市场的变化，全国糖价和淀粉价格低迷，坡耕地作物种植产出经济效益低，造成部分土地闲置。红河县亟须进一步完善产业规划，培育新主导产业。

红河州各级政府牢牢把握国家“一带一路”、西部大开发、红河南部热区综合开发机遇，把红河谷热区综合开发作为脱贫攻坚的重大民生工程来推进，规划了30万亩干热河谷土地，通过招商引资，整合产业基地、农业同区、种养大户和龙头企业资源，推行针对性、精准性、实效化扶持，加快现代农业庄园建设，培育有基地、有市场、竞争力强、带动面广的龙头企业，促进产业转型发展。

红河谷30万亩热区综合开发区分为阿底坡、牛多乐、红旗山、大黑公、虎街河5大片区。按照“农业农场化、农民职工化、生产园区化、产品标准化”的农业“新网化”要求，充分挖掘资源优势，努力打造热区产业发展的“绿色品牌”“生态品牌”。应对产品、产业、组织结构进行调整，大力发展种植养殖、科研开发、观光旅游为一体的集约化经营，形成特色鲜明的“现代农场”，开发一批绿色生态、康体休闲、特色鲜明的农家乐旅游项目，使生态农业和观光农业成为红河谷农业新的经济增长点。

以调整产业结构为支撑，按照“因地制宜、突出优势、壮大产业”的原则，坚持“总体综合规划一片，基础设施配套一片，土地流转一片，招商引资一片，经济结构调整一片”的总体思路，整合中央有关农田水利交通建设资金和省、州、县发改、财政、农业、水利、国土、林业、畜牧、扶贫等部门相关资金，主要用于基础设施建设、苗木补助和符合相关政策的补助，按照“统一规划、项目管理、渠道不变、各记其功”的原则，以规划整合项目、项目整合资金，提高综合开发资金的使用效率。

红河县先后建成水库17座，全县有效库容总计4165.58万立方米，共有干、支、斗农渠4347千米，为红河县干热河谷开发保证充足的水源；道路设施完善，2015—2017年改扩建5大片区34条热区开发公路，公路里程274.25千米；电力通信设施完备，热区内电力供应充足，信息网络畅通，区域内均有移动网络信息覆盖，为热区综合开发创造了有利条件。

在政府的主导下，红河县通过招商引资引进一批农业龙头企业进行合作开发。以库博农业发展有限公司为例，流转土地4.1万亩，涉及农户880户，其中贫困户294户。带动就业127户，户均年收入6.3万元以上，基地建成后，预计带动农户700余户，实现就业2800余人。30万亩热区产业建成后，可实现年总产值35亿元，年纯收益20亿元，可提供10多万人的就业岗位。采取“公司+基地+农户+市场”的经营模式，使农户土地得到有效流转，有效提高了土地综合利用价值，增加了农户收入。村民通过劳务派遣进入公司就业，农民变工人，极大地促进农民脱贫致富（李嘎欧，2017）。

(三)“挂包帮，转走访”经验

“挂”是指领导挂点。省、州、县主要领导分别挂钩联系1个以上扶贫开发区，帮助其脱贫。“包”是指部门包村。结合领导挂联点，各级各部门分别挂包1个以上贫困村，帮助其脱贫。“帮”是指干部帮户。各级各部门干部职工在本单位本部门所挂包的贫困村内确定1户以上的贫困户为帮扶对象，帮助其脱贫。“转走访”是指转作风、走基层、遍访贫困村和贫困户。“转走访”的主要任务：一是进村入户开展好遍访活动。帮扶干部要深入村组、深入农户，全面了解贫困户基本情况，准确掌握致贫原因，填写好走访遍访回访问卷。二是研究制订帮扶计划。深入分析贫困群众致贫原因，根据群众发展意愿，结合当地资源优势，制订年度帮扶计划及5年发展规划。落实相关政策的实施情况，推动帮扶项目落地。三是宣传扶贫相关政策。广泛宣传好脱贫攻坚的惠民政策和工作措施，把政策讲清楚、讲透彻，把工作讲细致、讲到位，让群众入耳入脑入心，做到家喻户晓、人人皆知。四是化解矛盾纠纷。深入细致地做好群众工作，加强教育疏导，引导群众依法合理表达诉求，帮助化解矛盾纠纷，变群众上访为干部下访。

综上所述，红河州因地制宜地在林业扶贫方面取得了显著效果，其扶贫模式运行过程中的林业（苹果）产业化模式、对红河干热河谷综合开发模式及其“挂包帮，转走访”扶贫模式等的成功经验和成熟的方式方法，对云南其他州县、贵州、四川、广西、湖南、湖北等森林面积较大、林业资源丰富的地方开展精准扶贫工作，推动当地林农尽早脱贫致富奔小康具有一定的推广意义和实践借鉴价值。

第七章　农垦特色产业扶贫：云南省“江城模式”

党的十八大以来，以习近平同志为核心的党中央把脱贫攻坚工作纳入“五位一体”总体布局和“四个全面”战略布局，并将其作为实现第一个百年奋斗目标的重点任务。党的十九大明确把精准脱贫作为决胜全面建成小康社会必须打好的3大攻坚战之一，作出了新的部署。从脱贫攻坚任务来看，2018—2020年还有3026万农村贫困人口需要脱贫，任务十分艰巨。

云南省结合《中共中央 国务院关于打赢脱贫攻坚三年行动的指导意见》，继续加大产业扶贫力度，深入实施贫困地区特色产业提升工程，因地制宜加快发展对贫困户增收带动作用明显的农产品加工业、特色手工业、休闲农业和乡村旅游，积极培育和推广有市场、有品牌、有效益的特色产品，将贫困地区特色农业项目优先列入优势特色农业提质增效行动计划。2017年，云南省把省级部门预算产业发展资金的60%，共计3.4亿元，拨付给88个贫困县，切实加大产业扶贫投入。推进新型农村合作经济覆盖全部贫困户，出台《关于培育贫困村创业致富带头人的实施意见》，推动全省近2000多户农业龙头企业、3万个农民专业合作社、2500个家庭农场带动贫困户发展产业脱贫，培养贫困村党员致富带头人2.88万名，力争2017年通过发展产业脱贫50万人。各州、市、区、县也紧跟要求加大产业扶贫力度，因地制宜，探索出产业扶贫的有效方法。

江城县集革命老区、少数民族地区与深度贫困地区于一体，贫困面大，贫困程度深，是云南省27个深度贫困县之一。江城县云垦集团及其下属的云胶江城公司，充分发挥集团天然橡胶的产业优势、规模优势、管理优势和科技优势，以“公司+基地+农户+示范+市场”的生产经营方式助力产业脱贫，以“五兵”“三保障”的理念服务脱贫攻坚。农垦特色产业扶贫的“江城模式”对深度贫困县的产业扶贫、贫困人口脱贫和可持续发展具有一定的借鉴意义和参考价值。

一、江城县基本情况

普洱市，云南省辖地级市，位于云南省西南部，东临红河、玉溪，南接西双版纳，西北连临沧，北靠大理、楚雄。普洱市下辖思茅区、宁洱哈尼族彝族自治县、墨江哈尼族自治县、景东彝族自治县、景谷傣族彝族自治县、镇沅彝族哈尼族拉祜族自治县、江城哈尼族彝族自治县（以下简称“江城县”）、孟连傣族拉祜族佤族自治县、澜沧拉祜族自治县、西盟佤族自治县。普洱市有9个少数民族自治县，居住着汉族、哈尼族、彝族、拉祜族、佤族、傣族等14个世居民族，少数民族人口占61%。普洱当地的民族传统节日有佤族木鼓节、拉祜族葫芦节、彝族火把节、傣族泼水节等。2017年，全市实现生产总值624.59亿元，同比增长10.5%。

江城县为云南省普洱市下辖县。李仙江、曼老江、勐野江三江环绕，故名江城。江城县位于云南省南部，与越南、老挝两国相接，边境线长达183千米，是云南省唯一与老挝、越南两国相接的县城。

江城县距普洱市政府驻地思茅区153千米。“老、少、边、穷、山、战、农”7个字集中体现了江城的基本县情。“老”是因为江城县是革命老区，1929年共产党就在江城领导革命斗争；“少”是因为江城县居住着哈尼族、彝族、傣族、瑶族、拉祜族等24种少数民族，少数民族占总人口的81.4%；“边”是因为江城县地处祖国边陲，与越南的奠边省、莱州省和老挝的丰沙里省相接；“穷”是因为贫困面大，贫困程度深，是云南省27个深度贫困县之一，全县有建档立卡贫困户9997户38227人，通过努力，已脱贫19395人，贫困发生率下降到22.53%，截至2017年年末全县有5042户18832人未脱贫，2019年计划脱贫摘帽；“山”是因为全县99.6%是山区；“战”是因为这里曾经是对越自卫反击战战区之一；“农”是因为江城县是典型的农业县，农业人口10.3万人。

二、江城县扶贫攻坚总体状况

（一）着力增强脱贫保障力

一是建立以县委书记和县长为双组长的扶贫开发工作责任制，成立县脱贫摘帽指挥部高位推动工作，制定出台了《江城县十三五脱贫攻坚规划》《江城县产业精准扶贫实施方案》等政策性文件，为脱贫攻坚提供政策保障。二是制定下发了《江城县脱贫攻坚工作问责办法（试行）》《关于深入开展严禁领导干部违规使用扶贫资金专项整治工作实施方案》等相关文件，为脱贫攻坚提供纪律保障。三是成立“扶投”“交投”“农投”“旅投”“城投”等融资平台，多渠道筹集脱贫资金，2016 年至今，全县已累计投入各类扶贫资金 16.51 亿元，为脱贫攻坚提供资金保障。四是编制上报了深度贫困县和 20 个深度贫困村 23.72 亿元的脱贫攻坚项目库，为脱贫攻坚提供了项目保障。

（二）着力夯实脱贫攻坚基础

一是全面启动民房建设。全县共需消除 C 级、D 级危房 12728 户（其中四类人员 10249 户，非四类人员 2479 户）。通过实施“四个一批”工程，到 2018 年年底能消除四类人员 C 级、D 级危房 9753 户。通过易地扶贫搬迁消除一批。2016 年实施 31 个点 955 户已全部竣工；2017 年实施 9 个点 328 户全部主体完工；2018 年计划实施 36 个点 1498 户，现已全部完成土地审查、地勘、地灾、规划、征地等前期工作，其中 22 个集中安置点完成“三通一平”，15 个集中安置点已完成“双点长”公示并进场施工，目前已开工建设 452 户。计划其余安置点 2018 年 3 月底前全面开工，9 月 30 日前主体竣工，12 月 31 日前搬迁入住。通过“46”政策消除一批。全县 2017 年 2 月 28 日前启动实施但未能纳入易地扶贫搬迁整改范围的 69 个集中安置点 2989 户农户建房，按照非建档立卡户户均补助 4 万元、建档立卡户户均补助 6 万元政策执行。通过“补 3 贷 3”政策消除一批。结合全县实际，制定了江城县建房“补 3 贷 3”政策（即拆除重建的政府补助 3 万元，帮助协调贷款 3 万元；修缮加固的户均补助 1.5 万元），集中消除农危房 2116 户。通过四类重点对象 C 级、D 级危房加固消除一批。户均 2 万元加固资金，由乡（镇）按“一户一策”统筹使用，2017 年共消除四类重点对象 C 级、D 级危房 1867 户。

二是全面提升人居环境。村组道路不断完善。完成乡村道路硬化 145.76 千米，新建农村公路 22.6 千米。建制村公路通畅率达 100%，行政村班车通达率 68%。饮水安全不断夯实。完成“五小水利”工程建设 1600 项，新增高效节水灌溉面积 1800 亩。解决农村饮水安全，巩固提升 1.3 万人。能源通信建设有力推进。新建供电线路 298 千米，4253 户农户用电得到改善。加快实施宽带普及提速工程，自然村光纤通达率达 55%。无线网络覆盖面不断扩大，自然村 3G、4G 信号覆盖率达 96%。通信覆盖率和有线网络覆盖率分别达 98% 和 90%。

（三）着力抓实产业扶贫

坚持把发展产业作为贫困群众脱贫摘帽的第一要务，努力培植脱贫内生动力。一是结合江城贫困现状和资源优势制定产业发展规划，研究制定了《江城县澳洲坚果产业发展规划》《江城县草牧业发展规划（2016—2020 年）》等。二是建立完善

“平台公司+银行+企业+合作社+建档立卡户”的增收路径，形成政府支持企业、企业帮扶贫困户的精准脱贫格局。三是初步探索实行“5321”的产业扶贫模式。即每户建档立卡户给予5万元限额的3年期小额贴息贷款发展产业；建档立卡户经认定脱贫出列后每户奖励3000元的产业发展资金；市场主体每带动一户建档立卡户脱贫出列，给予2万元的3年期产业小额贴息贷款；对带动建档立卡户脱贫出列的市场主体，每带动脱贫出列一户给予1000元的奖励资金。四是建立平台，拓宽就业渠道。2016年以来通过就业培训，搭建了县内企业、大户与建档立卡户劳务链接平台，实现16946人次劳动力的就近转移就业，增收5000万元以上，人均增收超过3000元。五是狠抓生态扶贫。认真落实生态补偿政策，全县区划省级以上公益林面积76.65万亩，落实森林生态效益补偿资金7049.94万元，将886名贫困人口转为生态护林员，2016—2017年累计发放工资886万元。落实非天保工程区天然林停伐保护补助政策，全县纳入停伐保护面积132.2万亩，2016—2017年累计兑付补助资金3650.48万元。

（四）着力增强脱贫凝聚力

一是深化“挂包帮”“转走访”工作，建立健全考核评价机制、督查问责机制，努力营造真抓实干的脱贫攻坚氛围。江城县32名县处级实职领导和9名实改非县处级领导挂包7个乡（镇）48个村，实现县处级领导挂乡包村全覆盖；90余家县级部门负责人分片挂包48个行政村；抽调1014名驻村扶贫工作队员，做到每10户贫困户至少有1名工作队员包保；省、市845名干部职工，县、乡1692名干部职工与所有建档立卡户全部挂上钩、结成对，实现“挂包帮”全覆盖。二是夯实沪滇扶贫协作工作。2017年上海市黄浦区对口支援江城县项目8个，援建资金1150万元；2017年宝武集团定点帮扶援建江城县项目3个，援建资金210万元。三是建立“万企帮万村”结对帮扶机制。全县37家企业、2家商会参与32个贫困村结对帮扶，受助贫困人口4022人，为全县脱贫攻坚作出了积极贡献。

（五）着力完善健康扶贫机制

制定出台贯彻落实云南省健康扶贫30条措施实施方案。建档立卡贫困人口参加基本医保个人缴费部分由财政全额补贴，参保率达100%。截至2018年1月，全县累计有5386人次建档立卡贫困人口住院，总费用2420.63万元，其中基本医保报销1649万元、大病医保赔付98.7万元、医疗救助324万元、政府兜底补助118万元，实际报销比例达90%。

（六）着力实施教育扶贫措施

加强“控辍保学”工作，全县义务教育阶段小学辍学率0.45%，控制在国家规定标准范围0.6%以内；初中辍学率1.44%，控制在国家规定的1.8%以内。县域义务教育发展基本均衡，已通过国家评估认定。全面落实教育资助政策，确保各教育阶段建档立卡贫困家庭学生从入学到毕业的全程资助，不让一个学生因家庭经济困难而失学，积极落实国家教育惠民政策。

（七）着力强化社会兜底保障工作

坚决纠正搞平衡“二选一”、对象识别“互斥”的问题，按照农村低保和建档立卡贫困人口各自的识别认定标准、程序，分别把符合条件的对象纳入救济或帮扶范围。贫困对象动态管理时，把建档立卡以外的农村低保对象、特困人口等作为重点；农村低保动态管理时，把因病、因残及其他因临时困难返贫的建档立卡贫困家庭作为重点，符合条件的及时纳入保障对象；对需政府兜底保障才能脱贫的建档立卡贫困人口，尽量往后安排退出；对贫困人口中的“低保”对象、与边境线相邻的一线行政村边民进行定额资助参合。全县建档立卡纳入农村低保对象4320户6728人，其中需政府兜底保障才能脱贫273户723人，全县纳入特困人员供养222户248人。

（八）着力加强宣传教育工作

一是持续开展“自强、诚信、感恩”主题活动。在江城新闻网、“江城发布”微信平台、江城手机报、江城电视台开设专栏宣传；成立县、乡两级宣讲团，深入贫困村组，宣传脱贫攻坚政策，让党的脱贫政策深入人心、家喻户晓。二是健全完善村规民约。逐步建立完善了以脱贫攻坚、感党恩、乡风文明建设、村庄环境卫生治理等为主要内容的村规民约。目前，全县51个村（社区）546个村民小组已结合本村本小组实际制定了村规民约。

三、江城县产业脱贫现状及个案分析

（一）江城县产业扶贫政策导向

发展产业是实现脱贫的根本之策，产业扶贫是脱贫攻坚的重点和难点。党中央、国务院高度重视产业扶贫工作，把产业扶贫摆在“五个一批”的首位。为深入贯彻落实习近平总书记关于产业扶贫和深度贫困地区脱贫攻坚的重要指示精神，云南省全面提升贫困地区的产业竞争力，切实让发展产业成为农民脱贫致富的重要依托，加快由“输血”式扶贫向“造血”式扶贫转变，进一步提升贫困地区群众的自我发展、致富奔小康能力。

云南省始终围绕中央脱贫攻坚的战略部署和精准扶贫、精准脱贫的基本方略，按照云南省第十次党代会的部署要求，把脱贫攻坚作为第一民生，把发展产业、增加贫困户收入作为首要任务，按照“省级作指导、州市负总责、县级抓落实、产业进村、扶持到户”的总要求，坚持特色化、规模化、品牌化的方向，因地制宜、发挥优势、市场导向、遵循产业发展规律、找准优势主导产业。江城县政府、基层组织、社会各界、新型经营主体、普通农户、贫困户合力推进，生产基地、精深加工、品牌培育，培育适宜本县贫困地区发展的特色优势产业，培育能带动贫困户长期稳定增收的新型经营主体，发展壮大农村集体经济，推进新型农村合作经济覆盖建档立卡贫困户，把提高贫困人口自我发展能力摆在重要位置，在培育自主创业思维、增强自我积累能力、提高综合素质上下功夫，努力促进贫困地区产业增效、农民增收，夯实贫困地区自我发展基础，提高贫困群众的自我发展能力。

江城县在产业扶贫中以市场为导向，优选产业；以龙头带动为核心，大力培育和引进新型经营主体；以组织创新为重点，构建贫困户与新型农业经营主体利益联结机制；以先进典型为引领，示范带动贫困地区特色产业发展。到2020年，形成特色产业体系。实现贫困乡镇、贫困村特色产业突出，特色产业增加值显著提升；贫困村有产业、有带动企业、有合作社；贫困户有项目、有技能，户均新增产业收入3000元以上。

（二）江城县产业扶贫具体成效

江城县是云南省27个深度贫困县之一，脱贫攻坚战打响以来，江城县紧紧围绕“两不愁、三保障”目标，深入贯彻落实习近平关于扶贫开发方面的重要思想，把产业扶贫作为精准扶贫、精准脱贫的重要保障和举措，采取“产业拉动、企业带动、组织联动”等方式，多渠道增加贫困群众收入，形成政府支持企业、企业帮扶贫困户的精准脱贫格局。结合资源禀赋，突出产业特色，培育壮大云垦江城橡胶公司、牛洛河茶叶有限公司等一批传统企业，引进中澳农科公司、普庆公司等一批新兴企业，在龙头企业的帮扶下，有力促进江城经济社会发展，带动贫困群众脱贫致富。

1. 龙头企业示范带动，贫困群众产业扶贫“造血”功能不断增强

在一批龙头企业的示范带动下，全县发展橡胶、坚果、茶叶、香蕉、生物药业等各类产业总面积超过100万亩，农村人口人均拥有产业面积达10亩，建档立卡贫困人口人均产业达3亩，实现户户有增收项目、人人有脱贫门路的目标。出台产业扶持政策，加大资金支持，扶持壮大龙头企业，切实做到“一个产业有一个龙头企业带动”，产业扶贫“造血”功能不断增强。例如，牛洛河茶叶有限公司作为茶叶

龙头企业，建成优质茶园2.3万亩，辐射周边建档立卡贫困户806户2660人参与产业发展，2017年共收购鲜叶10350吨，平均价格为3.2元/千克，支付鲜叶款3312万元，户均收益19480元，涉及建档立卡户571户2200人。在企业的带领下，全县发展茶产业面积达17万亩，产值达2.8亿元，覆盖建档立卡贫困人口6797户23942人。江城中澳农科公司作为坚果产业龙头企业，在江城建成5个集中连片澳洲坚果种植基地和1个育苗基地，种植面积达2.9万亩，其中嘎勒基地种植面积达1.6万亩，被认定为全球最大的澳洲坚果单体连片种植基地。在企业的带动下，全县发展澳洲坚果种植面积达18.5万亩，规模化种植面积达9.5万亩，带动全县11580户群众种植9万亩，涉及建档立卡户2700户11200人、种植面积22528亩。

2. 盘活资产，保障贫困群众收入持续增长

江城县引进龙头企业，租赁土地，规模化流转、集约化发展，变土地资源为资产，通过租金保障贫困群众持续稳定增收。例如，牛洛河茶叶有限公司租赁村集体和375户农户土地共4万亩，2017年共支付租金48万元，其中涉及建档立卡户151户555人，每户年土地租金收益约1280元。江城中澳农科公司流转农户闲置林地10万余亩，涉及15个村27个村民小组1228户4852人，其中建档立卡贫困户414户1584人，累计向各村民小组支付租金6000余万元，户均收益4.8万元。创新合作模式，江城中澳农科公司在勐烈镇大寨村民小组的澳洲坚果种植基地，114户村民以4200亩荒山荒地入股合作，涉及建档立卡贫困户36户，收益按三七分成。预计该基地达到盛果期后，每年向群众分配利润达800万元，户均年分红收入将达7万元，建档立卡贫困户长期稳定脱贫有保障。普庆农业公司作为新引进的沃柑种植企业，流转土地1.7万亩，涉及3个村3个村民小组147户，一次性支付资金1176万元，户均收益8万元。

3. 增加就业，贫困群众的就业渠道不断拓宽

产业基地规模化发展，龙头企业的发展壮大，为江城提供了大量的就业岗位，增加了贫困群众的就业渠道，为贫困群众持续增收提供了保障。江城县政府的县乡就业服务平台积极与企业对接，依托中介服务企业，加强技能培训，组织贫困群众就近就地就业。例如，普庆公司沃柑基地，固定用工450人，季节性用工500人，全年劳务支出1500万元，人均劳务收入达1.5万元。基地进入盛产期后，用工量还将大幅增长。2017年，基地共接纳建档立卡贫困户务工就业68户272人。

4. 改善设施，贫困群众脱贫致富基础不断夯实

龙头企业在江城发展建设过程中，积极履行社会职责，在企业发展壮大的同时，

通过各种形式回馈社会，参与地方经济社会建设，有力促进了江城基础设施改善和经济社会发展，极大地改善了群众的生产生活条件，扎实做到“驻一方宝地、兴一方产业、富一方百姓、活一方经济”。例如，牛洛河茶业有限公司根据茶叶基地情况就近建设茶叶加工车间，以减少茶农交鲜叶的成本及茶叶鲜叶运输成本，并保证产品质量；建设了22个茶园生产管理队组和12个茶叶加工车间；建设厂间生产道路72千米，覆盖22个生产队1700户7300人；参与茶农危旧房改造554户2115人，涉及建档立卡户306户957人；参与易地扶贫搬迁建设，改善贫困群众住房条件，涉及建档立卡贫困群众516户。

5. 挂钩帮扶，贫困群众直接受益

龙头企业在江城发展过程中，积极响应中央号召参与到脱贫攻坚工作中。例如，江城中澳农科公司累计向基地周边农户赠送澳洲坚果种苗10万株价值200万元，直接资助种植面积5000亩，覆盖建档立卡贫困户83户，向国庆乡哈播村、宝藏镇板河村捐款10万元，对口帮扶建档立卡户建房。

（三）个案分析：云胶江城公司

云南农垦集团作为云南当地的龙头企业，经过20多年的探索，大胆创新产业扶贫模式，打造“公司+基地+农户+示范+市场”发展模式，走出了“兴起一方产业、造福一方百姓、维护一方安定”的精准扶贫之路，为边疆产业扶贫工作提供了有效的模式借鉴。

云南农垦集团旗下的云南天然橡胶产业集团江城有限公司（以下简称“云胶江城公司”）成立于1996年2月28日，属国家二级企业，目前是全国最大的集种植、生产、加工、销售于一体的天然橡胶种植基地，也是云南省农产品加工龙头企业、省级文明单位。公司现有总资产5.1亿元，有橡胶种植总面积12.31万亩，开割10.9万亩，开割率达到95%；有从业人员4345人，在职两级管理人员288人。公司党委下设33个党支部，有党员399名。本部设有15个职能部门，下辖墨江橡胶公司、3个制胶厂和32个生产队，涉及江城县1镇1乡10个村委会52个自然村118个居住点；辐射江城县内个体橡胶33万亩，墨江橡胶有限公司从事原料收购加工和销售，辐射墨江县14个乡镇43个自然村，共30万亩个体橡胶。

作为江城县的对口帮扶单位，云南农垦集团把曲水镇的挂钩扶贫重任放到了在江城县曲水镇扎根的云胶江城公司上，直接对口帮扶，联点到户。公司全面贯彻落实全国全省脱贫攻坚工作总要求，紧紧围绕助力脱贫攻坚，积极履行社会责任，将公司的生产经营活动始终与当地百姓垦地共建、成果共享。公司通过10年荒山开垦，充分发挥出集团天然橡胶的产业优势、规模优势、管理优势和科技优势，以“公司＋基地＋农户＋示范＋市场”的生产经营方式助力产业脱贫，以“五兵”“三保障”的理念服务脱贫攻坚。

1. 坚持“造血”而不是“输血”

云胶江城公司在国企深化改革中稳步求进，如今已成为全国最大的集种植、生产、加工、销售于一体的国有天然橡胶产业基地，是云南省农产品加工龙头企业，成为天然橡胶产业发展的“排头兵”。公司紧紧围绕云南省脱贫攻坚总体要求部署，在产业带动、技术服务、市场渠道开拓、品牌打造等方面下功夫，解决了当地有产业无品牌、有企业无龙头的问题，形成了打造产业链、实施产业扶贫的“江城模式”。云胶江城公司入驻江城县以来，公司的橡胶产业带动江城县4个乡镇种植个体橡胶近50万亩。公司积极组织开展割胶技术、病虫害防治等义务培训，累计培训54307人次。橡胶产业解决了江城县1/4的劳动力就业，且产业收入是茶叶的2倍、咖啡的4倍，真正成为江城县的绿色支柱产业，当地社会经济发生了翻天覆地的变化，百姓生活和收入实现了质与量的根本改变。曲水镇农村经济总收入从1996年的481.93万元增长到2017年的4743.31万元，增长了8.8倍；农民人均纯收入从286元增长到12954.5元，增长了44.3倍。收购橡胶原料也是公司产业扶贫的一项举措，2010年，公司成立了外胶收购部门，专项负责胶区的个体私胶原料收购，截至目前，共支付个体私胶原料款15104.58万元。其中，2017年收购干胶3771.19吨，支付收购资金4320万元，涉及建档立卡户364户，支付外胶原料款77.53万元，户均收入2130元。如今的曲水镇，万亩荒山变胶林，成为当地人的“绿色银行”。云胶江城公司在橡胶产业发展扶贫中是当之无愧的“排头兵”。

2. 深化土地租金扶贫

在土地租金扶贫方面，公司始终坚持“驻一方宝地、兴一方产业、富一方百姓、活一方经济”。随着天然橡胶产业的发展，公司坚持随行就市、成果共享，保障并不断增加当地农户收入。在当地租赁的12.31万亩土地，土地租金不断提高，从1996年的1元/亩提高到按每亩5千克干胶的市场价核算支付，租金最高时达到149.27元/亩。无论市场形势多么严峻，公司每年都按时兑付土地租金，22年来累计兑付土地租金1.18亿元，已成为当地百姓的一项重要且稳定的收入。多年来，公司对当地在资金扶持上作出了积极的贡献，仅2017年支付给建档立卡户的资金就达388.91万元，其中土地租金320.29万元，涉及1338人，人均增收2393.8元，占建档立卡户人均年收入的40%。2017年支付37个村民小组247.55万元集体土地租金，助推各村民小组发展集体经济。“有公司这座‘泰山’在，我们就不怕，土地租金每年都会按时发。”——这是当地百姓的话。公司通过土地租金扶贫为农户的稳定生活提供了保障。

3. 垦地共建

22 年来，云胶江城公司多渠道寻求国家项目资金支持并强化自筹资金投入，在曲水镇累计投入资金 24099.16 万元。修通了 523.74 千米林间路；修建主干道 404.88 千米等基础设施，覆盖整个曲水镇的 7 个村民委员会，其中水泥路 103.43 千米、砂石路 301.45 千米，受益建档立卡户 620 户；架设饮（引）水管道 230.4 千米，修建蓄水池 96 个，受益建档立卡户 465 户；架设电路 136.21 千米，受益建档立卡户 389 户；架设避雷塔 97 座，受益建档立卡户 210 户；修建生产队文化活动室 31 个、综合办公楼 1 栋、职工之家 1 栋，受益建档立卡户 355 户；修建收胶站 33 个，受益建档立卡户 364 户；修建平板大桥 8 座、石拱桥 7 座、水中桥 4 座、吊桥 2 座、简易桥 1 座、大小涵洞 575 个，受益建档立卡户 665 户。截至 2017 年年底，建设 55 个住宅地点及各生产队安居工程附属设施，建设永久性安居房 2903 套。危房改造共投入资金 43714.81 万元，其中专项资金 4212 万元、公司补助 458.1 万元。大部分员工住进了永久性楼房，环境建设“净化、亮化、绿化、美化”的“四化”工程落实到位。当地百姓和公司员工从事着农民的职业，享受着居民的生活，真正实现了安居乐业、安居兴业、安居稳业。

4. 派选工作组进行科技人才扶贫

按照省委组织部、扶贫办的工作部署，云南农垦集团向曲水镇派驻科技副乡长，截至目前，共派出 6 人次。2011 年开始，集团选派业务精、作风硬的工作人员组成新农村工作组，到江城县各乡镇担任新农村指导员，截至 2018 年，共派出 2 名集团中层副职领导担任副总队长、江城县副县长，累计派出新农村指导员 51 名，共出资 1350.33 万元投入挂钩扶贫工作。公司被先后表彰为“十一五”挂钩扶贫兴边富民工作先进集体、新农村建设指导员“先进派出单位”，有 6 名指导员被表彰为“优秀新农村指导员”，公司党委书记、董事长杨友华被表彰为全省脱贫攻坚先进个人。

同时，按照脱贫攻坚工作要求，云胶江城公司本部职工扎实做好“挂包帮”“转走访”工作，根据挂钩户实际情况，积极寻求脱贫办法。针对公司本部挂钩的 132 户 369 人，累计走访 2460 次，协助 69 户挂钩户发展种植和养殖产业，累计投入帮扶资金近 20 万元，2018 年预计脱贫 67 户 220 人。公司将坚决按照省委、省政府的要求，切实履行国有企业的社会担当，全力打赢脱贫攻坚战。

5. 实行挂钩扶贫“一对一”

云胶江城公司坚持省市县和集团对精准扶贫、精准脱贫的总部署总要求，强化责任落实，逐级落实攻坚措施，形成层层联系、环环相扣的责任链和任务链，在消除建档立卡户工作中结合公司和当地实际，量体裁衣制定了消除建档立卡户的“三保障”——“一个带动有保障、两个稳定有保障、三个不返贫有保障”。

“一个带动有保障”，就是坚决带动建档立卡户发展天然橡胶产业有保障。曲水镇968户建档立卡户共3387名贫困人口，累计种植天然橡胶20463亩。橡胶正值投产却遇到持续低迷的市场，连续几年跌破成本价，云胶江城公司为稳定胶农收入，确保橡胶产业可持续发展，始终按照市场价格收购百姓的个体私胶。此外，公司还租赁当地12.31万亩土地种植天然橡胶，将50%的管理岗位承包给曲水镇当地百姓管理，公司4535名从业人员中，曲水镇当地人有2268名。公司橡胶投产至今，共支付员工胶乳款近6亿元，其中，2017年支付7828.73万元，涉及建档立卡户229人。橡胶产业收入成为曲水镇百姓的核心收入。

“两个稳定有保障”，就是坚决稳定建档立卡户土地租金和价格补贴有保障。无论市场形势如何严峻，云胶江城公司宁可推迟发放干部工资、暂缓其他建设，每年也都会按照《“4·4”会议纪要》按时兑现土地租金。曲水镇888户建档立卡户共1338人在公司领取土地租金，2014—2018年共发放土地租金1296.88万元，人均年收入2423元。2015年开始，由于橡胶市场价格持续低迷，公司实行全乳胶10500元/吨保底兑付，同时实行“3·4·5”价格补贴措施，对员工实行价格保护。实行价格补贴以来，共补贴员工1228.5万元，其中，对公司230户建档立卡户（代割岗位户主不受益）补贴34.07万元，户均年补贴493.8元。2017年补贴63944.81元，户均补贴278.02元。在公司领取土地租金和参加管理岗位的建档立卡户，仅以上2项人均年收入2916.8元，基本达到江城县经济收入脱贫标准。“两个稳定有保障”是曲水镇打赢脱贫攻坚战的根基。

“三个不返贫有保障”，即坚决确保建档立卡户的养老保险、意外伤害保险和“期货+保险”。脱贫攻坚战是一场持久战，确保建档立卡户不返贫是打赢脱贫攻坚战的根本标准。2014年至今，云胶江城公司共出资148万元为公司107名符合条件的建档立卡员工购买了个体工商养老保险，确保老有所养、老有所依；出资24.2万元为257名符合条件的建档立卡员工购买了意外伤害保险，已获得赔付25570元，确保建档立卡员工发生意外伤害治疗有保障；2017年开始，出资6.2万元积极推进“期货+保险工作”，全年“期货+保险”理赔53.3万元，其中，355户建档立卡户获理赔72775元，户均205元。脱贫是攻坚战，不返贫是持久战，云胶江城公司

“三个不返贫保障”是曲水镇打赢脱贫攻坚战的后勤保障。

四、江城县产业扶贫过程中存在的问题及对策

（一）江城县产业扶贫存在的问题

经过前期调查了解发现，从云南省地方产业扶贫，具体到普洱市及江城县，共性及个性的产业扶贫存在的问题大致如下。

1. 扶贫产业支撑体系仍不健全

部分地区产业扶贫项目向贫困户聚焦力度不够。特色产业发展总体水平不高，产业链上的加工、储藏、流通等环节发展滞后，产业组织化、规模化程度低，特色不“特”、优势不“优”，产业链条短、产品附加值低、市场占有率不高，贫困地区丰富独特的资源优势尚未有转化为产业优势、经济优势，对脱贫攻坚的作用尚未充分发挥。

2. 产业扶贫投入方式亟待改进

部分基层领导基于短期内的脱贫打算，不愿把主要精力放在产业扶贫上，更愿意搞易见成效的“短平快”项目。有的领导面对统筹整合的巨额扶贫资金，一般选择修路、盖房等熟悉的项目，而对特色产业扶贫思路不清、办法不多、信心不够、投入不足。部分产业扶贫项目前期准备不足、论证不足，未从全县实际出发统筹安排产业扶贫资金。为规避扶贫资金滞留风险，盲目从乡村收集项目，为花钱而花钱、突击花钱，产业扶贫项目小、随意性大、无序发展严重，一些资金未能真正发挥效用。很多贫困地区产业扶贫手段传统单一，简单采取发放物资和种苗、保底分红等方式，尽管“物资到户”“资金到户”，但最终未实现“效益到户”。此外，尽管在省级层面产业扶贫工作是由农业部门牵头，但基层部门基本无法实质性参与到产业扶贫工作中，产业扶贫的专业性、系统性亟待提高。

3. 新型农业经营主体帮带能力不强

大部分贫困地区缺少实力强、带动面广，特别是加工型、产业链条完整的经营主体，导致呈现出大资源小产出、大基地小加工、大产业小品牌等不利局面。部分地区仍沿袭“一家一户”的单一传统种植养殖方式，新型经营主体与贫困户联动发展的紧密度不高、不系统，多数仍是劳务用工、土地租赁等模式，利益联结不够紧密和稳定，对新型主体带动贫困户脱贫的激励机制不够完善。

4. 产业发展内生动力不足

很多贫困人口的商品经济意识淡薄，自给自足的传统思想观念明显存在，加快

发展的紧迫感、危机感不强。部分贫困户“等靠要”思想严重，没有发展动力，安于现状，靠自身发展脱贫的观念不强。由于1/3的农村劳动力外出务工，留守务农人员老龄化严重，受教育程度不高，劳动力素质普遍偏低，生产经营能力较低，抵御风险和自我发展能力脆弱，部分贫困户脱贫信心和主动发展产业的积极性有待进一步提高。

5. 小微企业发展环境有待改善

大部分贫困县不具有快速发展中大型企业以带动产业发展的条件。站在县域经济产业扶贫发展的角度，小微企业的成长在解决劳动力就业、资源利用、特色产品开发等方面有着积极且快速有效的作用。但因缺乏投资环境、本地领导惯性思维的约束及对商业经济发展缺乏认识和学习，产业扶贫工作的开展被束缚，造成无有效企业投资发展或者企业投资没有真正带动产业扶贫的局面。

6. 产业布局小、散、弱，产业结构不优

江城县龙头企业带动能力较弱，“企带社、社带户”的企业与建档立卡户全方位联动机制难以形成，产业扶贫“造血”功能不足，贫困群众持续增收较难。农业产业技术指导跟不上。新型经营主体与贫困户增收的长效利益联结机制不紧密。

7. 扶贫对象消费不合理

结合前期调查发现，受到产业扶贫的带动，建档立卡贫困户收入有效增加，但收入运用是否得当也切实影响脱贫效果的好坏。一是贫困户没有合理安排消费的意识，封建观念对其收入的支出方向有绝对的影响。二是部分贫困户有赌博、吸毒等行为，导致入不敷出。

（二）江城县产业扶贫的对策建议

一是进一步强化政策指导和运用。加快发展农村合作经济助推脱贫攻坚，为贫困村发展集体经济提供路线图和施工图，为新型农业经营主体对小农户的全面覆盖带动提供支撑。加快资源整合、示范带动，因地制宜发展特色种养业，引导创建“一村一品”专业村，力争培植一批市场潜力大、产业集中度高、区域特色明显、品牌影响力大、附加值高的主导产业和产品。

二是紧密围绕“5321”产业扶贫模式，完善农业合作经济组织，建立风险补偿机制，充分发挥基层党组织、协会组织、群团组织、合作社等的帮扶带动作用，把各方面的力量和贫困户结成脱贫攻坚的“命运共同体”。找准新型市场主体与贫困群众利益联结机制。结合各地实际，加大龙头企业引入力度，拓宽“平台公司+银行+企业+合作社+建档立卡户”的增收途径，巩固政府支持企业、企业帮扶贫困户的精准脱贫格局，提升建档立卡户与公司、企业的利益连结，解决建档立卡贫困户产业增收“散、小、乱”的现象。

三是加大生态补偿实施力度。充分利用退耕还林、公益林补偿、天然林禁伐补偿，公益林管护员、生态护林员等政策，增加建档立卡户的收入。

四是加大产业扶贫队伍建设。紧扣当前产业扶贫工作的严峻形势和重大任务，对产业扶贫干部开展精准培训，努力培养锻造有信念、有思路、有办法、有激情、能战斗的高素质产业扶贫干部队伍，为扎实推进产业扶贫工作提供强有力的人才保障。

五是加强劳动力技能培训，适应产业扶贫新要求。通过加大培训力度、提升培训质量，有针对性地提升建档立卡贫困人口的劳动力技能，增强致富能力。引入优质职业教育资源。拓宽中、高等职业教育口径，让待业在家的青少年群体可以接受职业技术教育，全面提升教育质量。开展“订单式”“点菜式”培训。通过加大与农户对接力度和与经济发达地区的人力资源联系，结合企业需求开展“订单式”“点菜式”培训。实行“一户一策一培训”精准培训、精准帮扶责任制，使每家有一条脱贫门路，确保脱贫培训的针对性和实用性。邀请专家进行专业培训。根据贫困群众的技能提升需求，充分整合省农科院、省农业大学等省内科研院所、高校的专家资源，通过专家“走出去、走下去”、深入田间地头的方式，培养新型职业农民。

六是加强宣传工作力度，做好消费习惯的观念引导。开展移风易俗教育，破除陈规陋习，整合文化宣传力量，多载体多形式宣传，多形式开展扶贫表彰活动，树立先进典型，宣传正能量，重视贫困群众精神“补钙”，激发其脱贫意愿与热情，变“要我脱贫”为“我要脱贫”。从县到乡、到镇、到村的观念灌输，转变贫困户的思想观念，保护贫困户的收入成果。

七是培育扶贫产业中小微企业的创业环境，为扶贫相关产业的小微企业提供金融信贷支持、税收优惠支持。鼓励小微企业发挥作用、解决就业，使小微企业做好大中型企业上下游供应链的服务工作，整体配合推进，发挥企业扶贫的作用。

（三）案例启示

本章中提到的云胶江城公司在自身产业做大做强的同时，充分利用当地的资源优势、地理环境摸索出的产业扶贫模式和理念值得借鉴。

总体而言，公司始终树立良好的经营理念和宗旨，坚持发展为第一要务、民族团结为第一基础、社会稳定为第一责任、改善民生为第一目的、人才为第一资源，实行管理人性化、分配市场化和制度规范化。始终坚持“驻一方宝地、兴一方产业、富一方百姓、活一方经济”，在发展的同时积极履行社会职责、坚持利益共享。公司以特有的“五兵”和“三保障”扎实服务当地，以一系列新思想、新举措助力百姓脱困、助推当地脱贫，最终做到带动当地经济发展、带动贫困群众增收致富，取得了显著的帮扶成效。

首先，企业注重生产资源的保护，通过稳定提升土地租金收入来增加贫困户收入，同时稳定了土地的长期使用，为公司的经营生产提供基础保证。其次，公司正确把握产业扶贫的方向和原则，在企业发展的同时让利于民，为贫困户的增收提供长效保障。再次，为防止返贫，公司通过各种保险保障措施为贫困户解决了后顾之忧。又次，公司加大对当地基础设施建设的投入力度，既为当地带来了便利，也为公司的生产经营提供了质量保证。最后，从领导到员工全员参与扶贫，形成了良好的产业扶贫文化和氛围，同时加大科技人员对当地建设发展的支持，实现了多方共赢，最终共同提升了当地产业扶贫效果。

第八章　拉面产业扶贫：青海省“拉面脱贫产业”

青海省是一个多民族聚居的省份，少数民族人口占全省人口的47%，其中信仰伊斯兰教的回族和撒拉族人口合计约为97万，约占全省总人口的1/5。2016年年底，全省建档立卡贫困人口41.6万，其中穆斯林贫困群众约为6.69万人，占比为16.08%。穆斯林贫困群众是青海省脱贫攻坚的主战场之一。

近年来，青海省大力发展适合穆斯林群众生产生活习惯的民族特色产业，在充分尊重穆斯林群众生产生活风俗习惯和首创精神的基础上，各项引导扶持政策及时跟进，成功找到了一条脱贫攻坚之路。习近平在2016年全国“两会”上专门问到了青海省的“拉面产业”。李克强在中央民族工作会议上指出，青海省通过“拉面产业”促进脱贫致富的做法，走出了一条具有青藏高原民族特色的脱贫攻坚产业发展之路。

据统计，2016年，拉面经济及相关产业营业收入达180亿元，占全国餐饮营业收入27860亿元的0.65%，是省内餐饮营业收入51.1亿元的近2.8倍。拉面经济从业人员只占全省劳务输出人员的15%，而拉面经济收入却占全省劳务收入的1/3，尤其是以劳务增收为主的海东市化隆回族自治县和循化撒拉族自治县，拉面经济收入已占到农民人均纯收入的70%以上，可以说拉面经济收入已成为青海省农民收入的主要组成部分。

拉面经济带动牛羊肉配送、副食品加工配送等其他产业108家，从业人员1217人，年经营性收入约1.7亿元，从业人员年工资性收入0.5亿元，利润0.4亿元。全省在外开办拉面馆后回乡创业的企业达到459家，吸纳就业7456人，年实现销售收入16.3亿元，利润5.1亿元，务工人员年收入达2.6亿元。拉面经济已成为青海省贫困群众脱贫致富最直接、最有效、最快捷的途径。拉面经济作为群众首创、政府引导、市场主导的产业，已形成集原料供应、物流、餐饮、技能培训等于一体的产业链。未来，小小拉面馆将承担起青海省宣传窗口、劳务输出载体和土特产展销窗口的重要作用，进一步直接和间接拉动青海经济。

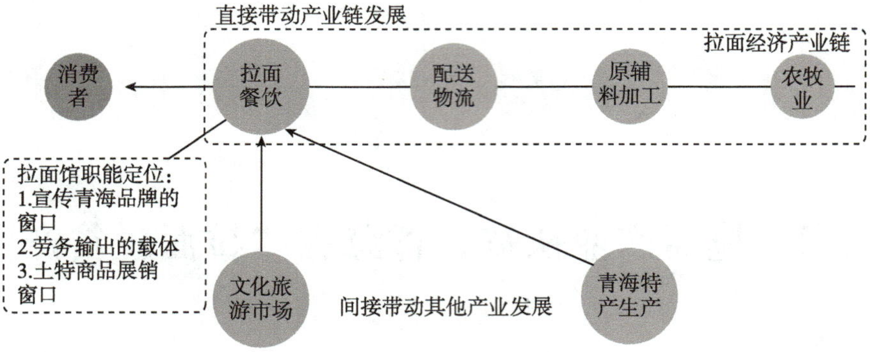

图8－1　拉面经济对青海相关产业的直接与间接带动作用

一、青海拉面产业发展状况

“拉面经济”始于20世纪80年代初，到20世纪90年代以后，在青海化隆人成功经营拉面馆的示范带动作用下，海东地区循化县撒拉族和民和县回族农民先后在北京、上海、大连、天津、杭州等全国80多个城市经营拉面馆。据青海省人力资源和社会保障厅统计，经过30多年的发展，2016年以穆斯林群众为主体的青海人在全国280多个城市开办经营2.9万家拉面馆，年经营收入180亿元，年纯收入45亿元，年工资性收入近40亿元，年转移输出农村富余劳动力18万人次。

青海省海东地区是回族、撒拉族、东乡族和保安族等穆斯林民族相对集中的地区，集中了全省80%以上的农业人口，而其耕地面积仅占青海省耕地总面积的15.93%，人多地少的状况一直制约着农民增收致富和经济发展。近年来，随着海东地区二元经济结构问题的凸显，农村剩余劳动力逐渐增多，有限的耕地资源和就业岗位促使大批抱有致富梦的农民走出家门外出创业。其中，大批穆斯林农民走南闯北开办拉面馆所形成的拉面经济，为海东地区农民脱贫致富找到了一条好路子，为农村剩余劳动力转移开辟了一个新通道，也为海东地区特色经济的形成奠定了基础。

截至2016年年底，海东市群众在全国270多个大中城市开办的拉面店达2.52万家，从业人员16.4万人，拉面经济及相关产业经营收入达111.58亿元，实现利润33.05亿元，从业人员工资性收入36.48亿元。部分拉面店已经发展为拥有若干家连锁店的连锁企业，年收入达百万元甚至千万元以上，其中“循化撒拉人家”“化隆牛肉面”被国家工商总局商标局核准注册，填补了全省无集体商标的空白，也逐步成为全省餐饮业的知名品牌。近年来，海东地区大力发展劳务经济，促进劳务经济由境内输出向境外输出转变，部分拉面经营户走出国门，瞄准国际市场。目前，在马来西亚、新加坡等国的牛肉拉面经营户达450余户。

为扶持拉面经济有序健康发展，青海省各级政府因地制宜、因势利导，出台一系列优惠政策。2017年，为深入贯彻落实习近平总书记“四个扎扎实实”重大要求和省委“四个转变”新思路，坚持以市场主导和政府引导相结合的原则，以促进农牧区劳动力转移就业创业和农牧民增收致富为目标，以提高“青海拉面”经济产业规模和市场竞争力为抓手，紧密结合脱贫攻坚工作，加大政策扶持力度，强化职业技能培训，建立健全服务体系，着力推动“青海拉面”提档扩面升级，努力打造和培育一批具有竞争优势的拉面品牌和龙头企业，树立和提升“青海拉面”的整体形象，引领农牧区富余劳动力积极投身拉面经济，推动全省就业创业工作，青海省人民政府印发了《关于进一步推动青海拉面经济发展促进就业创业实施意见》。

在2017年海东拉面经济发展工作座谈会上，海东市就业服务局以全新的发展理念阐述了今后拉面经济发展新思路，提出了一系列促进拉面经济发展新措施。会上，市就业服务局副局长颜敏传达了市政府主管领导的重要指示，并对2017年拉面经济发展情况作了发言，提出2017年拉面经济坚持以“市场主导、政府引导”为方针，主要进行拉面经济发展五年规划、设计“青海拉面”标识、建立市级拉面经济信息平台、筹备青海（海东）拉面文化艺术节各项工作、筹建拉面经济孵化园等工作。

“十一五”期间，“拉面之乡”化隆回族自治县把推动农村剩余劳动力转移作为促进农民增收、解决“三农”问题的重要举措，围绕“化隆牛肉拉面”品牌，积极组织引导，加强服务管理，加大资金扶持力度和技能培训，不断发展壮大劳务经济，形成了以“拉面经济”为主、其他行业输出为辅的劳务输出格局，推进了全民创业就业、脱贫致富的步伐。

二、通过拉面产业助推脱贫攻坚的青海做法

（一）在岗实训

为鼓励更多的贫困户依托拉面经济实现脱贫，青海省创造性地开启带薪在岗实训模式，每年组织有就业意愿、有劳动能力的建档立卡贫困人员，到拉面店参加带薪在岗实训，实训期间工资由拉面店支付。对实训期满1年且具备相应技能的人员，一次性奖励5000元，对拉面店（含带徒师傅）按实训人数每人给予7000元奖励；第2年继续带薪在岗实训的人员，再给予5000元奖励。实训结束后，农民开办拉面店，吸纳3名以上贫困农民实现稳定就业，政府再奖励1万元及解决部分社保补贴。为了升级模式、吸纳更多贫困农民就业，如果农民创业的拉面店加入青海拉面连锁经营模式，

一次性奖励2万元。对获得“青海省著名商标”称号的拉面馆奖励10万元，对获得“中国驰名商标”“中华老字号”称号的拉面馆奖励50万元。

带薪在岗实训的意义不言而喻。学员带薪培训，保证了学员的收入。在拉面店实训的学员月薪平均在3000元左右，能坚持培训完的学员，凭工资收入就可以实现脱贫。同时，整个培训历时2年，学员在拉面店边工作边学习，主要学习拉面制作技术，同时接受面店运营管理等各方面的实际训练，这对于贫困劳动力掌握技术、树立就业创业新观念具有重要意义。

通过“精准扶贫户+拉面+带薪在岗实训+创业”模式，以全国拉面店为载体，将精准识别的贫困对象从“跑堂”实训成“拉面匠”，待其掌握一技之长后，再扶持成“拉面老板”，带动更多的人实现脱贫致富。对已核查为建档立卡的年龄在18~50周岁的贫困对象，由驻村扶贫工作队和村委会筛选精准贫困户信息上报就业局，就业局将招工的拉面店和贫困人员进行信息对接，确定“拉面老板信息库”，确定贫困对象信息，确定实训单位，并经过1年实训，将其培养成为具有拉面技能合格证书的拉面匠。2017年，青海省共有1418人报名参加带薪在岗实训，其中已签订劳动合同826人，精准帮扶转移就业669人，21户贫困户筹资开设拉面馆实体店。截至2017年年底，仅海东市已有1.28万户、约7.26万贫困人口通过从事“拉面经济”实现脱贫。

专栏8-1　化隆县精准扶贫拉面“带薪在岗实训+创业”实施方案（摘要）

紧紧围绕整体脱贫的目标，以市场为导向，以提高劳动力技能为重点，变以往短期培训为到输入地在岗实训，以全国拉面店为载体，推广“带薪在岗实训+创业”模式，将建档立卡贫困对象（以下简称“贫困对象”）从“跑堂”实训成“拉面匠”，帮助贫困对象掌握一技之长，再扶持成“拉面老板”，促进拉面产业扩面转型发展，积极推进创业就业，实现脱贫致富。

一、“带薪在岗实训”计划

（一）实训计划

1. 实训对象：年龄在18~50周岁的贫困对象。

2. 实训工种：拉面店跑堂、拉面匠。

3. 实训时间：1年。

4. 实训地点：全国各地化隆籍老板开办的拉面实体店。

5. 实训人数：5000人（其中2016年1000人）。

二、扶持开办“扶贫拉面店”计划

（一）扶持对象

1. 参加“带薪在岗实训”的贫困对象均能申请开办“扶贫拉面店”。

2. “带薪在岗实训”期间提前拿到拉面技能合格证书并有条件开办“扶贫拉面店”的。

（二）扶持办法

1. 对有意愿开办拉面店的贫困对象，政府给予“扶贫拉面店”开办扶持资金1万~2万元。

2. 对参加“带薪在岗实训”满1年以上，掌握拉面技能后被银行评定为信用户，并有意愿开办拉面店的贫困对象给予5万元的信用贷款，由县扶贫局给予3年全额贴息。

3. 凡开办的“扶贫拉面店”完成选址，并签订房屋租赁合同或店面转让合同，经所在地驻外办事处确认后，予以发放扶持资金及贴息贷款。

（二）资金投入

青海省从供、产、销产业发展的不同阶段或是同一阶段的不同方面，精耕细作，跨省调研拉面户的经营状况，采取集中授信和分散上门授信2种行之有效的方式，量身定做拉面经营户喜欢的金融产品，充分发挥金融在民族地区经济发展中“血液”的作用。完善综合金融服务，拉面经济中金融助推产品包含但不局限于信贷服务，还将资金供应、资金结算、金融宣传、理财服务等多种服务内容融于一体。

政府鼓励已合格的拉面匠通过自身5年左右的资金积累，加上政府资金和金融扶贫资金贷款支持，开办经营“扶贫拉面店”。以购买服务的方式奖励给拉面店老板提供培训资金5000元；第1年奖励扶贫对象5000元，第2年继续从事拉面产业发展的贫困对象再奖励5000元；对拉面师傅奖励2000元；评定小组每评定1人奖励评审费1000元；拉面电商服务中心每培训管理1名贫困对象奖励培训费1000元；驻村扶贫工作队和村委会每推荐1名贫困对象到拉面店实体店参加“带薪在岗实训”并实现上岗，奖励工作经费500元；驻外办事处每管理1名贫困对象奖励工作经费500元。

专栏8－2 小额贷款和拉面项目贷款助推贫困户开店创业

循化县以扶贫开发小额贷款和拉面项目贷款为金融精准扶贫主要方式，提供5万元以下、3年期以内、基准利率的贷款，并简化信贷程序。2008—2017年，循化县累计筹集担保基金473万元，为4000多户创业人员发放创业贷款4亿元。同时，对个人申请创业小额担保贷款、贷款额度在20万元并按期还本付息的，由就业服务局依据其银行还本还息凭据予以全额贴息；贷款额度在20万元以上的，给予50%的贴息；既减少了信贷风险，又有效破解了贷款投放的难题。

针对大多数拉面经济创业者无营业执照、银行账户现金流量少、提供有效抵押担保难等掣肘着银行贷款准入的现实问题，金融机构适当简化小额担保贷款程序，创造条件为创业者提供信用卡授信支持。凡符合个人征信条例以及贷款、信用卡准入条件的创业者都能够及时办理，加快操作流程。

针对大部分拉面经济创业者资金短缺，尤其在拉面经济提质增量、转型升级中缺少信贷资金的情况，循化县金融机构组织人员赴拉面馆较多的北京、上海、苏州、杭州、厦门等十几个城市进行了广泛调研，详细了解了拉面经营户的金融需求，积极探索金融支持拉面经济发展的新措施和新方法。

截至2017年6月底，循化县拉面经济贷款余额7.08亿元，拉面经济贷款占全县贷款总量的38.6%。农业银行循化县支行通过“银政合作＋政府增信＋协同扶贫”的信用卡授信模式，支持拉面经济经营户2664户，授信总额达到2.7亿元；通过“农行＋政府担保公司＋农民专业合作社＋农户”的“三农”惠民贷款模式支持190户，投放7500万元。邮储银行循化县支行通过“担保公司＋农户”模式支持拉面经济22户，投放582万元。循化县农村信用社通过“农村个人多户联保贷款”“信用村＋农户”等信贷模式支持拉面经济2245户，投放3.58亿元。

化隆县为鼓励农民外出开办拉面馆，加大贷款放贷力度，先后共发放2亿元拉面经济贴息贷款、授权总额度达1.2亿元的“拉面信用卡”，农民群众发展拉面经济的融资难问题迎刃而解。同时，化隆县以高质量拉面人才的输出为原则，“先培训、后输出”，投入1840万元，从职业道德、经营理念等方面入手，培训拉面匠等3.4万人（次），为拉面经济可持续发展提供了可靠的人才保障。

（三）政策扶贫

2017 年 4 月，青海省出台实惠政策，省人力资源和社会保障厅、财政厅、扶贫局等部门联合下发《关于进一步推动青海拉面经济发展促进就业创业的实施意见》，围绕推动拉面升级扩面、培育青海拉面优质品牌、加强技能培训提升、建立全面服务体系、加大资金支持力度等具体办法，对青海拉面发展进行了全面规划和部署。结合青海省实际，配套制定“两个办法、六个工作方案”，即《关于进一步推动青海拉面经济发展促进就业创业的实施意见的操作办法》《青海拉面示范店品牌连锁店认定办法》《建设青海拉面经济信息平台工作方案》《青海拉面标识设计工作方案》《青海拉面高峰论坛实施方案》《青海拉面经济产业孵化园建设工作方案》《青海拉面技能大赛工作方案》《拉面经济法制宣讲工作方案》，以精准扶贫为重点，以就业增收为目标，坚持市场主导和政府引导相结合、龙头带动和群众带动相结合、走出省门和返乡创业相结合，加强政策扶持力度，强化职业技能培训，建立健全服务体系，从推动全省拉面经济升级扩面、培育青海拉面优质品牌、强化技能培训提升、建立健全服务体系、加大资金支持力度、奖励政策、宣传推广 7 个方面给予拉面经济“真金白银”的支持。青海省海东市于 2015 年年初制定出台了《关于进一步促进拉面经济发展的实施意见》。

专栏 8－3　政策推动拉面经济品牌化、特色化、连锁化发展

为了认真贯彻落实中央、省领导指示和全面贯彻落实省委十二届十三次会议精神，不断推动拉面经济持续健康稳定的发展，青海省人民政府出台了《关于进一步推动青海拉面经济发展促进就业创业的实施意见》，海东市按照省实施意见的要求，结合《海东市进一步促进拉面经济发展的实施意见》，在认真研究政策的基础上，结合实际，草拟了《关于落实省、市促进拉面经济发展实施意见的实施办法》，以上报上级部门审批下发执行，推动拉面经济品牌化、特色化、连锁化发展。海东市积极挖掘和打造具有青藏高原特色和清真饮食文化特点的拉面经济品牌，广泛开展品牌打造注册、宣传推广活动，力促拉面经济提档升级、转型增效。“化隆牛肉拉面”“循化撒拉人家”“中发源”“撒拉花儿”“星月阁”“骆驼泉”“海尼尔”“伊麦尔”等一大批拉面品牌叫响全国，多数拉面馆“小、散、乱、脏、差”的形象已逐步被装修精美、菜品特色、环境舒适、文化内涵突出的品牌形象所取代。以拉面品牌引领连锁经营的升级版已全面开展。

（四）制定发展战略

青海省提出了建立“互联网+拉面”“合作制+众筹制”的社会资本与扶贫资金相结合的合作模式、引进基金和投资基金建立融资平台等新的规划。拉面扶贫产业发展最快、规模最大、贫穷群众参与度较高的海东市提出了坚持政府推动与市场化运作结合、扩面发展与提档升级并重、打造品牌与连锁经营共推的原则，确定了“力争到‘十三五’末，全市从业者经营的拉面店及特色餐饮店总数达到4万家左右，从业人员达到25万人左右，以拉面为主的特色餐饮业及相关产业年经营收入达到360亿元，经营户年纯收入达120亿元以上，从业人口年工资性收入达110亿元左右，以拉面为主的特色餐饮业以及由此带动的其他产业发展成为全市服务业的支柱产业”的奋斗目标。

专栏8－4　发展战略推动拉面经济发展

海东市落实各项扶持政策，突出规范化、品牌化、市场化的发展导向，以树立和打响“青海拉面”品牌标识为重点，推动拉面店规范建设和品牌连锁；以拉面产业园建设为重点，发展拉面产业链；以拉面行业协会建设为重点，增强产业合力；以拉面信息平台建设为重点，促进拉面产业“互联网+”发展；以拉面产业发展基金建设为重点，增强拉面经济融资能力；以拉面经营者能力建设和人才队伍建设为重点，提升产业核心竞争力；以拉面文化建设为重点，提高产业影响力。

循化县以树立和打造“撒拉人家”主体标识为抓手，充分利用上海市“五违”整治等市场倒逼机制，加大同输入地政府的沟通衔接力度，加快循化县清真餐饮业转型升级和扩面增量。加大资金扶持，抓好扩量提质。一方面，继续与县内的各大金融部门沟通衔接，充分利用市、县各担保公司的担保融资平台，积极探索更加广泛的政银企的合作模式，争取发放更多的贷款，推动拉面产业快速发展；另一方面，县政府克服财政困难的实际，增加对拉面经济的专项配套扶持资金。

“拉面之乡”化隆县依托富余的土地、充足的劳动力、成熟的畜牧业、优质的农副产品等资源要素优势和全国1.5万家拉面馆的渠道优势，从供给方面发力，创新发展模式。以促进拉面馆规范扩面、提档升级为重点，通过拉面经济全产业链促进第一、第二、第三产业高度融合发展，促进县域农牧业生产稳定增长、结构优化，促进省内外拉面餐饮业标准化、品牌化。

（五）返乡创业

青海省把返乡创业作为延伸拉面脱贫产业的重要链条，积极鼓励广大外出从事拉面经济并致富的群众返乡创业，积极投身家乡脱贫攻坚事业。相关部门通过项目推荐、创业培训、贷款扶持等一系列措施，鼓励引导致富群众返乡投入家乡的脱贫攻坚工作中，呈现出了“人回转、钱回流、企回迁、业回创”的格局，涌现出了一大批投身家乡建设的优秀企业家和省内外享有盛名的清真餐饮业经济实体。

专栏8－5　拉面从业人员返乡创业促进贫困户就地就业

截至2016年年底，海东市拉面从业人员返乡创办的企业达到462家，吸纳就业6786人，年实现销售收入16.2亿元，利润5.7亿元，务工人员年收入达3.1万元。一些经营者回乡创办的经济实体在全省特别是省会西宁市享有盛名，如“中发源”“大西门餐饮城”“绿洲生态餐饮园”等，并引领全省清真餐饮业向规模化、品牌化发展，吸纳了一大批“走不出去”“不愿出去”的贫困人口就业，并增加了“家门口”收入。

海东市共有777户从事拉面经济的少数民族群众返乡创业，涉及餐饮服务、牛羊育肥及冷藏配送、建筑建材、饲料加工、调味品加工、电商、农家乐、旅游住宿等23个行业，开办的民营经济实体达523家，年经营性收入达5.7亿元，吸纳6786名当地贫困群众就近就地就业，从业人员年工资性收入1.69亿元，拉面经济的发展成效不断显现。

（六）管理服务

1. 树立正确的发展理念

坚持“市场主导、政府引导、突出重点”的原则，理顺政府与市场关系，以市场配置资源为主，政府注重引导和服务；突出解决合法规范经营的问题，树立法治意识，对守法、诚信经营的主体重点扶持，从而推动“拉面脱贫产业”持续健康稳定地发展。

2. 加强政府管理

青海省政府要求各级政府要将支持青海拉面经济发展纳入重要议事日程，制定并细化工作任务，进一步明确责任主体、绩效考核、经费保障等措施，协调解决重点难点问题。加强与劳务输出地政府部门的沟通联系，建立协调保障机制，积极争取支持，及时化解矛盾纠纷，保障务工人员权益，做好服务管理工作。各地要成立领导小组，督查政策落实情况，解决突出问题，建立完善政策落实、部门协同、监督检查、跟踪问效等联动机制。各有关部门协同配合，按照职能分工积极做好资金扶持、创业贷款、工商登记、税费减免、技能培训、劳务输出等相关工作，形成工作合力，共同支持青海拉面持续发展。

3. 健全考核机制

各市州政府将支持拉面经济发展列入本地区目标责任考核范围，明确考核内容，量化考核指标，兑现考核奖惩。各级人社、财政部门加强了就业专项资金年度绩效考评，督导省级创业促就业扶持资金用于拉面产业发展专项资金工作，落实拉面经营者创业补贴、一次性奖励、以奖代补等各类资金，将考评结果在全省范围内进行通报。

4. 加强行业组织和群团建设

引导务工经营人员建立党、团、工会、协会等组织，并依靠这些组织维护自身权益；积极联系务工经营人员中工作能力强、群众信赖并有一定带头作用的人员充实到“拉面脱贫产业”服务工作站或群团、行业组织中，以调动和发挥以上人员的作用。

专栏8-6　“驻外拉面经济服务工作站”管理和服务拉面精英人员

海东市在现有驻外办事机构的基础上，以县为单位设“驻外拉面经济服务工作站”，强化对青海省务工经营人员的管理和服务工作，稳定扩大务工经营队伍。依据青海省人社金保工程建立拉面经济信息平台，开展政策发布、信息共享、统计管理、网上办事等，并积极与其他国内知名网站合作，畅通信息服务渠道。

（七）“互联网+”

海东市化隆县政府借助拉面经济，打造集生产、配送等于一体的拉面产业，结合“互联网+”思想，打造属于自己的“拉面电商”。2017年8月5日，青海拉面服务中心应运而生，该服务中心利用“中国拉面网”、微信公众号等媒介，为贫困群众与拉面店提供技术培训、店铺转让信息发布以及拉面食材、设备、餐具配送等服务，大力推动拉面产业扩面升级和转型发展。“互联网+拉面”，不仅给贫困户提供就业和创业平台、助其创收增收，同时还提供精准扶贫、出国开店、医疗保险、银行信贷、法律咨询等服务。

2015 年，“中国拉面网”电商服务中心通过合作、入股、兼并等方式，整合了一批在全国各大城市分散经营的拉面食材配送企业及个体户，目前已在北京、广州、三亚等 25 个城市合理布局了专业、统一的清真食材配送网点。通过统一采购、统一发货、统一运输，物流成本被大幅压缩，其清真食材在各地的售价比原来至少降低了 10%，目前已吸引各地 85% 以上的拉面馆前来购买服务。

2015 年，青海扶贫拉面产业服务中心成立，主营业务分为线上和线下 2 个部分。线上业务主要通过“中国拉面网”网站、“中国拉面网”微信公众号以及“中国拉面网”App 进行产品宣传和线上交易。线下业务有占地面积近 5000 平方米的青海省拉面产业培训基地，主要从事餐饮创业、餐饮技艺、职业规划和技能培训。打开“中国拉面网”App，招聘求职、转让信息、政府政策、拉面视频一应俱全。青海拉面服务中心包括人才服务、培训服务、金融服务、品牌服务、采购服务、出国服务以及信息服务。服务中心通过整合拉面产业线上线下资源，为拉面人提供全方位、一站式服务，从劳务需求、经营管理到品牌策划，彻底为拉面人解决开店经营管理难题。截至目前，该中心在全国的青藏高原土特产品物流配送点已达 22 个，基本覆盖珠三角、长三角以及京津冀地区，日销售额达 10 万元，对青海其他贫困地区的农畜产品产业和经济发展起到了积极的推动作用。

青海省按照“互联网 + 拉面 + N”的思路，规划建设了拉面产业孵化中心、扶贫拉面培训服务中心、“中国拉面网”、“互联网 +”拉面电商服务中心和拉面扶贫“二合一”大数据平台等。通过项目推荐引导返乡创业，带动贫困群众 1.5 万多户种草养畜、种植油菜等作物、为全国各地拉面馆冷链配送牛羊肉等。

专栏 8 –7　“互联网 +”助推拉面经济发展和贫困户脱贫

化隆县以青海省扶贫拉面培训服务中心为平台，利用“中国拉面网”、微信公众号等媒介，为贫困群众与拉面店提供技术培训、用工、店铺转让、信息发布以及拉面食材、设备、餐具配送等服务，大力推动了拉面产业扩面升级和转型发展，引领拉面经济进入了“2.0 时代”。创新推出了精准扶贫拉面“带薪在岗实训 + 创业”模式，计划每年实训扶贫对象 1000 人以上，到 2019 年，至少帮助 5000 人脱贫。该计划已于 2016 年 3 月底启动实施。截至目前，报名人数已逾 2000 人，签订合同 780 人，输出到岗 550 人。

化隆县以大数据、电商中心为平台，推广“化隆牛肉面”商标品牌，通过贴息贷款扶持、扶贫产业资金融入等方式，探索发展拉面经济连锁经营模式。培育商标品牌店40家，扶持拉面连锁示范店100家、拉面样板展示店10家、扶贫创业示范店20家、精准扶贫拉面实训店20家，拉面品牌拓展国际市场，培育打造具有浓郁地方特色的“拉面文化节”，逐步形成一批特色鲜明、主题突出的餐饮节会活动，提升化隆牛肉面知晓率。

对接知名电商平台，推进冷链物流信息化、标准化和农村电商服务点建设，继续做大拉面电商平台，促进互联网、大数据、人工智能与实体经济深度融合，扩大县内产品线上销售额，着力建设全国拉面店食材供应“中央大厨房”。全国的拉面馆每天的牛肉需求量达150吨，各种蔬菜、调味品、奶制品的需求更是无法计算。依托拉面店平台和电商平台，化隆县做大拉面产业上下游产品研发和配送产业链，拓展全国各大城市市场。实施年产2500吨牛骨汤粉包装生产线、10万吨高原小油菜油料加工、拉面汤料加工、百万只养鸡产业园等项目。

三、拉面经济存在的问题

虽然拉面经济发展日益壮大，“拉面扶贫”也取得不俗的成就，但是目前必须要警惕和清醒的一点是，在激烈的市场竞争中，青海拉面在全国市场独享其成的格局已经被彻底打破。一度让青海人引以为豪的拉面经济，在无情的市场面前暴露出了其先天的软肋，一夜之间变得几乎不堪一击。此外，拉面产业乱象频发，地区间、行业中矛盾不可调和，民族品牌形象大打折扣，产业发展面临挑战，业态不健康迹象日益显现，产业不可持续发展问题凸显。主要体现在以下6个方面。

（一）资金匮乏

1. 农民筹集创业资金困难

银行贷款的直接融资应该是拉面经济发展的重要融资渠道，但是由于目前银行担保制度还不够完善，农民从银行获得的贷款非常有限。

2. 扩大规模需要的资金不足

通过调查发现，对于北上广深那样高房价、高房租以及原料供应价格较高的地区，即便客源充足，经营和收入良好，也很难轻易扩大自身规模。可见，资金是清真拉面馆扩大规模所需的第一要素，也是比较棘手的问题。

3. 政府扶持资金不足

清真拉面从业人员背井离乡外出打江山，背靠政府的大力支持，尤其近些年，海东地区把以“拉面经济”为代表的劳务经济作为主要的经济指标来抓，从青海省委、省政府到海东地委和行署都予以高度重视，政策和资金的扶持力度不可谓不大。但就资金量来说，于该产业本身的发展而言还是远远不够的。

4. 培育原料供给市场的资金匮乏

青海省海东地区经济本来就困难，政府不可能在面对诸多民生问题的情况下，投入更多的资金去扶持这些产业的规模化发展。因此，拉面产业上下游产业的发展就难以跟上步伐，诸如原料类清真牛羊肉供应市场的发展，就受到通用资金匮乏的限制，举步维艰。

5. 各种筹款渠道对农民创业者相对闭塞

近年来，虽然农民创业开面馆有政府担保的金融贷款，但是由于农民自身素质不高，诚信问题较严重，随着更加严格的贷款要求的出台，农民贷款更难；由于大多家庭经济都很困难，很难有结余互相借款；开拉面馆风险大，融资更难。所以对创业的农民来讲，筹资渠道都比较闭塞，条件都比较苛刻。

6. 外出务工人员培训所需资金匮乏

随着拉面经济的发展，拉面师和烹饪师的需求量陡升，培训费也随之上升。虽然政府大量地向技校补贴了费用，对于贫困的农民家庭来说，也很不愿意支付剩余的培训费。

7. 规范化管理的资金匮乏

包括两层含义，一是清真拉面馆自身的规范化经营需要资金支持，二是当地政府对散落在全国各地的拉面馆统一品牌和店面的规范化管理需要资金的支持。

（二）市场竞争力弱

1. 服务质量参差不齐

上档次、能够适应现代都市潮流的拉面馆目前仍然是少数。在许多情况下，青海农民开办的拉面馆总是淹没在这个城市里比较破旧的巷道一隅，门面、设施简陋，服务人员不注意个人卫生。

2. 牌子五花八门

青海在全国各地的清真拉面馆在一开始打出的牌子就是五花八门的，多半是以兰州拉面的牌子为幌子。各式各样的牌子把本来就难以统一管理的拉面馆变得更加没有章法。

3. 卫生条件亟待提高

这是所有中小清真拉面馆面临的共同问题。与规模化、规范化经营的大店相比，卫生条件比较差，亟待提高。而卫生条件则是大多数人选择就餐地点的硬性指标，尤其是随着我国城市居民收入的迅速提高，生活质量不断改善，就餐的环境已经成为消费者最关心的问题之一。

4. 管理者和服务员的素质亟待提高

清真拉面馆从业服务员的素质水平不高，实际上也是影响拉面经济进一步发展壮大的微观因素。拉面师和烹饪师由于自我维权能力不强，经常因与雇主产生不可调和的矛盾而跳槽。跑堂的服务人员，有的甚至不会说普通话，服务态度差，缺乏服务激情，与雇主或顾客会产生矛盾。正是这 3 类服务人员素质的原因，严重影响了中小清真拉面馆的服务质量，从而影响了经营收入。

（三）规模与品牌效益问题

1. 难以连锁式发展

（1）各个创业者竞争大于合作

清真拉面经济在有些地方已经呈现出过度竞争的态势，如西宁市，基本处于饱和状态。当然，对于外地的大中城市而言，清真拉面经济的发展空间还很大。但毕竟市场有限，因此诸经营者之间便出现了竞争大于合作的局面。

（2）没有成熟的连锁发展的模式

清真拉面馆星罗棋布，许多十几年前发展起来的拉面馆已经成为连锁经营的企业，但现在还没有一种由分散经营收益权组成连锁经营的成熟模式。

2. 难以形成规模

（1）小餐馆的覆盖率很高

协调机制不够完善，青海拉面馆内部相互竞争的态势已经形成。合理的布局是拉面经济发展的重要因素之一。随着拉面馆数量不断增加，拉面馆之间的距离也会越来越近。

（2）小餐馆的创意基础使其只能以散户方式发展

拉面馆属于店主个人，任何组织和个人无权干涉其合法经营。这种散户经营的模式也是清真拉面经济在大江南北迅速铺开的主要原因之一。分散的经营权和收益权很难立刻转变成集约化经营模式。

（3）产权分散使规模发展成为难题

如前所述，一开始就决定了的零散的发展模式使规模化发展变成一个很大的难题。规模化、统一化、品牌化的发展首先就面临着如何很好地解决经营权和收益权的问题、以前的各个创业者与统一化后的拉面馆之间的关系。如果没有适当的统一经营权和收益权，怎么能够统一化管理，规模化、品牌化发展？如果适当地收取一些经营权和收益权，那么又该以什么样的形式？怎么样才能既令经营者满意又可以达到统一化发展的目的？该由谁来组织？由谁统一？这些最起码的问题不能解决，品牌化、规模化发展的道路就是闭塞的。所以，产权分散的模式使清真拉面经济的规模化发展成为难题。

3. 难打统一品牌

清真拉面经济理应统一化、品牌化和规模化发展，然后按照一定的机制分档次地经营。而至今没有成为现实是因为没有一个统一的管理机制。倘若有一个统一的、组织进行宏观的统筹协调和管理，那么清真拉面经济的发展才能真正迎来重大转折。之所以没有统一管理的实质性基础，一是因为产权的问题，二是因为缺乏统一的、长远的发展意识。

（四）管理机制不健全

1. 尚未形成有效的行业协会

（1）规范的行业协会尚未形成

目前为止，正规的行业协会是几乎不存在的。行业协会不仅可以处理价格偏差，还可以帮扶行内会员渡过难关，对外，它们是一个产业的统一机制，可以协调有关统一品牌的问题。

（2）民间的行业协会运行力度有限

有些地区尚未形成民间的行业协会，即使是已经形成的行业协会，也存在经济上的非独立性，经营者们对其认识不够，更有些经营者则不愿意加入。总之，由于自身和服务对象双重的认识不清和被认可度普遍不高，行业协会自身的运行力度极其有限。

2. 未形成做大做强的管理机制

（1）管理机制不健全

统一管理的机制还没有形成，还在摸索之中。这一机制，并不仅仅是统一管理的机制，还是一个做大做强的机制。

（2）政府管理极其有限

政府已经将自己的“服务之手”力所能及地伸到了某些清真拉面馆较多的城市。例如，为它们设立专门的办事处，培训拉面师和烹饪师，专门配置了一些清真牛羊肉加工厂，为这些清真拉面馆提供更好的行政审批、务工人员供给和原料供给等方面的服务。政府的行政职能的延伸是需要财政收入的，且政府还有其他基本职能，更何况有些事情即使政府也爱莫能助。在这样的情况下，政府所能提供的服务十分有限，如远在千里之外的拉面馆的卫生、服务、味道、广告等，政府是无能为力的，必须靠其他组织和拉面馆自身，进行改进和发展。

3. 出现帮派组织苗头

清真拉面经营中的某些地方因利益关系，存在帮派行为。同行业或非清真类的餐饮业，只要与清真拉面馆有可能形成竞争，都可能会被某个实力帮派所威胁和压迫。

帮派组织不仅破坏了合法的公平竞争体系，而且激化了清真拉面行业内部的地区性竞争。很多人开始以此作为依靠，不是通过提高自己的饭菜质量、服务意识、经营理念来赢得市场，而是通过非公平竞争的市场垄断来获得超额利润。

（五）人才紧缺

1. 人才的恶性竞争

人才竞争的白热化源于人才的短缺。这里的人才主要指的是清真拉面馆亟须的拉面师、烹饪师以及服务员。拉面馆间主要采取高薪诱惑的措施来“挖墙脚”，从而无形中提高了行业内的用人工资标准。在收入一定、通货膨胀、物价上涨的情况下，给中小清真拉面馆造成了很大的压力。经营者将此压力转嫁给食客，价格水涨船高，对拉面馆整体的优势形成打击。

2. 拉面师和服务人员紧缺

（1）拉面师的培训速度赶不上行业发展速度

目前，青海海东和其他地区虽有几家正规的拉面师和烹饪师的培训学校，但大多是社会力量办学，每年有几千人从这类学校毕业，但拉面馆发展的迅猛程度已经远远超出这样的培训速度。人才短缺是目前清真拉面经济进一步扩张受阻的一个重要原因。

（2）缺少技术水平较高的拉面师

拉面师是拉面馆中最重要的技术人员，在一定条件下，拉面师的水平直接关系到一家拉面馆的经营。

(3) 服务人员地方针对性大，服务人员紧缺

清真拉面馆的服务员招聘地方针对性大，或者说文化背景针对性比较强，要求必须是穆斯林。为了便于管理和沟通，经营者偏爱于服务员的本地化。此外，还要有一定的服务员的经验，工资也相对较低。严苛的要求致使即使在全国几亿农民工大面积流动的状况下，清真拉面馆的服务员招聘也相对困难。

3. 专业管理人员缺乏

(1) 管理人才培养难

在正规的培训学校里，拉面馆管理经营方面的人才寥寥无几。真正想学拉面馆管理经营的那些个体经营者，一是没有时间接受专门的学习，二是舍不得紧张的经费。

(2) 家族式管理难以引进专业管理人才

海东清真拉面馆最普遍的就是家族式的经营管理模式，一般是中年的男性家长携自己的妻子、儿子媳妇，或者女儿女婿等去经营。这种经营和管理模式在拉面馆发展之初具有很多优势，但一旦做大，这种模式就很难适应了。随着规模扩大，一个人要充当好几个角色，从而卫生问题、规范化问题、管理问题等凸显。

(六) 原材料供应难

1. 清真拉面产业对原材料供应的要求苛刻

(1) 清真拉面经济所需的牛羊肉需从青海及其周边运输

就目前而言，在南方城市开清真拉面馆所需的牛羊肉几乎都是从青海及其周边地区运输过去的专供产品，而北方地区的则是部分从青海运往，部分由北方当地供应。由此可见，清真拉面馆所需的牛羊肉大部分必须从千里之外的西北地区运输过去。西北地区供给上好的牛羊没有问题，但加工处理、冷藏运输等要求使清真拉面馆的原料供给也成为一个难题。

(2) 民族文化对食材处理方式有特殊要求

牛羊肉要经过专门的民族宗教仪式处理之后，才能被称为清真牛羊肉。这种特殊的民族宗教的规定、风俗习惯的严格性，为大批量清真牛羊肉的供给增添了不便和麻烦。

2. 运输成本高

(1) 严苛的要求使原料运输成本提高

清真宰牛羊的程序加工，使得清真牛羊肉必须经过几千千米的长途运输，大大增加了运输成本和加工成本。

(2) 专门的运力不足

目前而言，专门提供远途清真牛羊肉运输的公司还只有几家，所能提供的综合运力与庞大的需求相比是远远不够的。而市场对牛羊肉旺盛的需求，导致牛羊肉价格和运输费用节节攀升，原料运输成本进一步提高。

3. 牛羊肉供给缺口大

青海省牛羊肉价格近几年不断飙升，背后的原因一方面是清真牛羊肉和清真食品的出口急剧增加，另一方面是内需也在连年攀升。清真拉面馆的数量和规模的不断扩大，本地人随着生活质量的不断提高，对清真牛羊肉的需求也在不断增加。所以从出口到内销，清真牛羊肉的需求量都在不断提升，而有限的自然草场和饲养能力，使牛羊肉供给能力一再逼近极限。

四、拉面经济进一步的发展策略

在青海拉面经济的发展策略有 3 大要点。

一是文化先行。申报“青海拉面”世界非物质文化遗产；注册“天下第一碗面”品牌，提升青海拉面知名度和美誉度，把“青海拉面”发扬光大，形成强势的品牌竞争力，在全国乃至世界范围内铸造品牌形象，牢固市场地位，最大化市场份额。

二是做好“四化”工作。即在品牌化、特色化、连锁化之外，实施平台化战略，基于统一的、先进的物联网和互联网技术的大平台，从拉动就业入手，为拉面经济提供最方便快捷的服务，为政府监管部门提供最实时精准的信息，以实现“青海拉面经济”的发展和飞跃，更有效地支撑“青海拉面”发展战略。

三是要勇闯红蓝海。实施“一中心、两翼”发展战略。对于国内市场，继续坚守京津冀、长三角和珠三角这三大经济热点区域红海市场，并勇于占领三线、四线城市的蓝海市场；而对于国际市场，紧跟“一带一路”建设步伐，勇敢开辟国际蓝海市场，坚守一个信条——“‘一带一路’有多远，青海拉面走多远”。垂直整合原材料供应和配送资源，并通过前期的用户积累，推出相应的个性化产品服务方案，推出高附加值的创新产品，迎和消费升级大背景下的用户个性化需求，完成整个拉面品类的布局。

第九章　健康扶贫：宁夏回族自治区“盐池模式”[①]

一、健康扶贫的背景

因病致贫、因病返贫是农村人口贫困的主要原因之一。据统计，截至2015年年底，因病致贫、因病返贫贫困户占建档立卡贫困户的44.1%，涉及近2000万人，其中患有大病、重病的约330万人，患长期慢性病的约400万人，其中15～59岁劳动力年龄段患者占41%。近几年，随着脱贫攻坚不断深入，因病致贫、因病返贫比例不降反升，2013年全国8962万贫困人口中，因病致贫的占42%，而到了2015年，贫困人口减少了2000多万人，但因病致贫的比重仍占44.1%。虽然绝对人数减少了，但健康扶贫工作仍然任务艰巨。疾病已成为贫困增量产生的主要原因之一。防止因病致贫、因病返贫是脱贫攻坚这个“硬骨头”中的“硬骨头”。

健康扶贫不可能“毕其功于一役”，要做好打持久战准备。2012年，国办印发了《农村残疾人扶贫开发纲要（2011—2020年）》，落实588万农村贫困残疾人摆脱贫困。2016年，国家卫生计生委会同国务院扶贫办等15个中央部门制定印发了《关于实施健康扶贫工程的指导意见》。2017年，国家卫生计生委和国务院扶贫办等联合制定了《健康扶贫工程“三个一批”行动计划》，帮助贫困户摆脱因病致贫、因贫病重的恶性循环困境，有效解决因病致贫、因病返贫问题。

截至2016年年底，按现行标准我国仍有4335万农村贫困人口。这些贫困人口主要是残疾人、孤寡老人、长期患病者等“无业可扶、无力脱贫”的贫困人口以及部分教育文化水平低、技能缺乏的贫困群众，处于深度贫困状态，并且大多居住在自然条件差、经济基础弱、贫困程度深的地区，脱贫成本高、难度大。

① 本章资料除参考文献注释外，均来源于宁夏盐池扶贫办、政府办公室，特此致谢！特别感谢盐池县扶贫办周桂琳女士！

显然，疾病是深度贫困的最主要原因之一，健康扶贫是脱贫攻坚最主要的工具之一。宁夏盐池县的健康扶贫政策实施后取得了良好效果，受到原国家卫生计生委和相关部门的肯定，为健康扶贫提供了一种新模式。

二、健康扶贫的减贫机理

疾病是贫困最主要的成因之一，因病致贫、因贫致病反映了疾病与贫困之间错综复杂、相互影响的关系和作用机制。疾病会通过物质资本、社会资本与人力资本的传递引致贫困，而贫困地区恶劣的自然环境、短缺的医疗资源、社会排斥以及贫困文化的根深蒂固加剧了贫困户的脆弱性，使贫困人口的健康恶化，而这些因素短期或长期都将存在。

因病致贫属于“支出型”贫困，我国现阶段的主要做法是完善农村的医疗保障体系减少农民的自付支出，从而减少贫困。因病丧失劳动力或劳动能力变弱，而自付医疗费用过高、医疗保险报销比例低是致贫的主要原因。新农合医疗保险存在报销比例低、报销范围小和报销程序复杂等问题，政府救助政策也存在救助申请困难和政策宣传不到位等现象。根据资产建设理论，因病致贫的贫困户的收入只能维持消费，而没有资产，但只有资产才能够改变人们的思维，才能减少劳动力禀赋差异、消除深度贫困。

根据现阶段我国农村医疗保障体系存在的上述突出问题，在疾病—贫困恶性循环的分析基础上，本章试图探索建立分阶段动态健康保障体系来实现健康扶贫的政策目标。首先，建立预防层保障。加大财政支出，在现有农村医疗保障体系前段加入预防机制，加强卫生、营养、健康教育，建立村级卫生院、乡卫生院，设置医护人员。转移财政支付到疾病前端，预防疾病，减少健康风险，而不是放在后端单纯作为转嫁财富损失的手段。政府利用公共健康保险应对全生命周期因病致贫风险，激励全员参与健康风险治理。其次，建立基础层保障。制定可行的普惠金融政策以改善医疗的费用支付能力。在传统医疗保障体系中基本医疗的基础上加入大病医疗保险，减少农户医疗支出从而相应增加其生产投入进而增加收入。最后，建立补充层和托底层保障。逐渐将互助保险、商业保险、慈善力量等作为补充形式，将医疗救助作为托底层，在各环节通过人力资本的提升，改变要素禀赋，缓解贫困（见图9－1）。

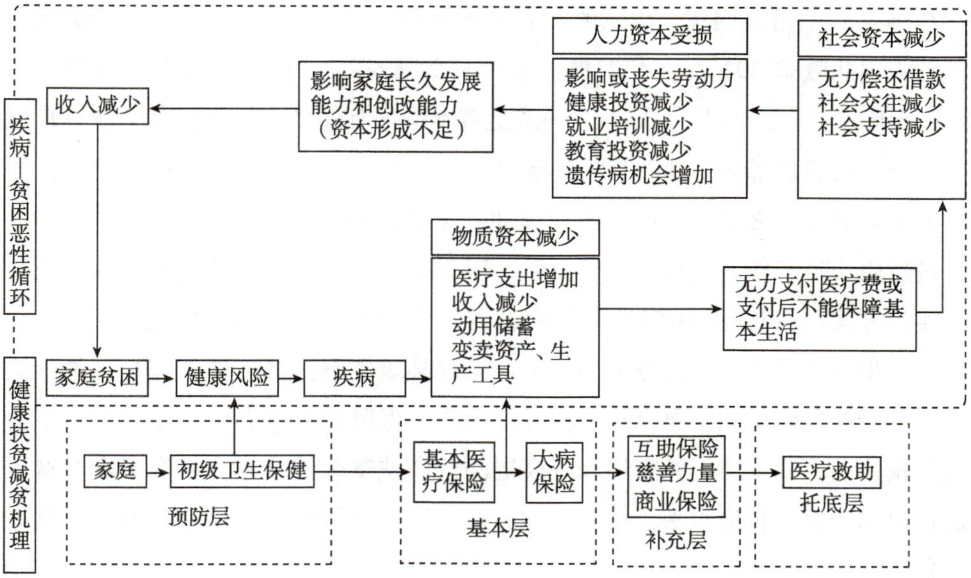

图 9－1　基于疾病—贫困恶性循环的健康扶贫减贫机理

三、健康扶贫的盐池案例

（一）盐池县实施健康扶贫的背景

盐池县位于宁夏回族自治区东部，地处毛乌素沙漠南缘，面积 8522.2 平方千米，辖 4 乡 4 镇 1 个街道办，总人口 17.2 万人，其中农业人口 13.9 万人。盐池县是革命老区、民族地区，也是宁夏中部干旱带上的国家级贫困县，年降水量仅为 280 毫米左右，蒸发量却高达 2100 毫米以上，水资源极度匮乏，自然环境非常恶劣。贫困人口占比大、贫困程度深，有贫困村 74 个，贫困人口 11203 户 32998 人。

2016 年，盐池县针对“盐池滩羊肉价格受市场影响波动较大、因灾因病因婚致贫返贫比重加大、贫困群众可持续发展能力不强”等因素，按照“保本、微利”的原则，与驻地保险机构合作在宁夏率先创新开发实行“扶贫保”，建立政府、银行、保险三方合作机制。筹资 2200 余万元，为贫困户“量身定做”了人身健康保、农业风险保、养殖基础保、金融信贷保等 12 个种类的扶贫保险，采取“个人参保 + 政府补贴 + 商业保险”方式，推行“2 + X”“菜单式”“扶贫保”模式，通过制订“一揽子”保险计划，提供“菜单式”服务，提高保险额度、降低保险费率、拓宽保障范围，着力解决因意外事故、因病、因灾的致贫、返贫问题，实现了建档立卡贫困户“扶贫保”的“全覆盖”，确保全县 74 个贫困村 11228 户 34046 人稳定脱贫。

2016 年，盐池县因灾、因病致贫的比例为 38%，2017 年年底，全县未脱贫 920 人，其中因病致贫 202 人，占 22%。贫困户脱贫标准是有稳定收入，达到“两不愁、三保障”。“三保障”的其中之一就是基本医疗有保障。健康扶贫是扶贫攻坚工作的一个重要组成部分。盐池县人民政府认真贯彻落实《自治区人民政府办公厅关于印发宁夏健康扶贫工程实施方案的通知》（宁政办发〔2016〕153 号）精神，深入推进健康扶贫工作，结合盐池县实际，于 2016 年 12 月印发了《盐池县健康扶贫工程实施方案》《开展“因病致贫因病返贫”农村人口精准医疗实施方案》《盐池县医疗卫生健康扶贫工作实施方案》3 个推进县级健康扶贫工作的配套文件，详细制定了健康扶贫政策的主要目标、任务、措施、保障及评估办法，建立了一个全面的包括预防层、基本层、补充层和托底层的健康扶贫政策体系，提升了农村贫困人口医疗保障和医疗救助水平，切实遏制和减少了因病致贫、因病返贫现象，促进精准脱贫。

（二）盐池县健康扶贫的主要做法

贫有百样、困有千种。因病致贫属于“支出型”贫困，健康扶贫主要保障的是建档立卡贫困人群和公共卫生服务重点人群。盐池县健康扶贫的主要目的是：让贫困地区人人享有基本医疗卫生服务；农村贫困人口大病得到及时有效的救治保障，个人就医费用负担大幅减轻；贫困地区重大传染病和地方病得到有效控制，基本公共卫生指标接近全国平均水平。解决问题必须依靠强有力的改革创新来实现，盐池县政府始终坚持问题导向，更多立足实际，大胆探索实践、大胆创新突破，把工作做实做细，真正实现了贫困农户少得病、看得起病和看得好病。

1. 大力开展健康促进工程，做好预防保健工作——让农户少得病

（1）广泛开展健康教育工程

成立了盐池县健康促进委员会，盐池县健康教育、公共政策健康专家委员会，大力开展健康知识宣传，建立了覆盖 125 个单位、14 个医疗机构的健康促进工作网络，成立健康讲师团队，在全县开展“健康盐池大讲堂”活动，累计培训人员 32000 余人次，制作了 10 万余份宣传页，并拍摄了微电影和动漫宣传片，持续引导群众树立正确的健康观、就医观，大大提高了居民健康素养和生活品质。

（2）大力推进健康服务工程

2017 年，创新开展“五项补助措施”，即为所有建档立卡贫困户提供 100 元/人的家庭医生签约服务补助；为建档立卡孕妇提供唐氏筛查和胎儿四维彩超检查补助，为非建档立卡孕妇补助一半费用；为 1970—1999 年出生的盐池户籍人口提供接种乙

肝疫苗补助，总计已接种5.06万人；对建档立卡户中原发性高血压、Ⅱ型糖尿病患者在基层医疗机构购药实行全额补助，为非建档立卡户补助50%；为建档立卡严重精神病患者在专科医院门诊购药进行补助，每人4000元/年，为非建档立卡严重精神病患者每人补助2000元/年，先后共有338名患者受益；为86名Ⅲ级及以上严重精神障碍患者监护人发放看护补贴10.32万元。

在2017年的基础上，2018年，盐池县探索改进了“三项补助措施”。为有效预防儿童口腔龋齿发病，对全县7~9岁儿童窝沟封闭治疗进行全额补助。为全县农村孕妇唐氏筛查和胎儿四维彩超检查进行全额补助，唐氏筛查已补助211人，四维彩超已补助162人。原发性高血压、Ⅱ型糖尿病患者，主动接受监测管理的，在乡镇卫生院、社区卫生服务中心、村卫生室门诊购买治疗此病药费，经医保报销后个人自付部分补助60%，原发性高血压和Ⅱ型糖尿病患者购药每人每年补助限额分别为200元和400元；目前8717名高血压患者、1035名糖尿病患者享受了购药补助。同时，充分发挥“治未病中心”作用，为全县1100多名建档立卡贫困人口开展中医体质辨识体检，并制定中医干预方案，实现了贫困人口“未病先防”。促进医疗卫生服务模式由“重疾病治疗”向“重疾病预防”转变；通过正确的舆论导向和健康生活方式指导，不断提高群众自我保健能力。

2. 构筑健康医疗保障防护网——让农户看得起病

（1）设立健康扶贫惠农险：大病医疗补充保险和家庭综合意外伤害保险

针对因病因灾致贫比重大的问题，为贫困户构筑健康“防火墙”，防止出现“辛苦脱贫奔小康，一场病痛全泡汤”的情况。盐池县政府和当地保险机构共同设立了两种健康扶贫惠农险种：一是大病医疗补充保险。保费收取标准为90元/人，不设起付线，年度最高报销额度为20万元。二是家庭综合意外伤害保险。每户保险费100元，保险责任为每户9.9万元。

购买2种人身保险，对于贫困户，政府100%补贴，对于非贫困户，政府补贴60%，个人缴纳40%。但是必须先缴纳城乡居民基本医疗保险，才可享受健康扶贫惠农政策。对于建档立卡贫困人口中自愿缴纳城乡居民医保二档或三档的人群，保费由农户先缴纳，核实后县财政补助一档费用，鼓励农户缴纳高档保险。2017年度城乡居民基本医疗保险缴费标准是一档90元/人、二档250元/人、三档505元/人。2018年度对缴纳医保二档或三档的贫困户，政府补助90元，对缴纳一档的不补助。这种“先缴后补”的方式也是根据农户尤其是贫困户鲜有保险意识和缺乏保险能力的现实提出的有效办法。从2016年的艰难推广到现在的抢着购买，一方面得益于保险的宣传推广，另一方面身边发生的保险理赔案例让农民知道：花小钱，保大灾。

专栏9-1　大病医疗补充保险案例

杜某某，男，盐池县冯记沟乡杜记圈村村民，建档立卡户，2016年8月2日因肠癌在宁夏医科大学医院治疗，2017年2月因左额顶部窦镰旁脑膜瘤再次住院，两次共产生医疗费33.46万元，基本医保累计报销13.81万元，大病保险累计报销6.36万元，剩余金额为13.29万元。扣除应个人承担的不合理费用后，中国人寿宁夏分公司按照“扶贫保家庭成员大病补充医疗保险”的理赔规则，给赔付理赔金7.12万元，个人大病医疗费用负担直接降低81.56%。

对于贫困患者看病支付困难的问题，盐池县也制定了详细的解决方案。第一，对持有社保卡的所有患者，在县内住院实行“先住院，后付费”，免缴住院押金，开通就医绿色通道。第二，贫困患者在县外、区内医院住院，如果缺钱看病，可拿住院证明、诊断证明、住院催费单、个人交费单等相关资料，向宁夏银行盐池支行申请“如意健康扶贫医疗贷”。出院后，到医保中心“一站式”结算窗口申请报销、救助，由大病医疗补充保险报销、民政医疗救助及各类救助资金注入贷款账户来还款，不足部分由个人偿还，最终实现个人自付费用不超过总费用10%或全年累计自付费用不超过5000元的目标。

健康扶贫惠农险就是“扶贫保”“2+X”模式中的“2”：大病医疗补充保险和家庭综合意外伤害保险。之所以取得如此良好的效果得益于其建立了高效的投保服务机制。县委、县政府高度重视，每年出台扶贫保险实施方案，把扶贫保险作为脱贫攻坚的一项主要措施，明确各级各部门工作职责，加大县、乡、村各级干部培训力度，提高干部认识和服务意识。在承保服务方面，保险公司在每个村聘请专、兼职协保员，专门成立了“扶贫保”工作组，通过印发宣传册、召开座谈会、宣传典型案例、利用现代网络媒体等方式，对每个村、每个组都进行了专场培训。在理赔服务方面，对“2+X”扶贫保险中的大病医疗补充保险实行“一站式”服务。因病致贫和未脱贫建档立卡贫困户人员住院兜底由自治区“一站式”结算系统直接核算；自治区“一站式”结算系统以外的所有建档立卡贫困户在县内的住院治疗费用由县内各医疗机构进行“一站式”结算，在县外的住院治疗费用由县人力资源和社会保障服务中心进行“一站式”结算。全面优化了理赔程序，简易案件5个工作日必须结案，案件结束后，次月按照发案件数的5%进行回访，倾听农户的心声，了解他们的需求，改进自己的工作。

健康扶贫惠农险就是健康扶贫政策中的补充层，有效减少了农户的医疗费用支出。围绕这2种健康扶贫惠农险，盐池县的健康扶贫工作在政策制定、产品设计上确保切实可行，真正解决了农户“看病贵”的问题，解决了因病致贫、因病返贫问题，为脱贫攻坚提供了基本保障。

（2）建立住院“四报销、四救助”的保障体系

农户享受大病医疗补充保险和家庭综合意外伤害保险的前提是必须购买城乡医疗基本保险，在此基础上建立了“四报销、四救助”体系，构筑了因病、因意外伤害致贫的8道保障网，对在县内住院治疗的建档立卡贫困人口，通过城乡居民基本医疗保险政策倾斜、医疗优惠减免和救助等措施，将建档立卡贫困户年内住院个人合规医疗费用支出控制在10%以下或当年住院自付费用累计不超过5000元，有效解决了贫困群众的后顾之忧。

“四报销”包括基本医保报销、大病保险报销、大病补充保险报销、家庭综合意外保险报销。一是基本医保报销。各级定点医院住院报销实现出院即时结算；各级医疗机构报销比例为乡镇卫生院住院起付线200元，一档、二档、三档分别报销85%、90%、95%；县级医院起付线400元，一档、二档、三档分别报销80%、85%、90%；三级甲等医院起付线1000元，转诊报销45%、60%、65%，非转诊报销20%；三级乙等医院起付线700元，办转院报销70%、80%、85%，没有办转院报销25%。一档、二档、三档最多分别能报销7万元、12万元、16万元。二是大病保险报销。贫困患者起付线3000元，普通疾病报销60%~75%，20种大病报销63%~80%；非贫困患者起付线9300元，普通疾病报销55%~70%，20种大病报销56%~73%。三是大病补充保险报销。在医保协议的医疗机构住院的政策内医疗费用，经基本医疗保险、大病保险报销后，贫困患者剩余政策内医疗费用报销80%，非贫困患者剩余政策内医疗费用在5000~9300元的报销50%，超过9300元的报销80%。政策外自费部分报销70%。政策外自费部分每人年度最高报销以2万元为限，大病补充保险每人年度最高报销以20万元为限。四是家庭综合意外保险报销。这个险种是为了防止因意外致贫、返贫而设置的，总保额9.9万元，其中意外死亡或伤残保额9万元，意外医疗费用保额9000元，具体赔付金额按家庭参保人员平均分配。

“四救助”包括民政医疗救助、临时救助、慈善救助、宁夏盐池卫生发展基金会救助。一是民政医疗救助。贫困患者全部纳入医疗救助范围，在“四报销”之后，剩余政策内医疗费用按70%的标准给予救助；罹患重特大疾病的贫困患者在“四报销”之后，剩余政策内医疗费用的救助标准在现行救助政策的基础上提高10%，年度最高救助金额16万元。非贫困患者起付线3万元，3万~10万元的救助

50%，10万元以上的救助60%，年度最高每人救助8万元。二是临时救助。对贫困患者经“四报销”和民政医疗救助后，政策内医疗费用仍超过6000元的，给予1000～2000元救助。三是慈善救助。在“四报销”和两个救助后，可根据剩余政策内医疗费用总额，按宁夏政协兴华爱心基金救助、盐池慈善协会、中央专项彩票公益金“两癌”救助项目和盐池扶贫慈善基金救助标准申请救助。四是宁夏盐池卫生发展基金会救助。对贫困患者政策内医疗费用，经过以上报销、救助后，实际报销、救助比例达不到一档90%、二档95%、三档98%或当年住院政策内医疗费用累计超过5000元的，由宁夏盐池卫生发展基金会救助，确保达到标准。

“四报销、四救助”体系使建档立卡贫困患者住院医疗费用报销比例不低于90%，年度累计住院医疗费用不超过5000元，门诊30种慢性病报销比例不低于85%。

专栏9－2　家庭成员大病补充医疗和救助案例

黄某某，男，盐池县花马池镇吴记圈自然村村民，建档立卡户。2017年11月27日因感染性休克等在宁夏医科大学医院治疗，共产生医疗费17.48万元，基本医保报销3.09万元，大病报销6.93万元，剩余金额为7.46万元。扣除应个人承担的全自费费用后，中国人寿宁夏分公司按照“扶贫保家庭成员大病补充医疗保险”的理赔规则，赔付理赔金5.31万元，加之“四报销、四救助”政策体系，最终本人支付医疗费不超过0.5万元。

（3）建立门诊报销保障制度

为真正做到精准解决农户因病致贫、返贫问题，健康扶贫政策不仅建立住院保障，还建立了门诊报销保障：在县、乡、村医疗机构普通门诊看病分别报销35%、60%、70%。大病门诊起付线500元，一档、二档、三档在定点医疗机构分别报销50%、60%、65%。按病种不同，最高报销1400～16000元不等，但恶性肿瘤放疗化疗、器官移植术后抗排治疗不限额度。贫困患者中30种大病门诊实际报销救助比例达到85%。

3. 加强医疗卫生服务能力建设——让农户看得好病

（1）夯实医疗硬件基础

实施县、乡、村医疗机构标准化建设，改善医疗机构业务用房，配置必要的医疗设备，进行医院信息化建设；整合投入2300万元资金，为公立医院购置了64台螺旋 CT、核磁共振、四维彩超等大型医疗设备；为基层医疗机构增配了 80 台“健康一体机”、4 辆救护车和 3 辆医疗巡诊车。县级医疗机构建设了血液透析室和康复医学中心；乡镇卫生院“中医馆”实现全覆盖。县、乡两级医疗机构都实现标准化建设。

（2）提高医疗软件基础

探索县级医院延伸成立社区卫生服务机构，建立了“一中心、六站点”社区服务网点，为医疗机构增编 134 名，近 7 年累计公开招聘招考医务人员 271 人。同时还组建了覆盖全县 8 个乡镇卫生院的“县域医疗共同体”，对建档立卡户中因病致贫、返贫人员，进行门诊初筛补助，按病种分类，制定个性化治疗方案。贫困患者县内就诊率由 83.1% 提高到 90.37%。

（3）加强对外交流合作

通过闽宁帮扶、京宁合作，2016—2020 年，实施全国三级医院与扶贫县县级医院“一对一”对口支援帮扶。其中，福州二院、银川市人民医院、北京顺义区医院对口支援盐池县医院；自治区中医院对口支援中医院，每年选派 3～5 名技术骨干驻点帮扶。每年投入 150 万元，与自治区内外多家医疗机构建立人才联合培养机制，开展重点专科建设、临床带教，有效提升了医疗服务水平和管理能力。

（4）开展“千名医师下基层”活动

自治区卫生计生委组织、选派医务人员到县级医院、乡镇卫生院坐诊，开展业务培训、业务技术指导等，提升基层医疗机构医疗服务能力，使贫困人口能够就近看病。

（三）盐池县健康扶贫的成效

1. 防范了健康风险，有效解决了因病致贫、因病返贫问题

截至 2018 年，盐池县共有 23244 人次、1271 户群众从中受益，因病致贫人口由 2016 年年底的 3078 户 7992 人下降至 195 户 463 人，建档立卡贫困患者住院医疗费用实际报销比例达到 92.3%。从 2017 年到现在，大病补充保险为 907 名患者报销 883.24 万元，家庭综合意外保险为 1271 户报销 375.59 万元；民政医疗救助 7100 人次 682.53 万元，门诊救助 3006 人次 48.44 万元，财政基金救助 6912 人次 442.5 万元，宁夏盐池卫生发展基金救助 5319 人次 295.52 万元。贫困户风险进行了转移，在事故或疾病发生后，保险公司及时将所欠债务还清，个人大病医疗费用直接降低 70% 以上，同时还向被保险人家属赔付身故金，化解了被保险人家庭因事故或疾病面临的家庭开支、教育支出等经济问题。这有效减轻了出险人家庭经济负担，同时

也减少了县财政补助支出，节约了财政资金，防止了贫困户因病、因重大事故返贫，让每个贫困户都有抵御风险能力和全面保障，有效防范和解决了因病致贫、因病返贫问题。

2. 培养了农户的健康意识，提高了农户健康素养

盐池县通过开展“健康盐池大讲堂”、成立健康讲师团队等多种形式的活动宣传健康的生活理念和方式，树立“预防大于治疗”的观念，引导公众合理膳食、戒烟限酒、心理平衡、适量运动、“三减三健”（减油、减盐、减糖，健康骨骼、健康口腔、健康体重）、树立理性就医的观念。宣传健康合理用药、科学就医，避免过度医疗和盲目医疗现象。家庭医生签约服务覆盖率100%，家庭医生普及了地方病、慢性病的防范和医疗知识。

3. 培养了农户的保险意识，进行了基础的金融教育

2016年盐池县“扶贫保”“2+X”的“菜单”模式推出之时，建档立卡贫困户不愿投保。2017年以来，无论是建档立卡户，还是非建档立卡户都抢着投保，城乡基本医保参保率100%，“扶贫保”参保率90%。一年的实践中，购买了大病医疗补充保险和家庭综合意外伤害保险的农户得到理赔的现实案例就是对其他农户最好的教育。农户充分意识到保险的好处，进而购买更多的人身保险和财产保险。健康扶贫也是一次金融保险知识的普及教育。

4. 完善了基本医疗体系，提升了医疗服务能力

从医疗供给方来讲，乡镇卫生院“中医馆”实现全覆盖，县、乡两级医疗机构都达到标准化建设。建立了“一中心、六站点”社区服务网点，同时还组建了“县域医疗共同体”，医院的硬件和软件都得到了极大改善，提升了总体的医疗服务水平。

四、盐池健康扶贫模式的经验与启示

盐池县的健康扶贫做法切切实实立足县情、民情和具体病情，精准瞄准对象，围绕让贫困人口“少得病、看得起病、看得好病”这一目标，精准施策，从预防、基础、补充到托底4个层面建立了较为完善的健康扶贫体系，真正解决了大病救助保障力度不够、医疗能力弱、就医负担重等难题，走出了一条革命老区健康扶贫的精准之路，其经验值得学习和借鉴。

（一）成功的经验

1. 坚持问题导向，工作做实做细

盐池县政府和相关政策部门在大量调研摸底的基础上，走村串户，从下及上听取农户意见，从上而下制定政策，解决问题，服务百姓。印发了《盐池县健康扶贫工程实施方案》等 3 个推进县级健康扶贫工作配套文件，围绕“少得病、看得起病、看得好病”的目标，设计健康扶贫任务、措施、保障及评估办法，细致分解，扎实落地，形成了一套系统的健康扶贫落实办法。健康扶贫政策的成功是建立在盐池县前期扎实的扶贫工作基础之上的，认真务实的工作作风是成功的根本。

2. 大胆探索，动态调整，不断优化政策

在实践中出现了新的问题，盐池县不断优化政策，不断改进，获得群众的极大认可。2017 年的大病医疗补充保险和家庭综合意外伤害保险是在 2016 年的基础上优化的，提高了保费和保险责任，降低了保险报销起付线和报销标准。2016 年的保险只适用于建档立卡户，2017 年“扶贫保”政策适用于全县所有农户，对建档立卡贫困户和非建档立卡贫困户采取差别化的资金补助。这些都是边实践边倾听农户意见修改政策的结果，在实践中不断优化政策。

3. 加强督导检查，做好评估验收

加强督导检查，对督查中发现的问题及时整改；建立“季度调度、半年督导、年度考核”机制。对重视不够、工作不实造成严重后果或不良影响的，严格问责。卫计局制定考核评估办法，重点对组织领导、患病贫困人口分类救治、卫生服务体系建设、群众满意度等进行评估，确保健康扶贫工作规范、科学、有效推进。

4. 建立了完整的健康扶贫体系，发挥了健康扶贫的协同效应

健康扶贫涉及人社局、扶贫办、财政局、银行、民政局、卫计局、残联、各级医院和医疗机构等多个部门，只有在这些部门之间建立起良好的协同机制，才能建立起一个相对完善的健康扶贫体系。盐池县建立了一个保障体系、医疗卫生体系和公共卫生体系相互协同，多路径（基本医保、大病医保、大病补充医保和救助）的健康扶贫体系，发挥协同效应，实现了健康扶贫的目标。这对地方政府的领导力和管理制度都提出了更高的要求，盐池县各部门良好的协同机制是健康扶贫的重要保证。

（二）存在的问题

盐池县的健康扶贫工作取得了良好的效果，值得学习和借鉴，但是也存在一定

的风险和问题。健康扶贫需要财政的大力支持，盐池县政府财力厚实，但是持续为大病医疗补充保险和家庭综合意外伤害保险提供补贴总是会带来支付压力。补贴的年限为多少？补贴何时退出？培养农户保险意识大约需要多长时间？是否需要地方或者国家层面法律制度的支持？这些问题并没有作长期的制度安排和考虑。同时，基层保险公司在按“保本微利”原则开展健康扶贫险种时，影响了总体业绩，但是总公司在业绩考核时并没有单独考量，削弱了基层保险公司开展健康扶贫保险的积极性。另外，金融消费者受教育程度低。一方面，许多贫困户是因为政府补贴购买的健康扶贫险种，发生事故后并不知道理赔，使得理赔不到位；另一方面，存在过度医疗、骗保等道德风险问题。未来的健康扶贫工作还要注重这些细节和着眼长期问题。

第十章　外促内生脱贫：甘肃省“东乡模式”

东乡县作为全国最典型的几个深度贫困地区之一，具有自然环境恶劣、土地贫瘠、交通不便、水资源缺乏、生产方式落后、人民生活水平低下等少数民族贫困地区共有的外在贫困成因，单一的内生力量难以使其贫困状况发生改变。2013 年 2 月 3 日，习近平总书记考察甘肃省临夏回族自治州东乡族自治县布楞沟村时作出一系列重要扶贫批示，嘱托要“把水引进来，把路修通，把新农村建设好，让贫困群众尽早脱贫过上小康生活”，同时任命中国石油化工股份有限公司为主力帮扶企业。随着外部扶贫力量的不断注入，东乡县脱贫的内生力量不断被激发，内生力量与外部力量形成合力，脱贫工作取得巨大进展。以布楞沟村为例，其人均年收入由 2012 年年底的 1624.1 元提升至 2017 年年底的 6156 元，已实现整村脱贫。本章重点分析东乡县采用的外促内生脱贫模式，得出外界条件极端恶劣的少数民族地区的扶贫经验。

一、甘肃省临夏州东乡县简介

（一）东乡县基本情况

中华人民共和国成立前，东乡县分属临夏、和政、永靖、宁定（今广河）四县。1949 年 8 月 22 日解放，1950 年 9 月 25 日成立东乡自治区，1955 年 6 月改称东乡族自治县。东乡县是全国唯一以东乡族为主体的少数民族自治县，也是甘肃 3 个特有少数民族之一东乡族的发祥地和主要聚居区，是六盘山片区国家扶贫开发工作的重点县之一，也是全省 58 个集中连片特困片区县和 23 个深度贫困县之一。全县辖 16 个乡、8 个镇、229 个行政村、1893 个社，总户数 5.97 万户，总人口 30.94 万人，其中东乡族占 87.2%、汉族占 9.7%、回族占 3%、其他少数民族占 0.1%。

东乡县作为少数民族自治县，其历史文化具有一定的特殊性。了解东乡县的历史文化地理位置、自然条件、社会经济、教育、卫生及组织建设等情况是理解东乡县贫困程度的钥匙。

1. 历史文化概况

东乡县地处甘肃省临夏回族自治州，是全国东乡族的主要生活地区之一，东乡族居住在临夏州（古称河州，以河州城为中心，城周围分东、西、南、北四乡）以东，东乡便由此得名。东乡县的东乡族自称“撒尔塔”，信仰伊斯兰教，有民族语言，没有民族文字，是13世纪中叶以中亚撒马尔罕地区的色目人为主体，融合汉族、蒙古族、藏族、回族等民族形成的民族共同体。

以东乡县的布楞沟村为例，可以从历史中明晰地了解东乡族为什么选择这样一个自然条件恶劣的地区定居。布楞沟村①所处的地带地势险要，易守难攻，身处山谷之中，在明朝时期难以被官兵发现，所以被一部分东乡族人选为避难生存之所。也正是因为其选址的目的在于保持自己的文化不被汉化、躲避官兵的追杀，所以才挑选了这样一个生存气候条件堪忧的地带。周围的山体主要为石头山，表面覆盖的土很少，更不要说可以生长作物的优质土地。本地的农作物难以正常生长，这种山势使官兵一时难以发现山内居住有村民。另外，即使发现了山谷内的村民，因为地势险要、食物缺乏，官兵也不愿为此涉险而前往。山谷内植物的缺乏也导致了牛、羊等牲畜难以养殖，布楞沟村的村民只能靠天吃饭。东乡县内大多数地带均是这种情况。为了躲避明朝的镇压，大批族人选择了“东乡”这个明时少人问津的恶劣地带避难。时至今日，虽然早已没有了明朝官兵的通缉，但是这些世世代代生存在此处的东乡人却因为自然条件，发展落后于其他地区。这也是为什么在新的环境下，要针对东乡地区进行强而有力的精准扶贫工作。

2. 地理位置概况

东乡县地处黄土高原丘陵地带，位于甘肃省中部西南面、临夏回族自治州东北部，位居连接兰州、临夏的交通要道；东隔洮河与定西市临洮县毗邻，南与广河、和政县相接，西距临夏州府15千米，北有刘家峡水库与永靖相望，处在兰州一小时经济圈内，是丝绸古道南路“回藏风情线”上的重要通道，也是黄河大三峡旅游开发板块上的重要节点。县内213国道、折达二级公路、兰临高速交汇其中，兰合铁路穿县而过，公路网络四通八达，全县已整体实现乡乡通油路、村村通公路的目标。折红二级公路建成后将缩短临夏州到兰州市的距离50千米。

---

① 注:“布楞沟”在东乡语境中意为“悬崖边”。

3. 自然条件概况

东乡县地处大陆腹地，为黄土高原和青藏高原的过渡地带，属温带半干旱气候，大陆性气候突出。总面积 1510 平方千米，耕地面积 36.78 万亩，其中山旱地占 87.3%。周围山地居多，海拔悬殊，在 1736~2664 米，地形复杂，气候差异较大，山地垂直气候显著。群山起伏，沟壑纵横，四面环水，县内缺水，植被稀疏，十年九旱，自然资源十分匮乏。

东乡县所属地区的主要气候特点是冬长夏短，春秋相连，日照丰富，降水量少，蒸发量大，无霜期短，干旱严重。年平均气温为 5.6℃，最冷月平均温度为 -6.6℃（1 月），最热月平均温度为 16.5℃（7 月），极端高气温为 33.5℃，极端低气温为 -22.5℃。该地区年平均降水量为 282.0 毫米，其中 5—9 月降雨量 350.3 毫米，占全年降雨量的 78.9%。年平均无霜期 138 天。全年日照时数为 2506.7 小时，年平均风速为 2.4 米/秒，最多风向为东北风。主要气象灾害有干旱、泥石流、冰雹、霜冻、寒潮、大风、连阴雨（雪）等。①

4. 社会经济概况

东乡县是一个以畜牧业为主、农业为辅的县，该地区的畜牧业以食用羊为主要代表，是甘肃的羊肉类产品的供应源地之一。2017 年，东乡县通过转变生产方式，大力推进第一、第二、第三产业融合，主动适应经济发展新常态，紧盯精准扶贫精准脱贫“一号工程”，积极应对经济下行压力，全面落实稳增长、促改革、调结构、惠民生、防风险各项措施，经济运行稳中向好，经济总量逐步增大，经济结构明显优化，经济效益明显提升（见表 10-1）。

表 10-1　东乡县 2012—2017 年地区生产总值统计表②

指标	2012 年	2013 年	2014 年	2015 年	2016 年	2017 年
地区生产总值（万元）	119574	127197	150854	162743	173012	187390
第一产业产值（万元）	40584	37751	40331	42392	45269	48092
第二产业产值（万元）	25243	23930	30428	31028	27679	30124
第三产业产值（万元）	53747	65516	80095	89323	100064	109174
地区外净要素收入（万元）	280	290	290	305	325	335
地区收入总值（万元）	119854	127487	151144	163048	173337	187725
人均地区生产总值（元）	4142	4371	5102	5430	5790	6211

① 资料来源:东乡族自治县气象局。
② 资料来源:东乡族自治县统计局。

县内农村居民收入稳步增长，在长期产业帮扶的带动下，东乡县已扩展了相当一批运转稳定的产业格局，将过去使用零散生产方式的常住居民的生产力量进行有效整合，以产业化规模生产，并由此形成县内的品牌。近几年，以“东乡手抓”“东乡务工”等为代表的东乡品牌在甘肃省内，乃至东部沿海地区已小有名气。县内农村居民的人均年收入也因此有了很大的增长（见表10－2）。

表10－2　东乡县农村居民人均可支配收入①　（单位：元/年）

指标	2012年	2013年	2014年	2015年	2016年	2017年
农民人均可支配收入	2855.35	3260	3704	4152	4754	4908
工资性收入	615.2	718	947	1306.8	1063.4	1090
家庭经营纯收入	1192.65	1405	1481	1826	1957.2	2120
第一产业	909.5	1102	1145	1428	1519	1641.8
种植业	363	387	393	384	417.8	408.4
牧业	570.3	640	702	942	1022	1155
第二产业	27.6	33	36	42	58	61.2
第三产业	255.55	270	300	356	380.2	417
财产性纯收入	46.1	50	54	56.2	28.4	30
转移性纯收入	1001.4	1087	1222	963	1705	1668

5. 教育概况

东乡县高度重视教育工作，把教育作为“良心工程、长效工程、社会工程”来抓，提出了“发展教育是东乡最大的希望、最大的民生、最根本的出路”的工作思路，努力提高教育教学工作水平。全县现有各级各类学校、幼儿园321所，其中，各类学校208所（高级中学1所、完全中学2所、初级中学1所、九年制学校14所、各类小学189所、职业技术学校1所），幼儿园113所（县城幼儿园2所、乡镇中心幼儿园24所、行政村幼儿园84所、民办幼儿园3所）；全县现有教职工3649名（初级职称1363名、中级职称1299名、高级职称182名）；全县现有在校学生、在园幼儿54149名（女生25423名），其中，小学生32768名（女生15782名），初中生7821名（女生3297名），高中生2431名（女生1053名），在园幼儿11129名（女生5291名）；2017年，九年义务教育巩固率为84.7%，高中阶段毛入学率为65.2%，幼儿毛入园率达到85%。②

① 资料来源：东乡族自治县统计局。
② 资料来源：东乡族自治县教育局。

6. 卫生概况

东乡县卫生室状况目前相对改观，全县229个行政村，有标准化村卫生室103个，126个村无标准化村卫生室，35个行政村卫生室工作由村医租赁或在家开展业务。[①] 目前，很多自然条件严酷的村仍然无卫生室，加之县财政紧张，没有足够的资金为山大沟深的每个村均设置卫生室，在医疗卫生上距离实现“两不愁、三保障”仍然有较大差距。

7. 组织建设概况

东乡县的基层组织建设工作一直有着相对稳定的发展态势，基层组织建设为全县脱贫攻坚和全面建成小康社会提供了坚强的组织保障。东乡县注重从贫困户、致富能人和优秀青年农民中发展党员（见表10－3）；同时关注村内“两委”班子的建设，加强村干部动态管理，重点选好配强贫困村党支部书记。全县共有229个行政村，村干部共666人，其中支部书记229人、村委会主任208人、文书229人，书记主任“一肩挑”21人。[②]

表10－3　东乡县2015—2017年发展党员人数[③]　（单位：人）

年份	全年总共发展党员	从贫困户中发展的党员
2015	312	145
2016	228	97
2017	267	166

（二）东乡县贫困程度概况

根据国家扶贫标准测算，2013年东乡县全县核定贫困人口10.92万人、贫困面38.74%，同年，国家和甘肃省将东乡县115个行政村列为建档立卡贫困村；2017年甘肃省将东乡县列为全省23个深度贫困县之一，确定深度贫困乡镇2个、深度贫困村133个，深度贫困村和建档立卡贫困村占全县229个行政村的69.3%，在全省23个深度贫困县中贫困发生率最高。[④] 目前的东乡县具有如下贫困现状和特点：第一，贫困面大。2017年全县脱贫1747户、8890人，经动态调整，现有贫困人口15450户、74044人，贫困面25.28%，[⑤] 在全省各县市中最高。第二，贫困程度深。

① 资料来源：东乡族自治县卫生局。
② 资料来源：东乡族自治县县委组织部。
③ 资料来源：东乡族自治县县委组织部。
④ 资料来源：东乡族自治县扶贫办。
⑤ 资料来源：东乡族自治县扶贫办。

绝大部分群众居住在海拔2300米以上的山区，其中龙泉、春台等10个乡镇和133个深度贫困村，是东乡县脱贫攻坚的“硬骨头”。第三，脱贫巩固难。贫困发生率在40%以上的乡镇有6个，贫困发生率在50%以上的村有23个，贫困发生率在30%~50%的村有71个，[①] 因灾、因病、因学、因婚返贫的概率较高，脱贫成果的巩固相对困难。

表10-4　东乡县2012—2014年农民人均可支配收入构成[②]　（单位：元）

指标	2012年	2013年	2014年
农民人均可支配收入	2855.49	3260	3704
四大支柱产业收入	1424	1610	1925
劳务收入	598	698	947
洋芋收入	218	232	239
养羊收入	545	612	665
林果花椒收入	63	68	74
牧业收入	570.3	640	702
其他收入	1431.49	1650	1779

二、扶贫模式：以外力注入为主的外促内生型脱贫模式

东乡县的贫困情况与其他贫困地区有所不同，地理条件的闭塞导致了大量的动植物难以存活，交通的封闭使县内外交流不畅。如果单单依靠东乡县自身的动力并以此为主要推动点来帮助扶贫，难以产生有效的脱贫成果。中央政府、临夏州政府、东乡县政府等各方面通过协调，制定了以外部资源扶持为主的拉动式外促内生的扶贫模式，东乡县内本身的资源、条件并不丰富，所以靠各级政府、各国企单位的主动力量为其制造产业、对接项目、开发品牌，将县内的贫困户整合起来，在强有力的外部力量的促进下达到脱贫不返贫的效果。

（一）脱贫主动力——外部资源注入

东乡县贫困面大、贫困程度深、脱贫巩固难，单纯凭借自身力量，一方面脱贫动力不足，另一方面脱贫能力有限，在自然发展的情况下短时间内难以摆脱贫困。外界力量的注入是改善东乡县贫困状况的关键环节。

① 资料来源：东乡族自治县扶贫办。

② 资料来源：东乡族自治县统计局。

1. 自然条件限制使得只依靠内生力量无法有效脱贫

东乡县地处黄土高原和青藏高原的过渡地带，气候干旱，岩石山占山体的大多数，海拔悬殊，地形复杂，气候差异较大，山地垂直气候显著。历史上，为了躲避官兵的通缉和追捕，大批住户身处山谷之中，隐蔽性较强，但生存条件堪忧。村落四周被群山环绕，交通不便，使得县内大量村落难以与外界沟通，信息的不畅通让东乡县的发展落后于时代的大环境，了解不到新的环境、新的动态，县内发展必然会落后；同时山谷内的作物生长也相对困难，牛羊等牲畜的生长环境也相对恶劣，最终使得东乡县内大量的村落靠天吃饭，植物生长靠天，动物繁殖靠天，本地也难以孕育出一些特色产业供居民生产消费。

“旱季无水，雨季滑坡”，当地的居民在靠天吃饭期盼降水的同时也饱受雨季的泥石流和山体滑坡的灾害。山谷四周均为岩石山，植被覆盖少，泥土挂不住，一旦出现降水极易引发地质灾害。居民疲于应对自然灾害，难以发展出有效的地方产业。

在这种自然人文条件下，传统的脱贫模式难以有效发挥作用。第一，当地条件过于艰苦，又没有足够的产业源头，难以进行辅助推广。第二，生产条件过于恶劣，扶贫首先要保证贫困人口的生存能力，而本地各种因素叠加，居民的生存环境相对不利，单纯地依靠资助或企业带动并不能给东乡县带来一个相对快速并可持续的脱贫方案。相反，只有在脱贫前期给予足够的外部力量支持，加大投入力度，集中政府及社会各界的力量来修复当地基本的生活环境，培育可持续的地方产业，才能有效地使东乡县成功脱贫。

2. 基本条件改善：政府及国企投入帮扶建设基础设施

首先，进行组织统筹规划，确保东乡县内贫困户的基本生活保障。一方面，帮扶人员与贫困户联系。按照《关于优化调整贫困村帮扶工作力量的通知》（县委办发〔2018〕25 号），省州帮扶干部每人平均联系 2 户建档立卡户，县乡帮扶干部每人平均联系 4 户，县乡每名干部联系帮扶最多不超过 9 户（含 9 户）。省州县乡共 7789 名干部帮扶全县已脱贫建档立卡户 12528 户、未脱贫建档立卡户 15450 户，其中省直单位选派帮扶干部 794 名、联系帮扶 1564 户，州直单位选派帮扶干部 1765 名、联系帮扶 3302 户，县乡选派帮扶干部 5230 名、联系帮扶 23112 户，实现了全县建档立卡贫困户联系帮扶责任人全覆盖。[①] 另一方面，扶贫单位从方案制定、工

① 资料来源：东乡族自治县扶贫办。

作调度、跟踪问效、督导考评等方面细化完善了措施办法，严格落实县级干部驻村蹲点制度，一线落实、一线推动脱贫攻坚的责任机制不断健全。坚持把最强的领导力量、最优的帮扶资源向特困乡村倾斜，以深度贫困村为重点，整合中央、省、州、县各级帮扶力量，在全面掌握村户发展支撑、脱贫需求的基础上，结合“三区三州”扶持政策，编制完成了《东乡县脱贫攻坚三年实施方案（2018—2020)》、24个乡镇和215个行政村脱贫攻坚三年实施方案以及1.54万户贫困户的脱贫计划。

其次，进行县域内的基础设施建设工作。临夏州政府、东乡县政府、中国石化等各力量加大资助力度，为东乡县内的乡镇修水泥路面，为山谷内的村落打开了山路，修建了高速公路，并在布楞沟村修建了高速路服务区，打开了交通。同时，按照“两不愁，三保障”的要求进行了吃水用水方面的建设，铺设了自来水管道，保证村内用水的方便和安全。在住房方面，对无法顺利修复的山谷内村落进行了易地搬迁，对可以保护开发的村落进行了维护和基本的安全保障，在对易地搬迁后仍然无力建房的贫困户额外投入资金扶持，动员企业捐款，保证基本的生活需求。

各级政府通过主动助力的办法，因地制宜地对东乡县加大了政府投入，组织各界力量为县内山谷中的村落开山修路、引水护林，打开了东乡县通往外界的道路，解决了东乡县看天吃水、翻山取水的问题。县内贫困户“衣食足”后才有能力、有精力去自发地产生脱贫思想。可以说，如果没有政府和国企的大量投入，东乡县难以在现阶段成功解决县内大批贫困乡、贫困村的基本生活问题。

3. 可持续的产业带动：外部资源帮扶培育当地产业

脱贫不能单靠资金派发，只有形成了可持续的产业才能真正做到脱贫不返贫。在这个思路下，县政府集合中石化等国有企业以及社会各界人士的力量，在缺乏原生产业基础的情况下，主动寻求突破，依托当地地理、人文情况，创新式拉动东乡县的产业发展，大力发展特色产业，拓宽群众增收渠道，使群众增收步伐明显加快，在产业培育上迈出了坚实的步伐。东乡县把产业发展作为群众增收、稳定脱贫的核心任务，按照“劳务餐饮做基础、畜牧产业为支撑、林果旅游创新路”的产业布局，在2017年全县4大支柱产业人均收入达到2208元，占可支配收入比重达到45%，比上年增长8.9%。依托羊、洋芋两大资源优势，着力培育壮大羊、洋芋、林果花椒、劳务4大支柱产业。

在洋芋产业方面，合理调整种植结构，大力推广脱毒洋芋良种，加快品种改良步伐，建立百亩种薯扩繁基地5000亩，新建马铃薯储藏窖470座，累计达到2850座，全县25.89万亩洋芋种植实现了良种化，2017年人均洋芋收入为228元，下降1.72%，占农村居民人均可支配收入的4.65%。

在养羊产业方面，稳步推进世行六期产业扶贫试点项目，新办养殖场16家，累计达到127家，发展养殖大户220户，累计达到4330户，创建省级、州级标准化示范场144个，修建暖棚圈舍2129座。充分利用“东乡手抓羊肉”的品牌优势，与省公航旅集团和广东甘肃商会共同启动了“京东商城·东乡贡羊”百万扶贫众筹活动，进一步打响了东乡羊品牌。羊饲养量达117.4万只，通过重点扶持和示范带动，壮大了支柱产业，进一步延伸了产业链条，形成了集繁育、养殖、屠宰、加工、营销和社会化服务于一体的全产业链生产模式，提高了产品附加值，增加了农民收入，2017年人均养羊收入876元，增长9.16%，占农民人均纯收入的17.85%。

在劳务产业方面，依托“陇原巧手”项目，开展妇女刺绣技能培训13期3200人次。在餐饮方面，大力实施东乡美食餐饮业“百千万亿”工程，与甘肃银行、邮储银行、人保财险签订了餐饮业发展贷款协议，在省外筹建东乡美食餐饮业协会17个，在县内外发展餐饮实体700家，累计达到2449家，发放扶持贷款1443万元。通过与厦门市开展东西部扶贫协作，积极发展“订单式”培训，完成面点师、挖掘机、B本驾驶员、手工编织等技术技能培训3673人，劳务培训2.83万人，先后向厦门、广东、南京等地输转劳务6.9万人，实现劳务创收11亿元，2017年人均劳务收入达到995元，比上年增长11.17%，占全县农民人均可支配收入的20.27%。

在林果花椒产业方面，依托旅游开发，科学编制唐汪、河滩旅游业开发规划，与省公航旅集团签订了全域旅游合作协议，注资2亿元成立了甘肃公航旅东乡文化旅游有限公司。在巩固经济林基地规模的基础上，坚持适地适树、补植补栽，加大经济林栽植面积，林果花椒基地面积不断扩大。深入挖掘县内特色旅游资源，成功举办了唐汪杏花旅游节、杏子采摘节等系列活动，2017年人均林果花椒收入109元，占农民人均纯收入的2.22%，比上年增长11.22%。

（二）脱贫辅助力——扶志与扶智相结合

一般来说，贫困地区的落后与贫困人口甘于自足、自我驱动和发展能力不足有一定的关系。东乡县虽然是国家重点帮扶的贫困县，但其贫困户的内在脱贫精神却与一般的贫困地区有所不同。由于历史原因，该地区的贫困村落大多自然条件严苛，居民无暇关心产业发展和提高生产力。所以东乡县的贫困户一方面需要“志”的内在推动作用，另一方面需要“智”的外在拉动作用。“志”和“智”的短板成为脱贫致富的瓶颈。“十三五”时期是脱贫攻坚的关键时期，既要投入大量的资金、物资解决迫切的生产生活之需，又要提高贫困地区人口的思想觉悟、精神状态和文化素养，“扶志”“扶智”并驾齐驱，催生精准扶贫的思想动力和行为活力。

1. 参与式扶贫激发贫困户脱贫的决心

东乡县汪集乡沙黑池村作为甘肃省的试点首先采用了参与式扶贫模式，这种扶贫模式需要贫困人口在各个方面的积极参与，以及在很多方面的主导作用。参与式整村推进扶贫开发模式就提供了贫困人口全面参与机制，有利于贫困户真切地感受到自己是主动脱贫的主体，而不是政府主导的“被动式”脱贫的客体。

首先，通过召开村“两委”会、村党员会、村民代表会、全体村民大会等方式，健全村民自治制度，推行村务公开，引导群众自觉学法守法用法，用法律维护自身权益，让群众主动提困难、提问题、表诉求，让群众全程参与项目的筛选、设计、规划、实施、监管和验收过程，充分尊重广大群众的意愿，发挥群众群策群力、集思广益的作用。

其次，在扶贫项目的选择上，由东乡县内重点贫困村的村民、外来专家以及技术人员共同分析制约当地经济发展的主要原因，并根据轻重缓急对这些问题进行排序，作为确定发展项目内容的依据。在充分尊重农民意愿的基础上，以当地现有资源和已有技术为依托，以市场为导向，确定项目内容。

最后，在项目的实施过程中，由贫困村的村民选举产生的项目实施小组和能力建设小组在村党支部的统一领导下代表村民行使参与权，全面负责组织项目并参与项目的实施和管理工作，并召集村民代表参与制定适合本村发展实际、规模适度、切实可行的具体实施方案，对项目资金作出统筹安排，提高项目资金使用管理和验收的透明度，接受群众监督。

此外，参与式整村推进扶贫开发的每一环节在事前都要由各能力建设小组征求村民代表的意见，事后发榜公布，接受全体村民的监督。参与式扶贫将项目的实施效果和收益与贫困户的切身利益紧密联系起来，项目选择符合当地实际，只要项目进展顺利，就会取得较好的经济社会效益，贫困户也就会从中得到更多的实惠。正是这种利益上的紧密相关性，使贫困户把发展项目当作自己的事情，积极主动，认真负责。在实施基础设施时，贫困户自己组织投工投劳；在施工中遇到技术问题时，贫困户主动寻求技术人员的帮助；项目资金不足时，贫困户甚至自己筹资。这种“主人翁”精神正是保证新时期扶贫开发工作取得胜利的动力源泉。

这样的全方位的参与机制，一方面，巩固了原本身处扶贫进展中的贫困户的脱贫动力，使每个人明确感受到这是在为本人谋福利、为本人着想。在个人切身利益的引导下，参与其中的贫困户会更加主动地配合脱贫工作，自发地为自身脱贫出谋划策，极大地避免了传统扶贫中的“等、靠、要”等行为。另一方面，参与式扶贫也让一部分对扶贫有抵触情绪的贫困户参与到扶贫之中，真实地感受到了脱贫的好处，以及与其他参与扶贫的贫困户之间的差距，自发地变被动为主动，开始参与扶贫，减轻了思想教育工作人员的工作负担。这样一来，绝大部分贫困户在参与中感受到扶贫工程中的好处，从而提高了脱贫的决心，主动进行脱贫尝试、积极配合各级政府的扶贫工作；各界技术人员因地制宜、主动帮扶，在贫困户接纳技术人员后，又为贫困村带来了“智”。这样“志”与“智”相结合，为东乡县的扶贫注入了新的活力。

2. *发展基层党建带动贫困户脱贫信心*

作为中国共产党的“三大法宝”之一，党的建设始终是我们党在革命、建设和改革的各个时期取得一个又一个胜利的关键。东乡县基层党建的展开，有利于激发贫困群体的内生发展动力。思想观念的转变和人的现代化是贫困治理中思想、组织动员的题中之义。破解“贫中之贫、困中之困”，铲除“等靠要”思想，消除“是你们让我脱贫而不是我要脱贫”“以评上贫困户为荣”等怪象，最根本、最紧要的是“扶志”，即激发贫困群众脱贫致富的内在动力。一方面，要充分发挥群众在脱贫攻坚中的主体性作用。对于贫困群众，可以多用“算账”、树立先进典型、培养示范户、“按劳取酬”、“风险共担、收益独享”等方式渐进地启发其脱贫攻坚的内在动力；对于非贫困户，要在进一步强化其发展能力的同时，引导其通过技术指导、生产互助、结对帮扶等方式助力贫困户脱贫。另一方面，要打破贫困文化的代际传递。深度贫困之所以“深”，就在于思想和文化层面存在根深蒂固的贫困文化。这种文化在横向上传播，影响其他群众，在纵向上传递，影响下一代。由此，应通过职业教育、劳务输出、外出参观学习等方式，让贫困地区的年轻人到发达地区切身地接触、感受和学习先进文化，强化发展意识。

专栏10－1　党员能人先进典型——东塬乡牙胡家村“哈三书记”

马哈三是东乡县东塬乡牙胡家村党支部书记。2000年任职以来，他充分发挥了自村党支部书记的“领头羊”作用，带头发展富民产业，聚力奔富路，成为带动群众脱贫致富的领路人。

强化“支部引领”，培育富民产业。作为一名共产党员，马哈三积极发挥共产党员的先锋模范作用，突显党支部在精准脱贫中的核心作用，将支部优势转化为精准扶贫优势，把抓基层党建的成效体现到脱贫攻坚工作上来。

为了改变牙胡家村的贫困现状，马哈三针对资源条件和产业发展特点，带领群众因地制宜培育农家乐和劳务、养殖等产业，为扶贫特色产业的发展奠定了基础。

百姓要发展，出门开餐馆。马哈三意识到，该村具有邻近临夏市的区位优势，又有东乡餐饮的传统优势，发展农家乐是条脱贫致富的好路子。于是，他带头开办了一家农家乐，开办后生意兴隆，挣了不少钱。在马哈三的带动下，牙胡家村民纷纷开办起了农家乐，村民们紧紧依托东乡传统美食优势，大力发展餐饮业，使其成为富民增收的一项主要产业。目前，全村已在周边开办农家乐、拉面馆等 41 家。在经营传统的"东乡手抓"、煮洋芋及各种面食的基础上，菜品推陈出新，还提供独具东乡特色的爆炒羊羔肉、爆炒草鸡以及各种农家小炒等，深受游客青睐。如今，每天从省城兰州及周边县市来农家院品尝美食的顾客络绎不绝，不少农户借此走上了脱贫致富的快车道。

村民马麻乃开办农家乐前，日子过得很艰难。2017 年，县乡出台了相关政策，鼓励支持贫困户依靠餐饮创业致富。在马哈三的鼓励带动下，马麻乃在自家院子里建起了一家小餐馆。就是这家小小的餐馆，现在每月为家里带来近 4000 元的利润。

随着农家乐餐饮业日渐红火起来，马哈三又组织全村走"枸杞种植 + 养殖 + 劳务输出"模式，建设啤特果基地，扩大全膜双垄沟播种植和养羊业，鼓励村民外出务工，增加收入。2017 年，全村输转劳务 274 人，实现劳务创收 95 万元，人均收入 4140 元，村人均劳务收入 722 元，异地种植枸杞 38 户 760 亩。

在牙胡家村老庄社，马热苏和马录个两户人家属于精准脱贫户，享受一类低保。两家房子相连，因年久失修和雨水冲刷，已成危房。2017 年，县住建局给予每户 2 万元的危房改造款。两家人因危房改造还要农户自筹一点，家中实在没钱而作罢。

2018 年以来，马哈三真心实意为他们排忧解难，出主意想办法，向县住建局申请了每户 2 万元危房改造款，向驻村工作队县体育局申请了每户 1 万元危房改造补助，又发动个别老板提供沙子和水泥，为两个无能力建房户提供了莫大帮助。

筑牢战斗堡垒，力促脱贫攻坚。牙胡家村委会，使人眼前一亮，内设焕然一新，村务公开制度、惠民政策都会在公示栏公开。马哈三说，涉及村民民生问题的事项，都会通过会议充分讨论后再作决定，并公开公示，确保村民利益最大化。

上为党和政府分忧，下为人民群众解困，马哈三始终在转变作风、为基层服务、提高办理效率上下功夫。经常深入村组和服务对象家中，调查了解情况，检查指导工作。与“两委”班子共同探讨问题，共谋发展措施，帮助释疑解难，面对面地开展工作，真心诚意办实事，提高了基层干部和人民群众对村干部的满意程度。

在平常工作中，马哈三对来办事的单位、人员和上访对象总是热情接待，对他们不清楚的问题不厌其烦地解说，对能办的事情抓紧及时办理，不能办的也做好耐心细致的解释工作，协助办理的事情从不推诿、主动配合，杜绝了“门难进、脸难看、事难办”的作风，得到了干部群众的一致好评。

如今，在马哈三的感召下，村“两委”班子成员凝聚力、战斗力明显增强。牙胡家村从一个落后的村一跃成为全乡基层组织建设先进村。

东乡县的基层党建建设进展顺利。首先，注重从贫困户、致富能人和优秀青年农民中发展党员。2015 年至今，全县共发展党员 918 人，从贫困户发展党员 477 人。2015 年共发展党员 312 人，从贫困户发展党员 145 人；2016 年共发展党员 228 人，从贫困户发展党员 97 人；2017 年共发展党员 267 人，从贫困户发展党员 166 人；2018 年共发展党员 111 人，从贫困户发展党员 69 人。其次，配齐配强村“两委”班子。加强村干部动态管理，重点选好配强贫困村党支部书记。全县 229 个行政村，229 个支部书记中，30 岁及以下的 12 人，31～35 岁的 16 人，36～45 岁的 62 人，46～55 岁的 77 人，55 岁及以上的 62 人。村支部书记平均年龄 43.5 岁。村支部书记中，任职 5 年以下的 88 人，任职 6～10 年的 47 人，任职 11～20 年的 48 人，任职 21～30 年的 31 人，任职 31 年以上的 15 人。平均任职年限为 7 年。

专栏 10－2　党员能人先进典型——唐汪镇马巷村党支部书记马元旗

马元旗同志在马巷村担任村书记的这几年中，为人正派，办事公道，深受马巷村群众的热爱和支持。在县委、县政府和镇委、镇政府的支持下，主动作为，推动扶贫项目落地，主要促成了以下惠民项目。

在基础设施方面，衔接镇政府，实施道路硬化 2.04 千米，新建 100 立方米蓄水池 1 座，实施渠道衬砌 2000 米，新建文化广场 1 处 3000 平方米，村办公场所 1 处 500 平方米，3A 级旅游厕所 3 座等，有效解决了马巷村群众行路难和灌溉难问题。

在富民产业方面，一是动员本村群众栽植大接杏200亩、7000株。二是动员群众新建暖棚圈舍69户、176间，衔接落实补助资金35.2万元。其中为50户修建暖棚圈舍2间，落实补助20万元；为19户修建暖棚舍4间，落实补助资金15.2万元。并对28户重点养殖户进行摸底调查，梳理分析存在的资金短缺、市场动荡等主要制约因素，明确了养殖业发展的思路和方向。三是帮助成立了东乡县马巷如林大接杏种植农民专业合作社。通过帮扶工作队的努力和精准扶贫项目的实施，基础设施得到改善，农民收入逐步增加，帮扶成效日益显著。

在金融支持方面，对接马巷村工作组落实精准扶贫专项贷款70户、339万元，互助社放贷16户、30万元，占全村贫困户的98%，并对贷款用途进行了跟踪摸底，做到了专项贷款用于发展产业，防止了贷款挪用。

在社会事业方面，帮助驻村工作队对全村贫困户住房情况进行摸底登记，实施危房改造34户，落实补助资金42.1万元，其中特困危房改造6户、落实补助资金18万元，基本解决了贫困村群众住房难问题。

在技能培训方面，按照镇上安排，积极组织劳务技能培训。107人次参加各类培训。其中参加清真烹饪技能培训21人；牛肉拉面技能培训12人；驾驶员培训39人；县妇联组织的“陇原巧手”妇女技能培训一期16人次。输转劳务105人次，创收287.5万元。

三、东乡县扶贫成果

自然环境恶劣，交通、信息的长期不通畅使东乡县长期处于深度贫困的状态，县内的环境导致其几乎不能靠本身的力量来发展，只有靠加大政府投入力度、外界支持力量来破壁，建立起可以保障居民日常生活的环境和状态，进而组建可持续的产业集群，最终带动原贫困集体走向成功脱贫不返贫的道路。

（一）东乡县脱贫基本数据

东乡县本身可开发的特色项目相较于其他贫困地区少一些，若政府不提供资金技术来引导扶持东乡县的发展，只依靠东乡县本身的力量进行脱贫，在现有的条件下难以成功。一旦外部刺激足够，其县内居民的内生动力很容易便自行迸发。在7年的扶贫战斗中，东乡县的扶贫工作取得了惊人的成效，原本生活都成问题的村落，现在建立起了自己的产业，其产品利用中石化的网络平台在相应的App上销售，村民有了稳定的产业收入来源。

1. 基本生活大幅改善

县政府紧扣“两不愁、三保障”，将改善贫困村水、路、房等基础条件作为夯基础、促脱贫的重要支撑。在道路交通上，依托“三区三州”扶持政策，2018 年内计划实施贫困村入户道路硬化 488.02 千米、村社道路硬化 252.65 千米，目前已开工建设。在吃水用水上，投资 9977 万元的中部农村饮水安全巩固提升一期工程、848.93 万元的农村供水骨干调蓄工程（北部片区）进展顺利，建成后将有效解决供水末端群众吃水难问题。在住房上，完成了全县存量危房的第一批入户（共计入户 5222 户）鉴定工作，核定确认危房 2777 户。进一步加大农村危房改造力度，对于通过实施易地搬迁、危房改造等政策扶持后仍无能力建房的贫困户，县上通过整合帮扶资源、动员企业捐款、社会力量扶持等方式，彻底改善贫困群众住房条件。在卫生上，计划投资 4608.8 万元实施 61 个贫困村风貌改造以及预脱贫户庭院硬化和卫改厕项目，全面改善人居环境。在一系列举措后东乡县的常住人口产生了稳步增长的态势（见表 10－5）。

表 10－5　东乡县常住人口变化[①]　　（单位：万人）

年份	年末常住人口	年平均常住人口
2010	28.40	28.18
2011	28.72	28.63
2012	29.16	28.87
2013	29.34	29.10
2014	29.82	29.57
2015	30.13	29.97
2016	30.02	29.88
2017	30.32	30.17

2. 产业结构不断完善

县内全力实施“东乡美食“走出去”工程和“边打工、边学技能、边挣钱”的带薪培训工程，在县内外发展餐饮实体 700 家（累计达到 2449 家），从业人员达 4650 人，对 124 家实体店发放餐饮贷款 2596 万元。2018 年输转劳动力 5.4 万人。大力发展乡村旅游，成功筹办了唐汪杏花旅游节，2018 年上半年新带动发展农家乐 32 家，接待游客 6.7 万人次，实现旅游综合收入 1900 万元。在电商方面，投资 500

① 资料来源：东乡族自治县财政局。

万元的县域电商公共服务中心和电商物流公共服务中心正在加紧建设；借助京东、阿里巴巴等网上销售平台，建成乡村电商服务站点59家，发展电商公司及自媒体网店30家，“东乡贡羊”等民族特色食品已实现线上销售。在村集体经济方面，按照每村50万元的补助标准，在138个贫困村组织实施贫困村村级集体经济项目。通过组建种植养殖合作社、引进龙头企业、更新冷链包装技术等措施，扶持发展规模养殖、东乡羊肉、油炸食品等特色产业。相较于2011年，2017年东乡县常住人口人均年收入已翻了一番，达到了6222元，近7年来稳定增长。

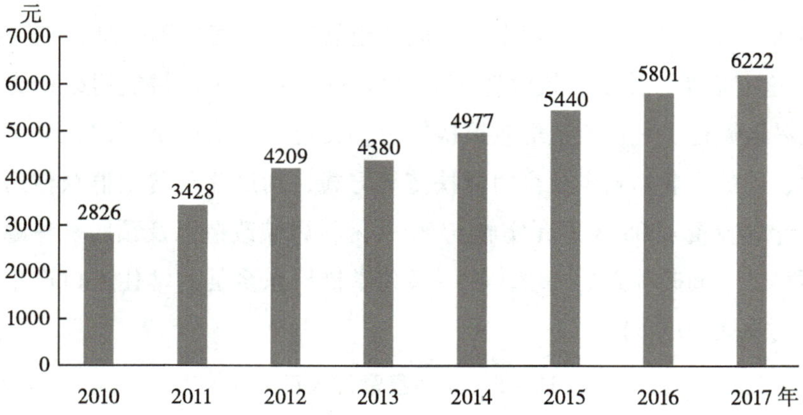

图10－1　东乡县常住人口人均年收入①

在政府主动投产建设新产业的同时，并行实施了围绕“五个一批”，结合“一户一策”帮扶计划，规范实施到村到户到人项目，各类基础短板和产业瓶颈得到有效改善，群众脱贫的基础得到不断夯实。围绕“发展生产脱贫一批”，创新实施了“155”到户种养业增收扶持工程，已落实全县12892户未脱贫户1万元启动资金，重点扶持发展规模养殖、特色种植。按照脱贫不脱政策的要求，安排资金669.55万元，扶持全县1.3万户已脱贫户实施脱毒马铃薯品种改良项目。围绕“易地搬迁脱贫一批”，2017年实施易地搬迁12595人，2018年确定易地搬迁10385人，计划2018年年底全部建成投入使用。围绕“生态补偿脱贫一批”，2018年全县完成造林25430亩，其中，荒山造林11030亩、经济林9400亩（包括庭院经济林）、退耕还林5000亩，行道树栽植138千米，栽植各类苗木185万株。2017年从建档立卡贫困户中选聘护林员114人，2018年新增护林员170人，落实补贴85.2万元。围绕“发展教育脱贫一批”，计划新建、改扩建幼儿园108所、义务教育学校21所，建设教师周转宿舍项目学校3所。结合职业教育，依托县内外培训机构，对有需求的

① 资料来源：东乡族自治县扶贫办。

贫困劳动力开展了餐饮美食、汽车驾驶、农技等全覆盖式“订单”培训，共培训1232人次，使贫困劳动力致富技能更加多样。围绕“社会保障兜底一批”，全面落实各类惠民保障政策，一类、二类低保兜底3120户11889人，五保兜底2993人。

（二）东乡县脱贫典型案例——布楞沟村脱贫实例

东乡县是临夏州最为严苦的贫困县，而布楞沟村曾经是东乡县最为贫困、闭塞的村落。现如今，布楞沟村在外界力量的帮助下成功打开了大山，可以安全顺畅地与外界互通有无，取水用水也有了便捷的设施，同时发展了村内的畜牧产业、油炸食品产业等多个稳定的产业，保证村内居民脱贫不返贫。现在布楞沟村已经从东乡县最贫困的村庄变成了扶贫样板示范村。

1. 布楞沟村简介

东乡县高山乡布楞沟村辖57户、277人，其中适龄儿童58名、18～59岁劳动力116人，是纯东乡族村。总耕地面积为1146亩，人均3.3亩。2012年农民人均纯收入1624.1元，比全县水平低809.9元，比全乡水平低445.6元，贫困面高达96%，2013年纳入建档立卡22户89人。布楞沟村是东乡县生态最脆弱、基础条件最差、群众最贫困的地区，集民族地区、贫困地区、高海拔山区于一体，群众处于全县最偏僻、居住最分散、条件最恶劣的地方，吃水、行路、住房、上学、就医、增收等困难问题十分突出，自我发展脱贫能力低，经济社会发展缓慢，扶贫攻坚形势十分严峻。

2. 政府对布楞沟村的建设改造

布楞沟村始终把基础设施建设作为夯实发展基础、优化发展环境的重点来抓，整合各类资金，着力改善了道路、人饮、梯田、住房等基础设施。

在基础设施建设上，首先解决的就是道路交通方面的问题。硬化布楞沟村村道20千米，修建边沟18.5千米、桥梁1座，有效解决了群众出行难问题。待正在实施建设的折红二级公路和服务区项目投入后，在极大方便群众出行的同时，还将有力地辐射带动周边群众增收。高标准机修梯田4100亩，土地蓄水保墒能力显著提高。完成了布楞沟村人饮入户工程，埋设自来水管15千米，建成蓄水池7座，清澈的自来水流进了村民院落，结束了群众吃水靠车拉、驴驮、人背的历史。给每户新农村住户安装了光伏发电设备，已并网投入运行，户均增收2000元左右，收益期限20年。

其次以住房卫生以及公共服务为切入点，切实改善了布楞沟村的人居环境。县政府在布楞沟村建成新农村56户，安装太阳能路灯180盏，配备小型垃圾箱35个、大型垃圾箱11个，指定垃圾集中填埋点1处，2018年对新农村实施了风貌改造。建成了布楞沟村史馆，被评为省级爱国主义教育基地。建成了村级活动场所，配套了卫生室、文化室、计生服务室、便民超市、老年人日间照料中心、村民文化广场等公共设施。新建的布楞沟小学投入使用，配齐配全了各类现代化教学设施器材，开设了学前班，配齐了幼儿教师，使不足龄生接受学前教育，达到了入学率、巩固率“两个100%”的目标。通过这些措施，做到了群众吃药打针和购买生活必需品不出村，办理日常事务不出村。过去困扰布楞沟村群众多年的住房、上学、看病等难题得到有效解决。

在产业致富方面，2012年年底，布楞沟村农民人均纯收入仅为1624元，远远低于全省全州平均水平，贫困面高达96%。通过一系列有效措施，2014年年底实现了整村脱贫，2016年年底布楞沟村群众人均可支配收入达到5263元，比2012年增加3639元，是2012年的3.2倍。2017年年底布楞沟村人均可支配收入达6156元，较2016年年底增长16.9%。县上把畜牧养殖和劳务输转作为助农增收的主渠道，通过政府扶持圈舍修建、发放养殖贷款、劳务培训输转、特色农产品销售等措施，着力在促农增收上下功夫。在特色农产品方面，2018年4月，县上投资建设布楞沟流域巾帼扶贫车间，采取“政府引导、企业运营、妇女参与”的模式，吸纳布楞沟流域妇女培训就业，重点销售油馃馃①等东乡民族美食，目前已培训45人，上岗就业30人，销售额10万元左右。车间生产以来，累计发放工资3万多元，极大地激发了村上妇女参与的热情。在畜牧养殖方面，扶持发展养殖大户4户，建成3000只规模养殖场1座，200~500只规模养殖场2座，养牛场1座，每户扶持修建暖棚羊圈5间，累计发放良种羊852只，全村牛存栏75头、出栏48头，羊存栏1927只、出栏1605只。在旅游开发方面，紧紧依托布楞沟村红色旅游资源，配套完善公共厕所、路牌标识等公共服务设施，鼓励引导村民发展农家乐，游客逐年增加，在助农增收方面发挥了积极作用。为了更进一步打响叫亮布楞沟红色旅游招牌，吸引更多的游客，县乡研究启动了布楞沟村旅游基础设施建设项目，已完成可研批复，将抓紧上马建设，再加上折红二级公路穿村而过的优势，项目建成后对发展布楞沟村旅游经济、改善产业结构将起到十分重要的作用。在资金扶持方面，在州委办、州移动公司等单位帮扶下，建立了村级产业发展互助社，筹集互助资金136万元，累计发放借款52户、136万元，有效解决了产业融资难题。在劳务输转方面，把技能培训和劳务输转作为助农增收的主要措施，积极入户宣传动员，在充分征求和尊重群

① 当地的一种油炸食物。

众意愿的基础上，开展群众意愿强烈的技能培训。5 年多来，累计组织各类技能培训 320 人次，其中，开展汽车驾驶培训 27 人。2017 年以来，开展妇女刺绣技能培训、东乡饮食油馃馃技能培训 208 人次，输转劳务 72 人次（组织输转 18 人次，群众自行外出务工 54 人次）。

3. 中国石化对布楞沟村的资助

习近平总书记视察东乡工作后，县政府积极与中国石化集团公司对接沟通，中国石化以强烈的政治意识、大局意识和高度的社会责任感，以支持民族地区发展为己任，迅速贯彻习近平总书记的重要指示精神，第一时间开展对口联系，第一时间深入实地调研，第一时间启动帮扶项目，先后选派能力强、作风实、能吃苦的挂职干部在一线蹲点开展帮扶工作。5 年多来，中国石化帮扶工作涉及道路、吃水、教育、生态等东乡最紧迫的民生领域，帮扶力度大，项目建设标准高、进度快、质量好，为布楞沟村的脱贫提供了强大助力。

交通方面，中国石化于 2013 年 3 月启动了在东乡县的第一个扶贫项目——援建布楞沟通村硬化路，仅用 64 天就完成建设，2013 年 5 月 15 日全线通车，全长 20 千米，宽 5 米。由于地形崎岖，山路弯多，在所有的危险路段，中国石化按标准加上防护栏，20 千米的路加了 3000 多个护栏，保障行车安全。如今，"烂泥路" 变成了 "硬化路"，布楞沟通村硬化路的建成有效解决了整个布楞沟流域 6 个乡镇、22 个村的群众出行问题。2013—2015 年，中国石化在东乡县布楞沟流域帮扶建成通村公路、饮水延伸工程等一系列重大工程。投入资金 9114 万元修建通村道路 49 千米；投入资金 4950 万元实施布楞沟流域人饮入户工程；投入资金 348 万元为布楞沟村 58 户群众建设了住房。如今，路通了，水引来了，房建好了，有效解决了村民行路难、喝水难、居住难等问题，同时为拉动当地农牧业的发展和农户增收起到了重要作用。

教育事业发展方面，2013—2015 年，中国石化在东乡县投入资金 900 万元，帮扶学校 75 所，涉及学生 8497 人。其中新建布楞沟小学、中岭小学及锁南中学等，捐助校服、电脑、打印机、办公桌椅等教学设施，为东乡四中修缮围墙、门窗、粉刷墙壁等，为当地教育创造了良好的条件，极大地改善了当地上学难的问题。

生态治理方面，布楞沟流域植被稀疏，生态脆弱，水土流失十分严重。为助力改善生态环境，中国石化投入资金 200 万元，利用科研院所与中国石化四川维尼纶厂合作开发的醋酸乙烯衍生物技术开展治沙绿化项目；完成植树造林、栽植经济作物等 5 项生态绿化工程项目，铺设管网 5000 米，开挖蓄水池 10 座，应用保水剂和固结剂 4.5 吨。因使用中国石化生产的先进产品（保水剂），苗木成活率达 98%，取得了非常好的效果。如今，昔日贫瘠的荒山焕发出了新的生机。此外，中国石化利用自身优势平台，帮助农户解决农产品销路难题，拓展销售市场，增加农民收入。

四、东乡县扶贫中存在的风险与启示

在东乡县的扶贫开发过程中，积累了相当多的经验和成果，为后面类似情况的贫困地区的扶贫工作打好了基础，提供了示范。但与此同时，东乡县的扶贫中仍然存在一部分风险，可能会导致东乡县脱贫成功的贫困户产生返贫的现象。这里总结出东乡县扶贫中的风险和对类似情况贫困地区的启示。

（一）风险

尽管东乡县在扶贫开发中取得了显著成效，但由于东乡县处于自然条件极端严酷的地区，岩石山多，山谷纵横，本地区农作物无法有效生长，交通不便，导致的贫困程度相对较深，扶贫开发难度大，实现小康的任务艰巨而繁重。上述的主要扶贫模式和手段确实起到了立竿见影的帮扶效果，也为后期发展作了有力保障，但仍存在一部分"返贫"及"新入贫"的风险。

1. 群众收入增长缺乏强有力的支撑

东乡县内曾经贫困程度最深的布楞沟村，已于2014年实现了全面整体性的脱贫，布楞沟村居民在2017年年底人均可支配收入已达到了6156元，[①] 但受自然先天限制、群众文化水平较低等条件的制约，村内增收渠道相对单一，致富门路不够宽，实现持续稳定的增收存在一定的困难。东乡县内其他村落同样存在类似的情况。虽然在村内打通了交通路线，建立了相对稳定的产业园区，但地理因素和人文条件的限制使得产业种类相对单一，县区内的电商未能有效地扩展到县内的每个村落，使村内群众的增收只能依靠短时间的产业增收效应。但长期来看，一旦失去了政府主导的政策帮扶和主力企业，如中国石化的持续性援助，东乡县的大量村民会产生"返贫"及"新入贫"的风险。

2. 产业培育的层次还不够高

东乡县内的养羊产业在规模养殖方面已初具成效，并在品牌方面产生了新的突破，但目前来看仍然缺乏龙头企业带动，产业链条短，产业附加值不高，经济效益不高，村级集体经济仍在发育中，产业合作社带动群众增收的作用相对有限，尚未形成产业优势。

---

① 资料来源：东乡族自治县扶贫办。

3. 改善生态的任务仍然艰巨

东乡县内的地理环境特殊，县区内海拔相对较高，且山脉地段高低起伏明显，干旱少雨，蒸发量大。这些自然条件均对苗木成活和造林成果的持续巩固提出了要求与挑战，再加上东乡县处于供水管网的末端，部分上水喷管设施年久老化，改善生态面临严峻挑战。生态改善工作虽然不能直接增加居民的收入，然而“绿水青山就是金山银山”，如果仅提高贫困户的收入而忽视了生态问题，最终脱贫的居民可能会渐渐离开本地。

（二）启示

东乡县在精准扶贫的具体实践中，认真贯彻落实党中央关于扶贫开发工作的一系列决策部署，切实践行了习近平关于扶贫开发方面的重要思想，注重发挥国有企业在县域内扶贫的突出优势，通过外促内生脱贫模式，取得了扶贫工作的明显成效，不仅切实推进了扶贫攻坚，更进一步提升了企业社会形象，增强了企业的可持续发展能力。其探索的路径和成功做法，为自然条件艰苦的少数民族地区开展精准扶贫树立了典范，有着较大的指导意义和借鉴价值。

1. 因地制宜发展特色产业

产业扶贫是当前我国精准扶贫战略中的一个重要举措。发展产业，增加就业，是增加贫困地区农民收入的根本之举。产业是发展的根基，是脱贫的依托，在贫困地区选择合适的产业比发展产业本身更重要。在以往的产业扶贫开发中，一些贫困地区并没有选取符合当地资源优势的产业，也不注重研究市场，而是盲目跟风，严重制约着产业减贫和农民增收。因此，选准产业是产业扶贫的前提条件。这就要求贫困地区在产业发展类型的选取上要综合考虑资源禀赋、产业基础、生态环境等因素，选择适合当地发展的特色产业，宜农则农、宜菜则菜、宜果则果、宜草则草、宜牧则牧、宜林则林、宜游则游。第一，要出台专项政策，统筹使用涉农资金，重点支持贫困村、贫困户因地制宜发展种养业和传统手工业。第二，贫困地区要依托特有的自然人文资源，深入实施乡村旅游扶贫工程。第三，要注重特色农产品的深加工。贫困地区的产业发展方向不能仅限于种养业，还应包括加工业，注重提高农产品附加值。很多农村贫困地区的特色产业发展仍停留在产品的生产环节，仅能为发达地区提供原材料，商品化程度较低。第四，要提高产业发展的抗市场风险能力。贫困地区的产业发展不能重生产而轻销售。要将市场销售、售后服务等市场环节纳入帮扶范围，要帮助贫困地区形成完整的产业链，确保农村特色产业实现健康和可持续发展。

2. 由大型国有企业主导扶贫

东乡县自然条件艰苦，只靠地方政府的力量难以起到翻天覆地的扶贫成效，而大型国企中国石化的加入，使东乡县的扶贫工作得以又稳又快地展开。随着我国市场经济体制的不断完善，由政府主导的传统救济式扶贫的局限性已经越来越明显。转变政府扶贫职能，改革自上而下的反贫困机制，打破单一依靠政府行政组织扶贫的格局，实现政府机制、市场机制和社会机制的有机结合，已成为我国下一阶段扶贫开发的主要目标之一。

在市场经济中，营利性企业是最具活力的经济运行主体。它产生于交易成本的内部化，天生适应市场且必须对自己的经济行为承担责任。以企业作为扶贫开发的主体，可以更好地面向市场、面向需求，更好地选择具有商业价值的扶贫开发项目，以最小的投入实现最大的产出。对企业而言，到贫困地区实施开发扶贫项目，一方面，可以充分利用当地优质廉价的自然资源和劳动力资源，实现资源的优化配置，降低原材料采购和运输成本；另一方面，可以享受国家及地方的优惠政策，提高企业的社会知名度和声誉。

中国石化是东乡县的扶贫龙头企业，其主动帮扶迅速提高了当地的畜牧业产业化水平，为当地农民提供了大量的就业机会。同时，借助企业科技、资源、品牌、销售渠道等多方面的优势，形成了产业链条，实现了项目的可持续发展。

3. 强化教育作用以提高农民技术水平

劳动力的使用是短期内快速脱贫的主要办法，但这种手段并不是长期手段，如果只关注低端劳动力的使用，在脱贫后必然会发生返贫的现象。东乡县的东西部协作，在向东部沿海地区输出大量优质劳动力的同时，将东部沿海地区的技术性产业带回东乡县。在前期进行劳动力扩展型脱贫后从没有停止对贫困户的技术培训，同时采取的“155”政策真正让贫困户有了不返贫的底气。

有专业技术作支撑，产业扶贫才能真正保证不返贫。农村种植业、养殖业、加工业等产业的发展水平在很大程度上是由专业技术水平决定的。这就对扶贫对象的专业技术能力提出了一定要求。然而从我国当前的现实情况来看，我国贫困地区的农民大多受教育程度较低，文盲和半文盲较多。因此，这就需要增强精准扶贫政策与农村贫困人口的要求—能力契合度。美国、日本等发达国家在农业产业的发展过程中，均比较重视对农民进行农业教育和技术培训，注重农业技术推广工作，使农民掌握各类种植养殖技术。借鉴国外的经验，当前我国在产业扶贫中要因地制宜、因户实策，尊重群众意愿，积极开展农业技术、职业教育、产业创新等技术培训；

同时要重视农业技术推广工作，吸引一批学历高、专业素质好的人才加入农业技术推广队伍。具体而言，要建立一个系统的、多层次的农业教育和农业培训体系；要充分利用农业技术培训基地、网络、广播电视、专题讲座等方式，有计划、有组织地对贫困地区的农民进行农业知识和技能培训。在农业技术推广方面，要加快人事制度改革，制定优惠政策和建立激励机制，吸引更多有真才实学的科技人员从事农业技术推广工作。

4. 利益共享、责任共担的参与式扶贫机制

在以往的救助式扶贫模式中，政府从上至下建立的无偿救助制度往往忽视了贫困人口自身的积极作用。贫困人口往往是被动的救助接受者，缺乏积极参与的意识和动力，缺乏履行相应义务和责任的意识，由此产生了贫困人口对政府的过度依赖。

而要使贫困人口真正成为市场经济的主体，成为具有自我救助能力的群体，必须使贫困人口真正成为农村有效反贫困的主体，培养和提高他们参加生产、获取资源和参与市场竞争的能力，使他们在参与竞争的同时承担相应的责任和义务，由此分享由自身努力参与而带来的扶贫开发的利益。

东乡县的扶贫模式一个较大的创新点就是采用了“利益共享”的运作模式。这一模式在将农户的风险降到最低的同时，又培养了农户的市场经济意识。对农户而言，把羊交给公司统一饲养，实际上是将羊的所有权与经营权进行了分离，农户作为股东，享有长期收益权，同时又能享受这种规模经营带来的效益。公司和农民签订代饲养协议期满后，农户可以选择领回与入股时同品质、同重量的羊，或者选择由公司代为经营。另外，公司还可以根据协议，随时把农民的“股羊”变现，偿还农户购买羊羔时的金融机构贷款，这样，在消除金融机构的顾虑的同时，又增强了农民的投资意识和信用观念。

5. 东西部协作推行电商扶贫

2015 年 11 月，《中共中央 国务院关于打赢脱贫攻坚战的决定》中明确提出，要“加大‘互联网 +’扶贫力度”。[①]“互联网 +”扶贫不仅仅是产品的网上销售，还包括产业扶持、金融支持和人才培养等多个方面。“互联网 +”扶贫有助于快速实现贫困地区的自我造血功能，已经成为贫困地区实现“超常发展”和“弱鸟先

① 《决定》中还指出，要“完善电信普遍服务补偿机制，加快推进宽带网络覆盖贫困村。实施电商扶贫工程。加快贫困地区物流配送体系建设，支持邮政、供销合作等系统在贫困乡村建立服务网点。……开展互联网为农便民服务，提升贫困地区农村互联网金融服务水平，扩大信息进村入户覆盖面”。

飞”（习近平，2016）的有效途径。当前出现的各类“淘宝村”“电商村”便是很好的说明。然而，目前我国大多数农村贫困地区，还存在农产品物流链条过长、农产品物流设施落后、农产品流通组织化程度低、农产品物流信息化建设落后、宽带网络建设不足、互联网金融服务水平较低等突出问题（杜芸，2016）。这就需要加强贫困地区的网络信息建设，落实“互联网+”扶贫。

东乡县主动开展东西部协作，将东部高质量的电商资源引入西部，东部提供人才、技术、设备来一对一进行帮扶，建设有效的对接途径。就我国当前精准扶贫工作所面临的现实情况而言，要落实“互联网+”扶贫，需要重点加强以下两个方面的工作：一是提高贫困对象从事电商的能力。可采取“贫困户+帮扶主体+电子商务”的方式，对贫困户进行电商技能指导，培养其进行在线产品销售的能力。二是完善配套设施建设，破除“互联网+”扶贫的物流和信息网络瓶颈。这就需要进一步改善贫困地区的交通条件，大力扶持贫困地区的快递业和通信业。

6. 扶贫中注重“扶志”与“扶智”相结合

贫困者的致贫原因很多，但最核心的是贫困者的可行能力不足。在大多数的贫困户中，可行能力不足不仅是贫困者的致贫原因，也是贫困者无法彻底走出贫困的桎梏，因此，精准脱贫的核心在于提升贫困者的可行能力。可行能力不足可从主客观两方面来看：客观方面是贫困者多维度的能力缺乏，是物质领域的贫困；主观方面是贫困者缺乏脱贫的信心和志气，是思想层面的贫困。人的思想决定行为，而行为产生绩效，所以思想扶贫尤为重要。

东乡县的很多农村在过去仍有一部分贫困群体存在“等、靠、要”的依赖思想，“精神贫困”表现突出。所以，“扶贫既要富口袋，也要富脑袋”，“扶贫先扶志”“扶贫必扶智”，扶贫需“志智双扶”。“扶志”就是扶思想、扶观念、扶志气、扶勇气、扶信心、扶精气神，就是帮助贫困群众（低收入困难群体）树立起脱贫的斗志和勇气；“扶智”就是扶知识、扶技术、扶思路、扶理念、扶能力。如果扶贫不“扶志”，扶贫的目的难以达到，即使一度脱贫，也很可能再度返贫。如果扶贫不“扶智”，就会知识贫乏、智力不足、可行能力缺乏，持续贫困，贫困很可能会代际传递。要从根本上摆脱贫困，必须“智”随“志”走、“志”以“智”强，“志智双扶”，才能激发贫困者自身的内在活力，从根本上拔掉穷根。

第十一章　产业扶贫：内蒙古自治区乌兰浩特“菜单式”扶贫模式

产业精准扶贫作为脱贫攻坚战中至关重要的造血式、开发式扶贫方略，有利于提高贫困户参与产业化经营的积极性，有利于吸纳贫困户参与到农业产业化的生产经营中，有利于抑制贫困的脆弱性，有利于贫困地区经济的可持续发展。具体体现为：第一，产业扶贫以产业发展为杠杆促进贫困户脱贫增收。产业扶贫通过发展贫困地区的产业来促使贫困户就业，通过开发产业链拓展市场，提升贫困地区的产业竞争力，进而增强扶贫效果。第二，产业扶贫通过挖掘贫困地区资源禀赋，有利于贫困地区形成特色产业，进而将资源禀赋转化为经济优势，带动贫困户脱贫增收。第三，产业扶贫通过让贫困户参与到产业发展中，培养贫困户生产经营的能力，提升贫困户的劳动素质技能，同时增强贫困户脱贫致富的决心和信心，提升贫困户脱贫的内生动力。

因而，产业扶贫既是促进贫困人口稳步增收的有效途径，也是保证稳固脱贫的根本手段。要因地制宜地发展优势产业，为贫困户量身打造产业扶贫项目，最终使贫困户实现可持续发展脱贫。

一、产业扶贫的主要运行模式及存在的问题

（一）主要运行模式

1. 龙头企业带动模式

国务院扶贫办于2004年、2008年组织申报了两批共724家国家扶贫龙头企业，意在通过对重点扶贫龙头企业的扶持，辐射和带动贫困地区及贫困农户的发展。《中国农村扶贫开发纲要（2011—2020年）》也提出，“通过扶贫龙头企业、农民专业合作社和互助资金组织，带动和帮助贫困农户发展生产”。龙头企业通过有效带

动贫困地区的农业产业化发展来提升产业扶贫的效率，同时还能为贫困户提供就业机会。龙头企业带动模式通常以“龙头企业+贫困户”为主，龙头企业通过先与贫困户签订合同来建立委托—代理关系，合同签订后龙头企业给贫困户下订单，贫困户则按照订单要求来完成生产任务，最后龙头企业再对贫困户生产经营的产品进行回购，以促进贫困户脱贫增收。龙头企业带动模式现已逐渐衍生出“龙头企业+基地+贫困户”“龙头企业+金融机构+贫困户”“地理标志+特产之乡+驰名商标+龙头企业+专业协会+贫困户”等运行模式。

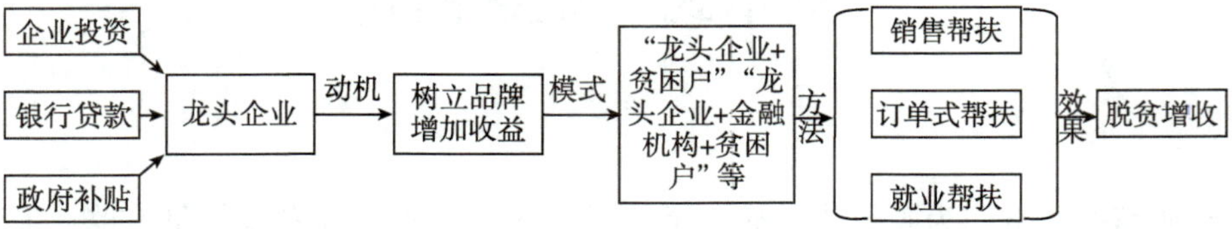

图 11－1　龙头企业带动模式运行机制

2. 合作社带动模式

合作社带动模式由能人、专业大户或村委会等机构组建起合作社，通过吸纳农户入社，实现农业产业化经营。专业合作社是农户自愿联合、民主管理的互助性经济组织，能够最大限度地帮助农户实现利益最大化。具体而言，首先要依照《中华人民共和国农民专业合作社法》组建合作社，然后建立合作社管理、运营体制机制，确认规范各方面的权利和义务。合作社通过吸引领办人投资、贫困户入股、银行贷款，并结合政府补贴等方式为贫困户社员提供充足的产业发展资金支持。合作社再通过联系企业，获取外部资源等方式为其社员提供播种、管理、收割、销售等多方面的一体化服务。最后，贫困农户按照合作社要求生产、出售农产品，实现脱贫增收。

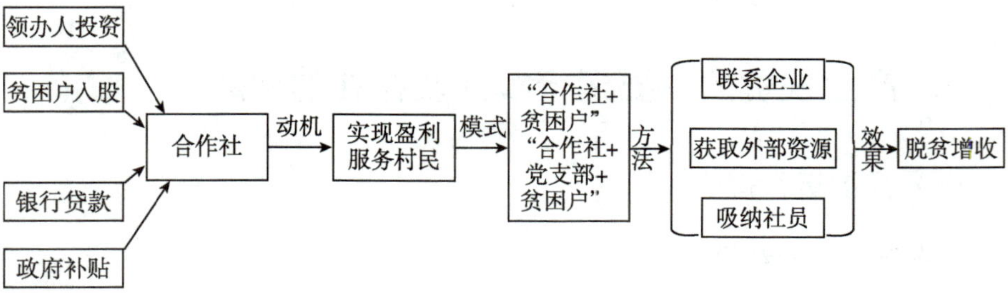

图 11－2　合作社带动模式运行机制

3. 基层组织带动模式

基层党组织扎根农村，对农村的情况最为了解，也最清楚当下脱贫攻坚战中的瓶颈。在全面脱贫攻坚的背景下，农村基层组织将国家扶贫资源与农村脱贫需求相结合，通过农村基层党组织建设引领脱贫攻坚。这种方式成为内生动力和造血功能缺乏的贫困地区脱贫致富的重要路径。在产业扶贫中，基层组织不仅充当产业发展的带头人，还成为农业技术应用的引领者，其在精准扶贫工作中的重要性日益凸显。在落实扶贫任务与服务村民的要求下，基层组织结合脱贫攻坚的现实需要，吸引村集体盈余资金与政府扶贫资金，形成“党支部＋贫困户”的运行模式以帮助贫困户完成产业扶持、土地流转、就业帮扶、公益性岗位设置、农产品销售等，进而达到促进贫困户增产增收的效果。

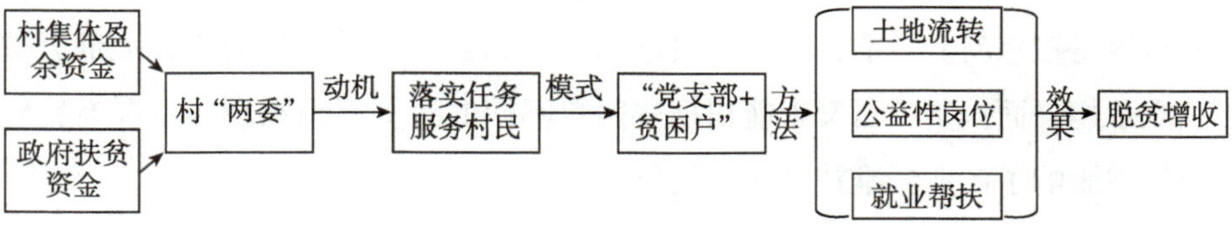

图 11－3　基层组织带动模式运行机制

4. 政府托管模式

对于无劳动能力的贫困户，政府直接利用扶贫资金并帮助其进行扶贫规划，协助其购置大牲畜或者机械设备等资产，帮助贫困户把牲畜或者机械设备托管到合作社或者企业代养代管，给贫困农户返利分红，帮助贫困户增收致富。具体而言，一是动物养殖托管，政府利用扶贫资金帮助贫困户购买牲畜，托养给养殖场并签订协议，养殖场负责牲畜饲养、防疫、管理，通过牲畜养殖扩繁和育肥复壮等方式获得相应的经营收入，并按照协议分配给农户相应的收益。二是机械设备托管，政府利用项目资金统一购买农业机械设备，交给村集体或合作社管理，并以股份方式量化到贫困农户。

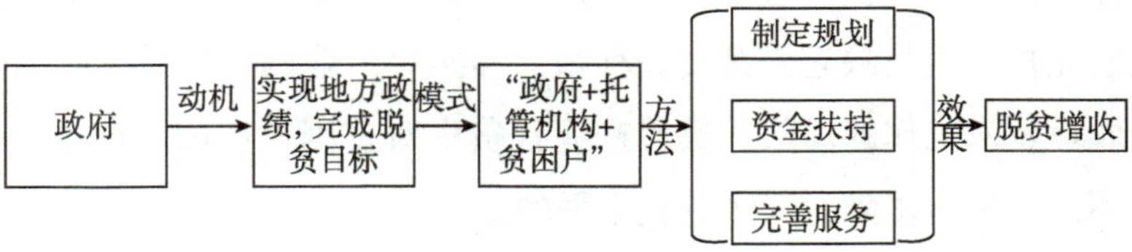

图 11－4　政府托管模式运行机制

（二）存在的问题

1. 外生性帮扶方式忽略贫困户内生动力提升

产业扶贫的根本目的在于“造血”，而“造血”则需首先提升贫困户的内生动力。有些产业扶贫项目没有与当地的自然、人文有效结合，忽略了激发贫困户主动脱贫的内生动力和参与意识。这种方向的模糊易使当地贫困户脱贫的信心与积极性不足，现状无法得到改善，进而造成对贫困地区扶贫工作的阻碍，更易造成扶贫资源的浪费。

2. 产业扶贫忽略贫困户自主发展能力建设

贫困户本身具有能力低下、发展动力不足、思维固化等特点，在产业扶贫的过程中，地方政府往往代替建档立卡贫困户作决定，出现外部力量干预贫困户参与产业扶贫的现象。在此过程中，不仅贫困户参与的积极性与主动性被忽视，其自主发展能力的培养也容易被忽略。目前，产业扶贫项目大多以养殖、种植等为主，大部分贫困户不能独立承担。而扶贫项目又未能根据贫困户不同的致贫原因和现实状况有针对性地制定，最终影响了产业精准扶贫实施的效果。

3. 产业扶贫精准度不够，存在“精英俘获”现象

由于精准识别机制的建立，贫困户目标瞄准“偏离”的现象在很大程度上得到了遏制。但贫困户在产业扶贫中的“被动参与”和利益联结机制不健全等原因，使扶贫资源无法有效“落地”、贫困户与“农村精英”受益不均等现象依然存在，这些现象成为精准扶贫阶段“精英俘获”的新特征。新型农业经营主体，即专业合作社是精准扶贫时期产业扶贫的重要主体，但专业合作社往往被大户所掌控，难以产生产业扶贫益贫性的效果，大户的趋利性与脱贫的合作性、利他性本身存在矛盾。

4. 产业化水平与资金技术水平有限，贫困户技术供给不足

产业扶贫带动贫困户长效致富的能力仍然较弱。在产业扶贫带动下，多数贫困户的产业发展仍处于起步阶段，贫困户的生产经营规模小、协作较少、产量有限，缺少能够支撑长效增收、脱贫致富的特色产业，仍然面临着市场的考验。同时，基层组织相关农业技术人员缺乏，尤其是种植、养殖等产业的专门技术人才短缺。这导致了普及农业技术工作的局限，致使产业扶贫中对贫困户产前、产中、产后的技术指导供给不足，进一步阻碍了产业化水平的提高。

二、乌兰浩特“菜单式”产业扶贫

(一)“菜单式”产业扶贫模式的提出

1. 政策助力，扶贫资金支持

近年来，中央、自治区、兴安盟扶贫开发工作力度的加大为乌兰浩特市进一步

做好脱贫攻坚工作提供了难得的机遇。首先，在政策措施方面，由于脱贫攻坚到了决胜期，工作难度大，资金需求多，《国务院办公厅关于支持贫困县开展统筹整合使用财政涉农资金试点的意见》（国办发〔2016〕22 号）中提出了整合涉农资金用于脱贫攻坚的指导思想。乌兰浩特市作为自治区批准的整合涉农资金试点县，有必要将“三到村三到户”等有关涉农资金整合使用，打破原有资金使用的条条框框，形成“多个渠道输水，一个龙头出水”的资金使用模式。2016 年，乌兰浩特市可整合用于扶贫开发工作的资金达 3.149 亿元，其中包括易地扶贫搬迁资金 2.22 亿元、脱贫产业扶持资金 0.429 亿元、农业银行金融扶贫富民工程贷款额度 0.5 亿元。其次，在帮扶工作方面，乌兰浩特市先后获得了鄂尔多斯市援建兴安盟，内蒙古自治区 3 家厅局单位、兴安盟 14 家盟直单位定点帮扶乌兰浩特市 17 个贫困村的有利条件，加之乌兰浩特市本级下派 63 个市直帮扶单位定点帮扶 61 个村，区、盟、市各级共派驻 2700 名帮扶干部精准帮扶 2524 户建档立卡贫困户，保证了每个村至少有一个部门帮扶、每户建档立卡贫困户至少有一人帮扶的工作局面。

2016 年以来，内蒙古乌兰浩特市累计识别建档立卡贫困人口 5542 人，目前，系统中共有建档立卡贫困户 2549 户 5209 人，通过开展贫困户脱贫意愿调查，2016 年、2017 年两年累计确认选择产业发展 2122 户 4582 人，选择光伏扶贫 575 户 869 人，所有建档立卡贫困户实现产业发展全覆盖。当地政府也意识到产业扶贫措施得力是解决这部分贫困人口脱贫增收问题的重要手段。因此，在上级政策叠加、可用财力支撑和帮扶力量充沛的基础上，乌兰浩特市围绕“扶持谁、谁来扶、怎么扶、如何退”问题，充分发挥中央、自治区脱贫攻坚政策优势，根据全市农村贫困现状、建档立卡贫困户实际需要和贫困人口宜居环境、适宜发展产业、适用技术需求等情况，结合外地扶贫开发先进经验做法，创新实施了独具特色的“菜单式”扶贫方式，即政府制定“菜单”、贫困户“点菜”、帮扶部门提供“配菜”、政府埋单的方式，列出易地扶贫搬迁、脱贫产业发展、适用能力培训和政策兜底 4 大项、55 小项脱贫“菜单”，提供给建档立卡贫困户选择。采取贫困户先建后补、政府埋单的方法，确保脱贫攻坚工作精准到人。通过逐户落实产业发展，提高收入，确保其在 2020 年全面脱贫目标的实现。

2. “输血”变“造血”，脱贫体系不断健全

内蒙古乌兰浩特市的“菜单式”扶贫是产业扶贫的成功案例。“人无志不立，贫无志难脱”。按照习近平总书记提出的“要调动扶贫对象的积极性，提高其发展能力，发挥其主体作用”要求，为切实激发贫困户自主脱贫的内生动力，乌兰浩特坚持“造血”式扶贫，实施“菜单式”扶贫方式，把选择权交给贫困户，极大地提

高了贫困户的参与度和满意度。贫困户参与到脱贫攻坚中来，提高了贫困人口的发展动能，进而从中获得认知感，把“要我脱贫”变为“我要脱贫”。乌兰浩特市2016年2月28日印发的《乌兰浩特市打赢脱贫攻坚战工作实施意见》中提出，以精准扶贫、精准脱贫为主线，以易地扶贫搬迁、产业扶贫、金融扶贫、政策兜底为支撑，以改革创新为动力，以措施到位为前提、落实到位为关键、脱贫到位为根本，做到底数、对策、目标清楚，任务、责任、奖惩明确，举全市之力，重点解决“扶持谁、谁来扶、怎么扶、如何退”问题。随后，乌兰浩特市制定出台了脱贫产业发展、易地扶贫搬迁、实用技能培训、教育、健康、就业、社会救助等一系列专项方案措施，建立健全脱贫制度体系。通过媒体和帮扶干部大力宣传，让贫困户深入透彻了解脱贫攻坚政策，采取“菜单式”扶贫方式，由帮扶干部结合贫困户实际意愿和生产发展能力，帮助贫困户选定脱贫方式，累计确定3157人实施易地扶贫搬迁、5209人实施脱贫产业扶持、1439人实施政策兜底。

（二）“菜单式”产业扶贫模式的构建

为确保贫困户选定适合自身发展的脱贫产业，乌兰浩特市共制定了55项扶贫“菜单”，供贫困户自愿选择，从5个方面有效激发了贫困户自主脱贫的内生动力，变“被脱贫”为“要脱贫”，从根本上阻断贫困的代际传递。

第一，“菜单式”扶贫因地制宜地列出了产业发展目录，并按照贫困户自主意愿选择脱贫项目；第二，“菜单式”扶贫保证了资金的精准落实，帮助贫困户将产业建立起来；第三，“菜单式”扶贫通过下派技术人员，及时跟踪产业发展情况，确保贫困户产业可持续发展；第四，以易地搬迁和就业培训助力产业发展，在保证人均住房面积不超标的基础上，为有意愿移民搬迁的贫困户提供多类型房源，供贫困户自主选择，同时为异地搬迁的贫困户提供更好的就业选择；第五，在就业培训方面则向缺少技术支撑的有劳动能力贫困人口提供技能培训目录，为脱贫产业发展以及外出就业提供技能扶持（见图11－5）。

1. 全方位构建脱贫意愿选择菜单

“菜单式”扶贫通过全方位构建贫困户的脱贫意愿选择菜单，解决了有劳动能力、无具体脱贫思路的贫困户的困惑。政府通过帮扶干部，与贫困户一起研究出4大类、55小项“菜单”，为贫困户出主意、想办法、算好账，最后由贫困户结合自身发展能力自愿选择发展项目，实现了由“大水漫灌”到“精准滴灌”，由“给项目”到“选项目”的转变。政府详细制定并列出的55项脱贫方式如下：①脱贫产业扶持，包括种植业（温室、冷棚、韭菜及其他蔬菜、葡萄、油桃、果树、药材）、养殖业（养猪、养鸡、养羊、养牛、养马、养驴、养鹅、养蜂、养鸭、养鱼、养孔雀、养火鸡）、农田改造（打井）、商业经营（开办商品超市）和相关服务业（成立服务实体）等22项；②贫困户适用技术培训，包括畜牧业（舍饲养殖、动物病疫防治）、种植业（设施农业种植、庭院作物种植）、服务业［养老护理员、育婴员、保健按摩师、计算机操作员、动物检疫员、餐厅服务员、客房服务员、维修电工、混凝土工、医药购销员、装饰美工、中式面点师、花卉园艺师、中式烹调、汽车修理工、保育员、手工编织、砌筑工、电焊工、美容美发、农艺工、园艺工、化妆师、服装设计与制作、汽车驾驶员（C1）培训、创业能力培训（SYB）］等28项；③易地扶贫搬迁，包括城区库存楼房、设施农业管理房安置、小城镇移民楼安置、幸福院等4项；④30～40平方米新建住房安置1项。

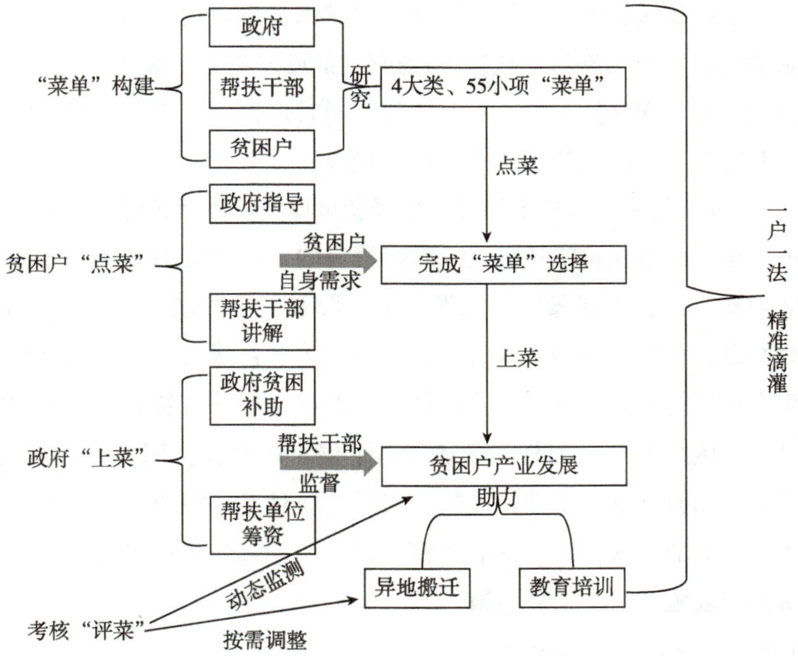

图11－5 "菜单式"扶贫模式运行机制

2. "点菜"后帮扶精准到户

乌兰浩特市规定财政扶贫资金仅限用于建档立卡贫困户人口，为每名选择脱贫产业扶持的贫困人口最高提供补助1.5万元，为每名易地扶贫搬迁贫困人口最高提供补助2万元。对于贫困户所选脱贫方式累计补助需求未达到最高补助额度的，仅补助实际需求额度；贫困户所选脱贫方式累计补助需求超出最高补助额度的部分，由贫困户自筹或由贫困户所属帮扶单位筹集。这种方式不仅可以防止资金使用过程中的违纪违法现象，也可以防止贫困户在选择移民房源和发展脱贫产业过程中的超标和滥用行为。乌兰浩特市累计投入9200余万元，采取“贫困户先建、政府验收合格、资金直补到户”的方式。截至目前，各项产业措施已全部完成，共为贫困户发展种植业384户893人，养殖业792户1753人，入股896户1801人，商业5户16人，购买农机45户119人。对于无条件从事产业发展或无劳动能力的贫困户，采取“托管式”扶贫方式，即政府利用产业扶贫资金帮助贫困户购置大牲畜或者机械设备等资产，牵线搭桥帮助贫困户把牲畜或者机械设备托管到合作社或者企业代养代管，给贫困农户返利分红，帮助农户增收致富。“托管式”扶贫是帮助无劳动能力贫困群众实现增收的有效途径。目前已有1801名贫困人口获得资产投资收益。

同时，对于政府列出的55项脱贫方式，除需贫困户自建的脱贫产业与政策兜底的脱贫产业不能叠加享受外，其他脱贫方式中贫困户可自由选择一项或多项。以一个三口之家为例，该户选择易地扶贫搬迁至包括50平方米的设施农业管理房和450平方米的温室大棚的新住处，售价7.5万元，同时选择脱贫产业扶持中的种植业发展，该户可获得6万元易地扶贫搬迁补助和最高4.5万元的脱贫产业扶持补助，共计10.5万元。也就是说，该户不用花一分钱就可以实现生活条件和生产发展的同步提高。同样，选择易地扶贫搬迁至城区库存楼房的无劳动能力贫困户，亦可同时选择政策兜底与资产收益来保障经济来源。由于脱贫产业发展要求贫困户垫资建设，政府验收后补助，为防止贫困户因无垫资能力影响项目建设，乌兰浩特市政府协调乌兰浩特市农业银行为选择发展产业的贫困户发放金融扶贫贷款，政府验收合格后补助资金打入贫困户账户，为贷款户还贷，不仅可以保证贫困户项目的建设质量，还可以降低农行回收贫困户贷款的风险。在脱贫项目建设完成后，充分发挥帮扶单位和扶贫龙头企业的帮扶作用，采取“订单式”收购或协调扶贫龙头企业带动等方式，畅通贫困户农牧产品的销售渠道。

3. *以移民间接促进产业扶贫*

乌兰浩特市投入1.6亿元，按照“政府提供房源，贫困户自愿选择，政府补贴”原则，通过向贫困户提供库存楼房、小城镇移民楼、设施农业管理房、新建幸福院4种移民“菜单”，在贫困户自愿选择基础上，每人给予2万元移民搬迁补助。为了有效解决既选择移民又选择产业的贫困户增收问题，乌兰浩特市在给予每人2万元搬迁补助的基础上，每人再给予1.5万元产业补助。例如，选择搬迁至设施农业管理房的贫困户，可利用产业补助资金购买温室大棚，实现移民和产业发展同步落实；选择搬迁至城区库存楼房的贫困户，可通过“托管式”扶贫方式，将产业补助资金投放至企业或合作社，实现投资收益。

4. 以培训助力产业扶贫发展

考虑贫困户脱贫产业发展知识和技术的欠缺，乌兰浩特市根据贫困户兴趣爱好和社会需求，制定了包括设施农业种植技术，舍饲养殖技术，烹饪、育婴员、手工编织等28项适用技术的免费培训菜单。不仅为选择发展脱贫产业的贫困户提供了技术支持，同时也为贫困家庭剩余劳动力提供了就业增收的机会。

农业产业培训方面，开展农技推广包村联户服务，组织农业技术推广员深入贫困户家中、服务到田间地头，每人每年进村入户不少于100天，引导贫困户使用新品种、运用新技术，用科技成果保障贫困户稳定增收致富。开展农技集中培训，在农闲时节及备耕生产的关键时节，聘请专家学者在各镇（园区）定期举办肉牛肉羊饲养管理、测土配方施肥等农牧业生产技能集中培训班、专题讲座100场次。开展专家跟踪服务，组建种植养殖、政策法规等各个领域专业技术人员组成流动技术服务小分队，针对农民特别是贫困群众在农业生产中存在的技术困难提供跟踪服务指导。办好田间学校，根据乌兰浩特市农牧业产业分布特点，选聘6位专家，创办3所配备完善的培训教室和实训基地的田间学校，通过技术人员入户指导、现场观摩的方式，让贫困户掌握先进的农业生产技术，不断提升农业生产经营的能力。

职业技能培训方面，围绕贫困户在“菜单”中的选择，依托职教中心和弘名职业技术学校，开展与之对应的实用技能培训，为广大青年特别是有劳动能力的贫困群众同步提供政策咨询、岗位介绍等服务，提高创业就业素质和能力。开展商贸人才定向培训，以建档立卡贫困家庭高中二年级学生为重点，采取免培训费、补伙食费“一免一补”（培训费2000元/年，伙食补助1000~2000元/年）优惠政策，吸引建档立卡贫困学生自愿参加为期一年的职业技术定向培训。根据企业运营需求，定向培训会展管理、市场管理等方面的职业技术人才。开展家政人才定向培训，依托兴安家政职业培训学校，指导贫困群众在家制作民族服饰花边、纽扣等辅料，实现农闲人不闲，让贫困户足不出户就有致富门路。同时，为贫困村妇女免费提供月嫂、育婴师等专业技术培训，并根据个人需求与意愿实现本地就业、外出就业、随子女升学就业。

5. “上菜”后动态观测扶贫情况

在“菜单式”扶贫中，每一项“菜单”都可以测算出本地区项目发展成本和收益标准，在贫困户选择脱贫方式时，各镇、村和帮扶单位已经预算出贫困户所选脱贫方式的大致增收额度，对增收效果不明显的脱贫方式，政府部门应该帮助贫困户重新制定脱贫方案，确保脱贫产业选择适合贫困户发展，增收效果最大化。脱贫方式的多途径发展，也可拓宽贫困户增收渠道，同时降低个别产业发展不稳定导致的增收风险。在退出验收过程中，乌兰浩特市严格按照退出程序科学计算贫困户收入与支出，全程公开透明，保证退出脱贫户的知情权。为保证脱贫成效真实可信，乌兰浩特市在自验中创新性地采取“三个四”方式。“四看”，一看收入是否超过国家扶贫标准，计算是否准确；二看住房是否安全，证明材料是否齐全；三看义务教育是否有保障，是否有辍学现象，证明材料是否齐全；四看基本医疗是否有保障，是否参加了新农合。“四查”，一查建档立卡是否准确，程序是否合理，档案材料是否齐全；二查帮扶措施是否到位，落实扶贫措施的档案是否齐全；三查帮扶成效是否显著，证明扶贫成效的档案是否齐全；四查贫困退出程序是否合规，档案是否齐全。“四问”，一问贫困户对帮扶措施是否满意；二问贫困户对帮扶成效是否满意；三问贫困户对帮扶单位是否满意；四问贫困户对帮扶责任人是否满意。

（三）乌兰浩特市教育部门“菜单式”扶贫案例

乌兰浩特市民生村是市教育局的帮扶村，该村经济薄弱、基础条件差，建档立卡贫困户共有 26 户 49 人。原有的扶贫政策只能解一时之急，在增强贫困户自身的“造血”功能、实现其永久脱贫方面仍存在改进的空间。“菜单式”扶贫实施后，驻村干部首先走家入户，为建档立卡贫困户讲明“菜单式”精准扶贫政策。民生村第一书记组织教育局驻村工作队 16 个帮扶片区的干部深入贫困户家中，通过集中宣传、面对面入户宣传、讲解的方式宣传“菜单式”扶贫政策，实现宣传讲解的全覆盖，增加贫困户了解政策的程度，提升其内生动力，为更好地脱贫致富打下坚实的思想基础。同时，驻村工作队为村里残疾、无劳动能力的贫困群众出谋划策，帮助他们树立脱贫致富的自信心。

贫困户“点菜”后，民生村驻村干部积极帮助贫困户发展已选产业，有针对性地进行指导、帮助并积极获取外部资源，进而引领民生村贫困户提高自我发展的能力。具体而言，部分贫困户在“菜单”中选择花卉种植后，民生村促成其与兴安盟绿友公司达成产销协议，暨花卉种植产销对接“一条龙”帮扶，由绿友公司免费为贫困户提供花苗，由村民在家中种植。同时，乌兰浩特市教育系统提供了 10 万株的订单，待花卉上市销售获利后再将成本还给绿友公司。此项目在 2016 年 4 月 22 日—5 月 22 日的一个月时间全部落实并回收，贫困户从中净赚利润 5 万余元，参与的几户贫困户平均每户收益达 6000 元以上。部分贫困户在“菜单”中选择养鸡后，驻村干部联络各机构与贫困户签订“小笨鸡”养殖回收订单。2016 年教育系统签订了 731 只的订单，实际销售 1500 余只。此项订单已经全部回收，贫困户直接盈利占其收益的 40%。

针对贫困户在“菜单”中选择技能培训的，民生村依托市教育局的资源，成立培训教育中心，开设"俗厨"培训班、"砌筑"培训班、家政培训班、面点培训班等对贫困户进行相应的培训，使贫困户掌握一技之长，为其创业、就业提供便利条件。在2018年乌兰浩特市的"美丽乡村"建设中，民生村职教中心培训的60余名瓦工成为工程建设的主力军。民生村职教中心还与乌兰浩特市各学校的合作企业联合为民生村贫困户提供就业岗位。职教中心为民生村贫困户王某某家患有糖尿病、辍学在家的儿子提供免费培训并安排就业，还为另一家贫困户王某某上幼儿园的儿子年补助2000元。

针对贫困户在"菜单"中选择异地搬迁的，民生村利用现有库存房源实施异地搬迁，解决了建设手续繁杂、建设工期长、无法实现当年搬迁的任务难题。同时，民生村还将农业产业扶贫示范区项目与异地搬迁安置政策相结合，为有意愿搬迁至设施农业园区的贫困户每户提供一处40平方米以上的设施农业管理房和450平方米的温室大棚，使贫困户同时实现移民搬迁与发展产业。

正因如此，"菜单式"扶贫的政策帮扶使民生村贫困户的产业平均收入到2017年年底已达1.4万元左右，人均可支配收入达16305.55元，均超过3200元的指标。按照贫困户退出机制，2017年年底民生村贫困户全部自愿退出，实现脱贫摘帽。

专栏11－1　"菜单式"扶贫显著提高贫困户获得感

59岁的包要斯图是乌兰浩特市义勒力特镇义勒力特村的贫困户，他和妻子因体弱而缺乏劳动能力，2014年女儿患重病去世后家里负担更大，欠债十余万元。2015年年底，在"菜单式"扶贫政策支持下，包要斯图和妻子自主选择了发展饲喂育肥羊产业，获得了补助资金。"我们买了65只羊，还建了羊舍，眼看着小羊越长越大，村里又给配了兽医师，我家去年收入有两万多元哩！"包要斯图笑着说。

乌兰浩特市科右前旗居力很镇红发村贫困户王青霞即将从兴安家政育婴师培训班毕业。因婆婆年迈、丈夫患脑膜炎，她无法外出打工。如今在家门口就能就业，收入还不错。王青霞说："政策好了，生活越来越有劲。"

三、"菜单式"产业扶贫的实施效果及启示

（一）实施效果

"菜单式"扶贫实施后，乌兰浩特市831户1746人选择养殖产业，331户777人选择种植产业，39户104人选择购买农机具，6户17人选择商业经营，没有生产

能力的898户1807人选择资产收益项目，利用奖补资金入股合作社、龙头企业享受分红，实现了产业扶贫全覆盖。产业发展带来的稳定增收，彻底拔掉了贫困户的“穷根”。1259户3157人选择住房安全保障，通过与产业发展等政策相叠加，实现了“搬得出、留得住、能致富”。开展82期适用技术培训，组织8次专场招聘会等活动，实现转移就业399人，拓宽了增收渠道。“菜单式”扶贫充分尊重贫困户意愿，使其从事适合自己的脱贫产业，极大地提高了他们脱贫的积极性和主动性，这种经验做法被国家、自治区媒体报道120余次，区内外60余个地区前来观摩学习。“菜单式”扶贫实施后，截至2017年年末，乌兰浩特市累计退出贫困人口5108人，剩余贫困户434人，贫困发生率下降至0.56%，31个贫困村退出。2018年年初，乌兰浩特市接受了自治区第三方退出旗县复验，并于2018年7月27日正式退出自治区贫困旗县。

“菜单式”扶贫消除了贫困户“等靠要”的内生动力不足现象，规范、简化了帮扶责任人的帮扶措施。“菜单式”扶贫工作举措和工作思路，得到了贫困户的充分肯定和赞成。乌兰浩特市上级党委、政府也给予了充分肯定，并予以推广。

专栏11-2 “菜单式”扶贫促使贫困户脱贫致富

乌兰浩特市的贫困户老王在政府两年多的“菜单式”扶贫帮助下，日子有了起色。“菜单式”扶贫前，老王的老伴患有高血压、儿子患有糖尿病、自己患有心脏病，还有一身外债压着，生活很穷苦。“菜单式”扶贫实施后，牛羊领进棚圈，帮扶干部住进家中，他才慢慢相信这次帮扶是动真格的。2017年他家用政府补贴的4.5万元买了100只羊、4头猪，在亲戚处赊了10头牛。2018年根据市场行情调整养殖结构，羊只剩下30来只，增加了10头牛，还准备用新贷下来的5万元继续购置7头育肥牛。

老王还主动增加了种植亩数。原来只围着6亩多地转，2018年承包了20亩地，全种了玉米作为饲草料。主动参加职教中心在村里举办的技能培训班——砌筑班。老王拿到培训证书后身份大变，从以前端泥的力工变成了砌墙的技工，每天的工资也从150元涨到260元。2018年在种地间隙不到20天的时间里，打零工赚了3000多元钱。

（二）经验启示

1．提升了贫困户的内生动力

“菜单式”扶贫模式的构建显著提高了贫困户的内生动力。贫困户由于教育文化水平不足，在信息闭塞的贫困环境中容易形成人生目标的模糊感与自我认知的自卑感。而“菜单式”扶贫则首先为贫困户提供了方向，并把选择权交给了贫困户。贫困户“点菜”的过程也是重拾人生目标的过程，在参与的过程中脱贫的内生动力也间接得以提升，贫困户由此获得了认知感，从“要我脱贫”转变为“我要脱贫”。

2．提高了产业扶贫精准度

“菜单式”扶贫显著改善了原有产业扶贫“漫灌式”的扶贫模式，针对每一个贫困户的个体需求提供有针对性的产业帮扶，提高了产业扶贫精准度。“菜单式”扶贫模式更有针对性的帮扶使扶贫资源准确“落地”，也间接地将“农村精英”排除在外，解决了“精英俘获”的问题。同时，“菜单式”扶贫通过“菜单”将各类经济组织联系在一起，并与贫困户建立紧密的利益联结机制，形成利益共同体，企业也通过多种方式与贫困户挂钩，各经济组织在产业发展中帮扶贫困农户的责任义务更加明确，“精英俘获”的问题也因此得以消除。

3．增强了外在帮扶效果

“菜单式”扶贫从帮扶责任人、帮扶单位出钱、出物，转变为出主意、出智慧，帮助贫困户选项目、选政策，既解决了贫困户没有能力选择好、享受好国家脱贫政策的问题，也解决了帮扶责任单位、责任人没有资金帮扶、帮扶效果差的问题，拉近了干部与群众之间的关系。同时，帮扶干部入户帮助贫困户“点菜”，通过具体讲解，让广大贫困户充分了解脱贫攻坚政策，科学合理地选定脱贫方式，防止了贫困户产业选择不合理现象的发生，也保证了扶贫的精准性。

4．培养了贫困户的自主发展能力

扶贫过程中，要想提升贫困户自主发展的能力，就要最大限度地尊重贫困户的意愿。乌兰浩特市将脱贫措施、扶贫项目的选择权全部交给了贫困户，提高了贫困户自主发展能力。“菜单式”扶贫把产业发展的选择权交给贫困户，极大地提高了贫困户的参与度和满意度，使贫困户积极参与到脱贫攻坚中来。贫困户参与进来后，“菜单式”扶贫针对其所选的脱贫产业，又对其进行更有针对性的培训，培养了其自主发展的能力。

5．降低了交易成本

“菜单式”扶贫直接把脱贫项目选择权交给了贫困户，从根本上解决了扶贫项目审批实施过程中的制度性交易成本。同时，“菜单式”扶贫利用现有库存房源易地搬迁，解决了移民住宅建设中手续繁杂、建设工期长、无法实现当年搬迁的问题，也解决了建设领域易出现的各种腐败现象和房地产“去库存”的难题，通过降低各项交易成本，提高了“菜单式”扶贫的资金利用率和扶贫项目实施效果。

四、“菜单式”扶贫的完善建议

目前，乌兰浩特市正逐步完善政策措施，帮助贫困户脱贫产业可持续发展。一是实施扶贫产业后续服务保障项目。持续深化“菜单式”扶贫模式，为自主发展产业的贫困户聘请技术员，开展种植养殖技术培训和指导，加强对现有脱贫产业的后续扶持、服务和监管。探索贫困户养殖业保险，降低贫困户养殖业风险。二是持续打造庭院经济项目。按照差异化补助方式，让贫困户与一般农户共同发展庭院经济，打造“一村一品”，让扶贫产业实现规模化种植养殖，拓宽销路，提高品质。三是加大生态经济收入。鼓励引导贫困人口发展林下经济、林果经济，通过生态经济帮助贫困户增收。支持贫困村成立造林绿化专业合作社，吸引更多贫困人口参与林业工程建设。生态护林员要优先聘用建档立卡贫困户，让更多的贫困户从生态经济中受益。为使“菜单式”扶贫模式更加完善，进一步增强帮扶效果，提出如下建议：

（一）“菜单”中应加强对贫困户农业集约化生产方式的培养

一个地区的产业规模不仅依赖于自然资源条件，更取决于该地区与产业相关的生产要素的整合程度。因此，为实现规模经济，产业扶贫必须整合土地、资金、技术等各类生产要素，以生产要素的聚集来扩大生产规模、整合资金投入、提升资金效率。同时应以大生产对接大市场，利用规模效应降低生产成本，提升农产品市场竞争力。“菜单式”扶贫针对贫困户个性化的定制式脱贫方式，使每村每户的脱贫生产方式各不相同，在一定程度上降低了贫困地区生产要素的整合程度。家庭分散的经营模式，导致贫困户组织程度低下，不利于贫困地区规模经济的实现。为了解决这一问题，可以通过培育家庭农场的方式，促进家庭由小户经营模式向集约经营模式转变，进而实现规模经济。政府应当重点培育、鼓励贫困户发展家庭农场，并以各项政策补贴对其进行激励。政府还应鼓励各金融机构加大对家庭农场的贷款投放力度，为其提供持续的资金支持。同时，政府应加快先进农业技术与农作物品种的推广，并尽快让贫困户学习运用。通过细化农业技术人员的推广职责，为贫困户提供高效优质的指导，进而让贫困户尽快接受并利用先进农业生产技术发展家庭农场，实现农业的集约化生产。

（二）“上菜”后应积极推进产业链条延伸，确保农产品销路畅通

贫困户在产业发展中，劳动能否换得足够的回报将直接影响其脱贫的效果。“菜单式”扶贫为贫困户提供了脱贫的具体办法，但是对贫困户生产的农牧产品销售的保障仍需加强。贫困户产业发展的各环节如果没有相互打通关系、没有形成良性循环的产业链条，将不利于“菜单式”扶贫效果的最终实现。因此，当下，针对现代农牧业发展，应重点加强产业薄弱环节的建设，突出产业链条的连接和延伸，打造全产业链发展格局，以确保贫困户能如期致富脱贫。具体而言，应通过加快打通农业生产、加工、储运、销售等各个环节，积极引进农产品加工企业、商贸物流企业等，延伸农业产业链条，形成生产、加工、销售一体化的发展，着力提高贫困地区农业产业化水平，进而有效带动贫困农户脱贫致富。针对农户农产品滞销问题，可特别搭建农产品电商交易平台，开展农产品电商技术的培训。减少农产品流通的中间环节，以电商为纽带拓宽农产品的销路，使优质的农产品能够尽快销售出去。

五、产业扶贫的未来展望

“菜单式”扶贫模式使产业扶贫对于贫困户来说更具有针对性。政府角色也完成了由“投资人”向“经纪人”的转化，产业扶贫的精准度不断提高。同时，当下的产业扶贫主要致力于贫困户内生动力和自我发展能力的培育，通过政府鼓励、企业管理、村“两委”参与，促进了贫困户实用技术的掌握和思想观念的转变。而在未来的产业扶贫中，不仅要致力于贫困户的脱贫增收，更应助其打造特色、创立品牌，提高贫困户产业发展的质量，形成规模经济，实现永久脱贫。

第一，应从区域资源禀赋出发，制订更具特色的产业扶贫规划。按照“产业兴旺、生态宜居、乡风文明、治理有效、生活富裕”的总要求，深化农业供给侧结构性改革，充分发挥帮扶地区的区位优势、生态和资源禀赋，大力发展农林牧渔、农工旅复合发展的高质量特色产业，着力建设果蔬、药材、水稻等基地；充分挖掘特色资源，大力发展休闲、体验、创意农业，着力打造田园综合体和特色小镇；打造绿色品牌，开发销售优质产品，扩大无公害、绿色、有机农畜产品的供给并设立庭院经济示范村，形成品牌并将优质品牌农产品推向市场；发展高附加值的设施农业、休闲观光农业等，加强“三新”技术推广，全面提升使用率和种植养殖效益，推动种植养殖业向规模化、产业化发展，培育贫困地区新的经济增长点。

第二，提升产业发展水平，确保贫困户稳步增收。进一步发挥龙头企业的带动

作用，加强贫困地区与知名企业的产业合作，全面提升影响力。扶持发展专业合作社和农牧业社会化服务组织，提高贫困户生产经营组织化、产业标准化、生产集约化水平。完善“公司＋基地＋合作社＋贫困户”等农企利益联结机制，引导贫困户以土地托管、牲畜托养等方式参与农牧业规模化经营，增加贫困户的产业经营性收入。完善农村物流体系建设，充分利用大数据技术，以消费需求为导向，构建更高档次、更加精准、更为紧密的现代农业产销体系，支持社会资本参与运营，培育典型示范项目。

第三，整合产业扶贫资源，优化产业扶贫工作布局。在产业扶贫总布局上放眼大局，突破地区之间的束缚。通过加强地区间的沟通协调，实现资源共享、优势互补，促进交流合作，形成扶贫合力。积极推动与其他区域的经济、技术交流，主动融入和服务“一带一路”倡议以及长江经济带建设等。

第十二章　交通扶贫：云南省羊拉乡案例

交通在脱贫攻坚中起基础性和先导性作用。交通扶贫是指通过改善贫困地区的道路情况，使其形成功能完好的交通运输网络系统，为贫困人口获取更好的教育资源、医疗水平、人居环境、住房条件及公共服务等基础设施创造条件，促进贫困地区与外界的双向交流，带来运输业、物流业的发展，推动贫困地区的脱贫步伐。简而言之，交通扶贫是一种以改善贫困地区交通条件、消除贫困地区交通瓶颈为目的的扶贫措施。交通扶贫是精准扶贫的根本抓手，是一系列扶贫措施得以开展的基石，是实现“两不愁、三保障”的先行手段。

云南省迪庆州德钦县羊拉乡位于云南最北部的滇川藏三省交界，是云南省最后一个通公路的乡，2001 年乡政府通简易公路，2014 年乡政府通油路。本案例基于羊拉乡开展交通扶贫的背景，分别前往德钦县城和羊拉乡进行资料收集与驻点调查，通过对历史文献资料的梳理，厘清羊拉乡道路的变迁历史。以羊拉乡交通扶贫的利益相关者为主线，对交通扶贫利益相关者的行为表现、行为动因、合作与冲突 4 个方面进行分析，研究利益相关者在羊拉乡交通扶贫过程中扮演的角色，探寻利益相关者对羊拉交通扶贫的影响，就羊拉乡交通扶贫存在的冲突提出对策建议。

一、羊拉乡道路的历史变迁

（一）区位分析

“羊拉”藏语意为“牦牛角”，因该乡所辖羊拉村呈牦牛状而得名。1956 年羊拉乡和平解放后，属维西县第六区，新政府所在地从羊拉村迁至位于较为中心地带的甲功村，仍使用“羊拉”地名并延续至今。1957 年羊拉乡为奔子栏办事处所辖。1959 年 5 月 11 日作为区级行政单位划属德钦县。1968 年 10 月改为公社，1984 年恢复为羊拉区，1989 年又改为羊拉乡。①

羊拉乡位于横断山脉腹地、德钦县东北部、金沙江西岸，东与四川省巴塘县中心绒乡、得荣县日世乡隔江相望，西北与西藏芒康县徐中乡接壤，位于“鸡鸣三省”的特殊位置。

羊拉乡地貌环境恶劣、地形沟壑纵横，酷似一支牦牛角嵌入西藏、四川之间。地势西高东低，东部紧邻金沙江，为河谷地带，中部为半山区地带，西部则为高寒地带，平均海拔在 3000 米以上。全乡最低点为茂顶苏鲁小组，海拔 2340 米，最高点为甲午雪山，海拔 5520 米。羊拉乡甲功村海拔 3165 米，羊拉村海拔 3000 米，规吾村海拔 3751 米，茂顶村海拔 2700 米。受地理环境限制，全乡各村小组之间分布十分分散。乡内有 6 条河流，总流程 500 多千米，年平均气温在 6℃ ~8. 5℃，年降雨量 600 ~800 毫米，山地霜期 250 天以上。

羊拉乡面积 1087 平方千米，辖甲功村、茂顶村、规吾村、羊拉村 4 个行政村，共 52 个村民小组，截至 2016 年年底，羊拉乡共 926 户 5596 人，其中藏族人口占总人口的 99. 8%。② 羊拉乡南北直线距离约 80 千米，东西直线距离约 20 千米，距德钦县 247 千米，距州府香格里拉 212 千米。

（二）人马驿道（1950—1999 年）

1. 驿道路线

羊拉乡 1999 年年底才结束人背马驮的历史，本小节主要叙述 1999 年之前羊拉乡与外界的往来路线，还原羊拉乡——这个身处滇、川、藏三省交界之地的聚落形象。

（1）历史追溯

羊拉乡人马驿道的历史，最早可在羊拉“兄弟山”的传说中见到踪迹。“兄弟山”指羊拉乡政府驻地东南边两座并肩而立的雪山。“兄弟山”缘起于唐代文成公主进藏和亲，传说文成公主进藏时准备离开羊拉向北行进的前一晚，曾和羊拉藏族群众尽情地载歌载舞（张恩华，2010）。

据《揭开滇川藏三角区历史文化之谜》一书记载：明朝时期，朝廷为治理远不可及的滇川藏三角区，支持丽江木氏土司一路向北扩张。扩张战役中，木

---

① 参考德钦县政府信息公开门户网站，羊拉乡概况，http://search. 10jqka. com. cn/snapshot/news/bb6e9a3011e22528. html.

② 德钦县脱贫攻坚工作指挥部办公室，王树芬：加强政企无缝对接，合力推进羊拉脱贫攻坚各项工作[EB/OL]，2017. http://mp. weixin. qq. com/s/QIfWpswVLIkuEo9SSojBWg.

氏土司占领了六大区域，即你那、照可、忠甸、鼠罗、巴托和香水。其中，照可地区就是现今云岭山脉与中甸西部大雪山之间的金沙江流域。木氏土司进攻照可时沿金沙江西岸的茶马古道由南向北行进，沿途先后经过了其宗、喇普（塔城）、均里场（左力村）、其立曲丁（德钦拖顶乡曲古丁）、立西各（西木贡、即奔子栏）、加光丁（甲功村）、杨立（羊拉村）、均鲁瓦寨（今日的羊拉村均农小组）等村寨。羊拉为照可地区的北界，与巴塘相连（巴塘属巴托区域），因此，木氏土司的军队到达羊拉后，乘船过均农小组德拉渡口，直进巴托辖区（潘发生，2008）。

（2）主要路线

笔者未查阅到过多关于羊拉乡人马驿道的详细文献记录，但通过对人物访谈资料的整理，笔者发现由于羊拉乡身处“鸡鸣三省”交界处，其人马驿道并非只有一条，羊拉乡与外界可围绕7条线路相互交流。但由于资料出现断层，笔者只能基于访谈人物中最早出生在1945年，结合“羊拉大事记”，[①] 以1950年为起点，描述1950—1999年的人马驿道线路情况，具体信息如表12－1所示。

表12－1　羊拉乡人马驿道主要路线

路线	起点	终点	详细路线
路线1	羊拉	德钦	羊拉乡→翻甲午雪山→阿东→德钦县
路线2	羊拉	德钦	羊拉乡→沿金沙江→奔子栏→翻白茫雪山→德钦县
路线3	羊拉	德钦	羊拉乡→罗仁→李明→徐中乡（西藏）乘车→德钦县
路线4	羊拉	芒康	羊拉乡→中运河大木桥→西藏芒康
路线5	德钦	巴塘	德钦县升平镇→阿东→翻甲午雪山→甲功→归吾→南格→顶拉（划木排）→巴塘
路线6	德钦	得荣	德钦县升平镇→翻甲午雪山→茂顶县→苏鲁→划木排渡金沙江→得荣县
路线7	得荣	芒康	得荣县→划木排渡金沙江→茂顶村→翻甲午雪山→西藏芒康

资料来源：根据德钦县县志和羊拉乡的相关调查资料整理。

表12－1涉及的7条路线中，路线4、线路5、线路6、线路7突出了羊拉身处滇、川、藏三省交界线的特殊地理位置，经由羊拉到达西藏、四川地带较为便利，但使用频率较少。路线1、路线2、路线3则是羊拉对外的主要交通通道，尤其是路线1和路线3，属1999年以前人们常年使用的行走驿道；奔子栏、升平镇、徐中乡是进出羊拉乡的必经中转站。德钦县和奔子栏为滇藏茶马古道的重要中转站。笔者认为，羊拉乡虽为云南最边远的藏族村落，但或多或少会受茶马古道的影响，有与汉文化交流的历史。

---

① “羊拉大事记”为云南农业大学《羊拉乡志》编委会依据时间逐条梳理资料的成果。

2. 驿道功能

（1）唐宋时期至民国时期

滇藏茶马古道起于唐朝时期，与吐蕃王朝向外扩张和南诏的贸易活动密切相关。在羊拉乡的神山传说中，人马驿道的形象最早出现在唐代，当时文成公主经由羊拉进入吐蕃（现今西藏地区）和亲（张恩华，2010）。丽江木氏土司统治扩张时期，羊拉作为进攻巴塘地区的交通要塞被占领（潘发生，2008）。李何春 2011 年 8 月在羊拉乡调查发现，民国时期羊拉一带的盐靠西藏的盐井供给，经过徐中乡到达羊拉（李何春、李亚锋，2013）。

除了上述文献，笔者未查阅到其他与羊拉人马驿道活动相关的资料。只能大致推测，唐宋至民国时期，羊拉人马驿道的功能主要为政治军事功能，并伴有经济贸易的往来。

（2）1950—1999 年

1950—1999 年，羊拉人马驿道见证了其社会的重大变革。在这期间，羊拉人马驿道的路线大致分为 7 条。每条人马驿道都是羊拉与外界往来的枢纽，大致功能相同，但又有所偏差，并随着社会的发展而重构或消失。

如表 12－2 所示，1950—1965 年，路线 4、路线 5、路线 6 和路线 7 的人马驿道主要为军事功能，尤其在 1958—1963 年羊拉叛乱期间，这 4 条路线成为四川匪患和羊拉匪患逃往西藏、印度的通道，解放军当时就沿着这 4 条路线对匪患进行围剿劝降。① 1969 年以后，羊拉乡的医疗水平得到发展并高于相邻的四川、西藏两地，使这 4 条驿道变为求医之道。②

路线 1、路线 2、路线 3 都是羊拉的主要驿道，马帮文化盛行于此，多用于物资运输。其中最主要的人马驿道是路线 1。一般情况下，羊拉村民外出或外人进入羊拉时，大家倾向于翻越甲午雪山，尤其是在 5—10 月的通山时节。因为无论是绕道西藏徐中乡，还是沿金沙江前行翻越白茫雪山，都不如翻越甲午雪山更省时。对于未通路的羊拉而言，甲午雪山是“羊拉茶马古道”。1956 年解放后，国家教育、医疗、文化、企业等多方面的投资让强大的政治力渗入羊拉。宏观上，这条“羊拉茶马古道”仍带有浓厚的政治色彩，但其功能开始表现在各个方面，不再拘泥于某一固定用途，羊拉人民与人马驿道的往来紧密。例如，1959 年以后，路线 1 和路线 2 正式担起邮路的角色。1965 年，羊拉第一批初中生和第一批本土教师开始翻越“羊

① 云南农业大学新农村发展研究院．白开喜座谈会报告[R],2016－05－14.

② 来源于“羊拉大事记”。

拉茶马国道”，外出接受学习培训。[①] 1965 年后，路线 3 逐渐成为羊拉另一条主要驿道，适时徐中乡至德钦一段通车，故主要负责冬季德钦县政府向羊拉的物资运输，也是羊拉乡甲功村、规吾村和羊拉村的学生外出求学，西藏藏民进羊拉看病的冬季出行选择。1950—1999 年，人马驿道是羊拉唯一的交通运输和社会交际网络。

表 12－2　羊拉人马驿道的功能职责

<table>
<tr><th>路线</th><th>驿道路线</th><th>驿道功能</th></tr>
<tr><td>路线 1</td><td>羊拉乡→翻甲午雪山→阿东→德钦县</td><td rowspan="2">日常出行（1950—1999 年）
解放改革（1956—1999 年）
物资运输（1950—1999 年）
邮路（1958—2001 年）
电话（1965—1999 年）
教育（1969—1999 年）
医疗（1969—1999 年）</td></tr>
<tr><td>路线 2</td><td>羊拉乡→沿金沙江→奔子栏→翻白茫雪山→德钦县</td></tr>
<tr><td>路线 3</td><td>羊拉乡→罗仁→李明→徐中乡（西藏）→德钦县</td><td>日常出行（1965—1999 年）
物资运输（1965—1999 年）
教育（1969—1999 年）
医疗（1969—1999 年）</td></tr>
<tr><td>路线 4</td><td>羊拉乡→中运河大木桥→西藏芒康</td><td rowspan="4">军事（1950—1965 年）
医疗（1969—1980 年）</td></tr>
<tr><td>路线 5</td><td>得荣县→渡金沙江→茂顶村→翻甲午雪山→西藏芒康</td></tr>
<tr><td>路线 6</td><td>甲功村→归吾村→南格→顶拉→巴塘</td></tr>
<tr><td>路线 7</td><td>茂顶村→苏鲁→渡金沙江→得荣县</td></tr>
</table>

3. 驿道投资

人马驿道，就是人与马的脚印常年行经于此形成的。人是人马驿道的创造者和建设者。笔者梳理相关资料时发现，1965—1966 年，羊拉人马驿道出现了比较突出的二次投资建设。

由表 12－3 可见，虽然 1965—1966 年，国家社会经济处于动荡期，但政府仍然为改善羊拉乡交通投入了资金。作为人马驿道的直接使用者与受益者，羊拉村民更是驿道最大的投资者，200 多人在时任羊拉区委书记和学海的带领下投劳投工参与人马驿道的建设工作。虽然 1965 年对羊拉人马驿道进行了加宽和电话线架设，但同年 11 月，大雪掩埋了电线杆和路线。羊拉人几乎每年都要修建人马驿道。1977 年，中央候补委员、云南省委副书记七林旺丹到羊拉视察工作时，第一次提出修建通乡公路的设想。

---

① 德钦县志编纂委员会．德钦县志 1978—2005［M］．昆明：云南民族出版社，2006：249.

“1965年10月，我转为了公办教师，于是又去德钦培训了十多天。回来的时候是11月，大雪下了7天。当时县里出钱找了马帮送我们一行人回羊拉，7匹骡子，7块钱一匹。我们从升平镇阿东走上甲午雪山花了3天，到了雪山寸步难行，雪太大了，原来的路都看不出来是哪里了，大家只能边走边打路，羊拉的路都是强壮的汉子边走边打出来的，当时我连鞋都走掉了，赤脚回来，走了5天。”

——节选自2017年1月31日对孟诚的访问

表12－3　驿道投资情况

序号	项目内容	项目地点	时间	修建者
1	人马驿道加宽	羊拉—阿东	1965年	200多名羊拉村民
2	架设电话线	升平镇—甲午雪山—甲功村	1965年	200多名羊拉村民
3	土木结构食宿栈7个	升平镇阿东村至羊拉区	1966年	政府
4	羊拉乡中运河吊桥（桥长60米，宽3米）	羊拉乡中运河	1966年	政府、村民

（三）通乡公路（1999年至今）

1. 公路路线

（1）路线方向

作为全省最后一个通公路的地方，羊拉通乡公路的生命始于1999年年底，最初起止地点为羊拉乡政府所在地到德钦县城。羊拉通乡公路至今已跨越了17个年头，这17年间，羊拉通乡公路历经2次改线（见表12－4）。

表12－4　羊拉公路路线变化

路线	使用时间	路线起点	路线终点	详细路线	备注
路线1	1999年12月—2005年1月	羊拉乡	德钦县城	甲功→茂顶村→达日村→奔子栏镇叶日村→翻白茫雪山→德钦县城	
路线2	2005年1月至今	羊拉乡	香格里拉	甲功→茂顶村→达日村→沿金沙江→过曲宗桥→瓦卡（四川得荣）→214国道→香格里拉	如要从羊拉乡到德钦县，则需从瓦卡过桥到对面的奔子栏，经奔子栏进入德钦县

最初，羊拉通乡公路从德钦县城升平镇出发，乘车翻越白茫雪山后经叶日村进入羊拉地界。改道后，羊拉通乡公路沿金沙江行进，与州府香格里拉的距离缩短了

74 千米。[①] 路线 2 通行后，羊拉乃至西藏、四川的藏民都由此前往香格里拉采购生活用品。

目前，德钦县城客运站没有通往羊拉乡羊拉村的班车。进入羊拉村需返回香格里拉客运站买票乘车。羊拉与德钦不在同一方向，奔子栏是两地相互连接的中转站。曲宗桥[②]的修建，使羊拉与香格里拉之间的距离远小于羊拉与德钦的距离。跨过曲宗桥抵达瓦卡后，沿东南方行驶一个半小时左右到达香格里拉。若去德钦，则需在瓦卡掉头穿过大桥，抵达对面的奔子栏镇后向西北方向行驶 3 个多小时进入德钦。因此，如今的羊拉公路不再以德钦为通道，香格里拉已成为进入羊拉的最佳入口，具体的通乡路线为：香格里拉客运站→214 国道→纳帕海→尼西村→瓦卡（四川得荣县）→曲宗桥→达日生态移民村→茂顶村→马木顶→思木顶→鲁农→里农→里格顶→别吾→支木格→甲功小组（羊拉乡政府）。

（2）改道原因

羊拉通乡公路从悬崖峭壁上凿开，路的内侧是危耸的巨石，外侧是深不见底的沟壑。1999 年的通乡公路为毛路，需翻越白茫雪山才能进入羊拉境内，路窄弯多且坡陡，有的路段行车十分困难，安全系数低。羊拉通乡公路在 2003 年 11 月实行改线工程，主要基于 2 个契机：一是 2003 年 4 月羊拉公路发生的重大交通事故，造成 10 人死亡、2 人重伤、5 人轻伤；二是时任云南省委副书记王学仁 2003 年 5 月前往羊拉亲身感受羊拉通乡公路的“不要命”。

2. 公路投资

本部分主要分析 3 个阶段羊拉通乡公路建设项目的投资情况，即通路前（1991—1999 年）、改道时（2003—2005 年）和改道后（2005 年至今）。

（1）通路前（1991—1999 年）

羊拉通乡公路于 1991 年正式开工，耗时 8 年，政府投入了 9922 万元建设资金，[③] 为 3 个阶段中投资规模最大，时间成本、人力成本和危险系数最高的项目。据悉，在羊拉通乡公路修建过程中，经历了 4 任县长、5 任指挥长、4 任交通局局长，共有 59 人牺牲，平均每 20 千米牺牲 1 人。[④] 1996—1997 年，羊拉通乡公路受到省委、县人大和县政协等部门的重视与考察。

---

① 来源于“羊拉大事记”。

② “曲宗桥”是藏语名，“曲”指河流，“宗”指汇合，“曲宗桥”意为两条河流汇合的地方。

③ 来源于“羊拉大事记”。

④ 陈义．德钦雪山峡谷天堑变通途[EB/OL]，[2009－04－30]．http://www.tibet3.com/news/content/2009－04/30/content_36521.htm.

表 12－5　羊拉乡公路投资情况（1991 年）

修建里程	投入资金	修建级别	修建时长
147.8 千米	9922 万元	四级下线公路	8 年

（2）改道时（2003—2005 年）

2003 年，羊拉通乡公路的路况和安全性受到云南省委副书记王学仁的重视。国家为羊拉乡投入 7300 万元①进行改线工程，共涉及 2 段，一是甲功至曲宗桥，二是四川省得荣县三江口至达拉段，耗时 1 年。

（3）改道后（2005 年至今）

改道后，政府对羊拉通乡公路的投资金额不详，但每年都下放有建设资金。2006—2010 年，政府不断对羊拉通乡公路进行道路加宽，使路面由砂石路逐步变为水泥路。2011 年，时任云南省委书记李纪恒前往羊拉调研，确定了羊拉通乡油路工程，2012 年开始投资建设，通乡油路建设期 2 年。2014 年，暴雨导致通乡公路瘫痪，政府拨资开展公路抢修工作。

总的来说，羊拉通乡公路属德钦县内难度最大、修建时间最长、投资最大、耗费人力物力最多、维护成本最高的公路。

3. 通乡油路（2014 年至今）

2014 年 12 月 30 日，羊拉迎来了通乡油路的新历史，通乡油路的建成标志着羊拉进入新的道路时代，是交通扶贫取得的重大成果，属于羊拉乡里程碑式的发展。这条通乡油路的路线起点是曲宗桥，终点为茂顶河段。

表 12－6　羊拉通乡油路详细信息

路段	里程	宽度	标准	设计时速	路面结构
曲宗桥—茂顶河	54.62 千米	7.5 米	三级公路	30 千米/小时	沥青混凝土路面

笔者于 2017 年 1 月前往羊拉调研，目睹了这条通乡油路的风采。得荣瓦卡至曲宗桥这一段公路以水泥路为主，灰尘很大，紧靠金沙江一侧的路面积水都是土黄色，且路面凹凸，行车颠簸。本以为进入羊拉地界后路况会更差，谁料想一跨过曲宗桥，到达羊拉乡茂顶村地界后，驱车一路北上，路面基本全是沥青路，路面也比得荣县内的路面宽阔干净，少了颠簸。

在羊拉通乡油路的修建中，主要有三方力量的投入，一是德钦县人民政府，二是旭龙水电站，三是西安市公路勘察设计院。其中，旭龙水电站投资参与建设，政

① 德钦县志编纂委员会．德钦县志 1978—2005[M]．昆明：云南民族出版社，2006：279.

府与西安市公路勘察设计院属于招商合作的形式。西安市公路勘察设计院在正式启动通乡油路建设项目前，进行了精细的设计工作。该通乡油路的总建设资金为 2.8 亿元，耗时 18 个月。① 此次通乡油路的顺利完工，是分阶段实施、有效行动的结果。2011 年年底先期开始对羊拉通乡公路进行改造，并对外招商合作；设计院参与后，通过调查、分析和比较确定最优路线；油路建设期又分为路基工程和路面工程 2 个阶段。简而言之，现在外界通往羊拉乡的门户已经打开，若不遇雨季，道路畅通无阻。

图 12－1　羊拉通乡油路

（四）通村通组公路（2002 年至今）

1. 通村公路

据羊拉乡政府办 2009—2015 年的工作总结，2001—2005 年，羊拉 4 个村通村公路逐渐完工；2006—2010 年，完成了全乡 31 条通组公路建设；2015 年，完成了 52 个村民小组通组公路建设。

如表 12－7 所示，截至 2017 年 1 月，羊拉 4 个村中，甲功村和茂顶村的通村公路已是沥青路面，规吾村和羊拉村的通村公路大部分路段为水泥路面。从地理位置来看，茂顶村处于最南端，一路向北先经过羊拉乡政府所在地甲功村，其次是规吾村，最北端为羊拉村，地势也越来越陡峭。茂顶村的通村公路属于羊拉公路的一部分，从外界进入羊拉乡，茂顶村是第一个站点，到达茂顶村后行驶 3 个多小时到达甲功村。茂顶村离甲功村虽只有 90 千米，且路面全为沥青路，但路面由南向北逐渐变窄，路线为盘山而行。

① 资料来源于 2017 年对羊拉乡人民政府阿称乡长的访谈。

表 12－7　2017 年羊拉乡各村通村公路路面情况

序号	村名	距乡政府驻地距离（千米）	路面状况	首次竣工时间	投资金额（万元）	备注
1	甲功村	0	沥青路	2002 年	—	
2	羊拉村	80	水泥路	2004 年	291.2	羊拉村通村公路有 2 条
3	规吾村	45	水泥路	2005 年	900	
4	茂顶村	90	沥青路	2004 年	16	

羊拉村是羊拉乡最偏远的村落，自然环境最恶劣，从乡政府驻地甲功村出发，需 4～5 小时方能到达，若遇雨季，则通行更困难。羊拉村通村公路最初是从四川取道，途径西藏后进入羊拉村，该公路于 2004 年竣工，全长 37 千米，其中四川地段 3 千米、西藏地段 1 千米、德钦县地段 33 千米。2012 年打通了第 2 条羊拉村通村公路，即从甲功村出发，途径规吾村，到达羊拉村。2015 年 7 月《羊拉乡志》编委成员进入羊拉村时，路面仍是沙石路。目前，羊拉村和规吾村的通村公路正在加宽硬化改建中。

图 12－2　甲功村通村公路

2. 通组公路

据羊拉乡政府 2009—2015 年的工作总结，2004—2005 年修通了羊拉乡茂顶村南仁、散荣、牛吾等小组的通组公路，公路全长 12 千米。2006—2010 年，全乡 31 条通组公路建设完成，总里程约 198 千米，总投资约 3500 万元。2015 年，完成了 52 个村民小组通组公路建设。

表 12-8 甲功村部分村小组的通组道路情况（2017 年）

序号	小组名称	距乡政府驻地的距离（千米）	路面情况
1	甲功	0	沥青路
2	角贡	5	沥青路
3	里格顶	6	沥青路
4	别吾	17	沥青路
5	里农	35	沙石路
6	鲁农	55	沙石路

甲功村 6 个小组由南至北依次为鲁农、里农、别吾、里格顶、甲功、角贡。里农和鲁农小组路况最差，均为沙石路。截至 2017 年 12 月，鲁农通组公路已打通 200 多米的水泥路，以鲁农村口为起点。其余 4 个小组通组公路为沥青路，路况良好，通达性高。这 4 个小组中除了角贡，其他 3 条通组公路都是通乡公路的分段，甲功小组为通乡公路的终点。

以上，通过描绘道路的变化，勾勒不同时期羊拉聚落的形象，展现羊拉与外界的交流动态网。1999 年以前，羊拉对外交流主要靠人马驿道，甲午雪山、白茫雪山和金沙江边弥漫了人的气息，脚步声、马蹄声络绎不绝，其中甲午雪山为主要驿道。此时的羊拉是原生的、自然的、古朴的，同时又是封闭的。这条翻山越岭的驿道见证了羊拉的发展，连接了外界与羊拉，尽管这种交流是单向的，且频次较低。1958 年，人马驿道肩负起邮路的重担，这条遥远凶险的驿道上传送着各种公文信函。1999 年 12 月，羊拉公路的诞生结束了人马驿道的使命，汽车开始走进羊拉人民的生活。2002 年以后，通村公路、通组公路相继亮相。公路改变了羊拉人背马驮的历史，尤其是近年来对羊拉通乡、通村、通组公路的大力建设使羊拉人民出行更加容易，安全系数也逐步提高。同时，西藏与四川藏民也是羊拉公路上不可忽略的成员，羊拉交通的改善使两地藏民，尤其是西藏藏民与羊拉的往来更加频繁，他们大多经由羊拉到香格里拉采购物资和看病。2017 年 1 月 24—26 日，前往乡政府卫生所看病的西藏藏民平均每天有 89 人。每天大约有 200 名西藏藏民经由羊拉前往大理看病。① 道路发展打通了羊拉的交通网，让羊拉各村落有路可汇，羊拉不再是与世隔

① 来源于访谈资料。在访问吉层时，他谈到西藏藏民看病的问题，说很多西藏藏民会请他带去看病。

绝的聚落，聚落色彩①与聚落位置②的变迁刻画出羊拉的新形象。

作为云南与四川、西藏连接的重要交汇点，羊拉与西藏芒康、四川巴塘和得荣历史上就多次通过人马驿道相互交流，三省藏区的交流内容取决于各自的需求。现今，羊拉交通网的不断完善使其逐渐成为滇、川、藏三省的现代交通枢纽。因此，羊拉乡在逐步改善自身交通环境的同时，也不忘加强与西藏、四川两地的道路建设。2016 年德徐公路正式通车，但多处路段于 2016 年 7—8 月被雨水冲毁。目前，德徐公路和德巴公路仍处于建设阶段。同时，羊拉每一条道路的修建都耗费了极大的人力、物力，且进程缓慢。虽然现在羊拉已实现 52 个村民小组通路，但除去茂顶村和甲功村几个村小组外，其余村小组多数是沙石路，石头大，路况差。以最早通路的里农小组为例，2004 年开始投资建设，2017 年笔者前去采访时仍是沙石路。羊拉村和规吾村通村公路的路况也很差，《羊拉乡志》编委会于 2014 年首次进入羊拉，至今只有一位成员于 2015 年成功进入羊拉村，80 千米的路程耗时近 5 小时。最大的问题在于羊拉公路在雨季容易断层。羊拉公路是悬崖与峡谷之间的公路，雨季山体滑坡严重，公路上巨石横行滚落峡谷，车辆无法通过。2016 年 7 月，《羊拉乡志》编委会 2 位成员进入羊拉，返回时被困在羊拉通乡公路上 5 小时。

二、羊拉乡交通扶贫利益的相关者

（一）羊拉乡交通扶贫利益相关者的界定

羊拉的道路发展是交通扶贫的结果。广义上，交通扶贫作为一种手段，是指通过改善贫困地区的交通现状，为贫困地区脱贫创造前提条件。在本章，笔者将一系列推动羊拉乡交通发展的道路项目统称为交通扶贫，而交通扶贫的利益相关者就是指任何能影响这一系列道路项目实施或受到道路项目影响的团体或个人。羊拉乡交通扶贫的利益相关者主要分为四大类，即政府、公司、村民和名人。

州政府和县政府作为交通扶贫项目的总指挥者，是羊拉乡道路项目的拨款者，因而具有高度的影响力、参与性和利益性。

---

① 羊拉最初是封闭的。1959 年以后，翻越甲午雪山，羊拉逐渐清除匪患，迎来了来自外地的第一批教育、医疗革命者。慢慢地，羊拉人会说汉语，自己做了老师和医生，得到了走出羊拉的机会；公路通车丰富了羊拉的生活。将羊拉比作一张白纸，灰色是白纸上的第一种颜色，勾画了羊拉的最初面貌；匪患是小黑点，小黑点被一步一步用橡皮擦掉；教育、医疗、技术、现代化等就是彩色，羊拉每一方面的历史性变革就是每一种颜色的顺利落笔和不断描绘。以几个时期为划分点，羊拉就是几张色彩各异的图片。图片的全景就是羊拉的聚落全景，不同的时期色彩不同，景致自然不同。

② 羊拉各村落的定居位置构成了羊拉乡宏观的聚落位置。近年来由于自然环境恶劣，在政府帮助或个人努力下，羊拉存在村落搬迁的现象，这改变了羊拉乡原本的村寨格局。

乡政府作为羊拉乡的行政机关，不能直接决定羊拉乡道路修建工作，但拥有向上级部门反馈、请示、诉求的权力，影响力中等；乡政府是羊拉乡交通扶贫项目的实地监督者、执行者和组织者，拥有高度参与性；羊拉乡的道路发展很大程度上方便了乡政府各方面工作的顺利开展，因此利益性高。

公司和村民对羊拉交通扶贫项目的影响力较低，但有的公司，如施工队是道路修建资金的直接受益者，通过修建羊拉公路可获得直接经济利益，有的公司为方便运营，在自身园区范围内出资投劳修建道路，而交通又有利于公司发展，故参与性和利益性均为中等；村民为生活方便，在自身能力范围内参与道路修建和维护，道路发展为其带来多方面的发展机会，故参与性、利益性为中等。

名人作为羊拉乡独特的利益相关者，影响力低，但有渠道反馈诉求，具备感染力和号召力；在羊拉乡道路建设过程中，有的名人通过反馈为羊拉乡争取项目和资金，有的名人自掏腰包为羊拉道路发展出一份力，故参与性与利益性为中等。

表 12－9 反映了政府对羊拉乡交通扶贫的支持情况。由表 12－9 可知，除财政扶贫资金和藏区综合扶贫资金外，还有其他部门的资金和群众自筹资金参与到羊拉交通建设中。根据《迪庆州德钦县羊拉乡 2015 年度“十三五”规划扶贫开发项目实施方案》，“十三五”期间，羊拉乡 4 个行政村大约需要 1.17 亿元①的道路建设费。

表 12－9　政府支持羊拉乡交通扶贫事业概况

项目名称	项目地点	项目内容	项目金额（万元）	项目资金来源
德钦县“十三五”扶贫项目	羊拉村	村组公路	756	财政扶贫资金
		村内道路硬化	2418.333	财政扶贫资金
德钦县 2014 年度藏区综合扶贫开发项目	甲功村	通组公路	44.31	藏区综合扶贫资金（33.81 万元） 群众自筹（10.5 万元）
		组内道路硬化	35	藏区综合扶贫资金（2 万元） 水务局（33 万元）
德钦县 2014 年财政扶贫行政村整村推进项目	茂顶村	通组道路	176	财政专项整村推进资金（39.6 万元） 发改局（136.4 万元）
		机耕路	70	藏区资金补助（70 万元）
德钦县 2014 年度第二批自然村整村推进项目	甲功村尼米小组	通路	65	财政补助资金（60 万元） 群众“三投”（5.5 万元）
德钦县 2013 年藏区综合扶贫开发项目	规吾村	通组公路	105	藏区综合扶贫资金（33 万元） 移民局（72 万元）

① 资料来源于《迪庆州德钦县羊拉乡 2015 年度“十三五”规划扶贫开发项目实施方案》，2015 年 5 月。

（二）政府行为表现

在羊拉交通扶贫过程中，政府的行为具有强烈的主导性、决策性和递进性。每一层级的政府在交通扶贫过程中的分工不同。中央作为国家代表，负责制定交通扶贫的大政方针，投入最大数额的项目资金统筹各省市、各地区的交通扶贫发展。2016年交通运输部印发的《"十三五"交通扶贫规划》中指出，贫困地区的经济发展水平参差不齐，各自的发展基础存在较大差异，因而各贫困区域的交通扶贫投资政策要符合当地实际，做到因地制宜和精准施策。"十三五"期间，中央对贫困地区的交通扶贫投资金额达8480亿元，① 主要用于国家高速公路、普通国道、农村公路和县乡公路、农村客运站等方面的建设。中央不是羊拉乡交通扶贫项目的决定者和实施者，但中央为全国贫困地区交通扶贫项目提供了强大的支撑力。

云南省交通运输厅是羊拉乡交通扶贫的二级支撑。近年来，省积极响应国家精准扶贫战略，结合云南省贫困地区实际情况，制定相关交通扶贫策略。交通扶贫党组书记王云山表示，为贯彻"精准扶贫、精准脱贫"的精神，云南省交通运输厅将重点加强乌蒙山区、滇黔桂石漠化区、滇西边境山区和迪庆藏区4个集中连片特困地区以及"镇彝威"革命老区的交通基础设施建设，以农村公路为先行推手，旨在解决农村地区、民族地区群众出行难的问题，继而打开贫困地区的交通枢纽格局网。② 2016年6月20日，云南省交通扶贫暨农村公路工作会召开。

作为省政府的下级部门，迪庆州政府是羊拉交通扶贫的三级支撑和决策者。州政府向省政府汇报当地实情，与省政府协商规划，确定州内交通扶贫的战略走向。2015年，在"加快迪庆藏区交通运输发展"座谈会上，迪庆州委常委、常务副州长农布七林表示，迪庆州内的贫困地区地势险峻，交通瓶颈虽已突破，但诸多方面仍未得到有效缓解，存在道路等级低、对外通道不足等问题，希望国家和省里进一步加大对迪庆藏区交通运输发展的支持力度。③

县政府是羊拉乡交通扶贫项目的二级执行者，负责下发羊拉交通扶贫项目的申报通知，向上级汇报羊拉乡交通建设情况，为羊拉交通扶贫项目进行招标筹备。乡政府是羊拉交通扶贫的一级参与者，手握交通扶贫建设资金，全程参与交通扶贫项目，掌握项目进程，及时解决交通扶贫过程存在的矛盾与问题，向上级反映实际交

---

① 交通运输部印发"十三五"交通扶贫规划[EB/OL]，[2016-08-11]. http://www.moc.gov.cn/jiaotongyaowen/201608/t20160810_2074622.html.

② 交通通畅工程引领脱贫攻坚[EB/OL]，[2016-08-10]. http://www.moc.gov.cn/jiaotongyaowen/201608/t20160810_2074622.html.

③ 我厅与迪庆州共商藏区交通发展问题[EB/OL]，[2015-11-16]. http://www.ynjtt.com/Item.aspx? id=28253.

通需求，并如期向上级提交羊拉乡各交通扶贫项目的报告书，与羊拉乡其他交通扶贫利益相关者直接接触，共同推进羊拉乡交通发展。

简而言之，政府通过政策制定、投资招标、领导视察、逐层上报、会议协商、审批项目、落实项目等一系列行为参与到羊拉乡交通扶贫活动中，其行为是羊拉乡交通扶贫得以实施的前提和关键。

（三）公司行为表现

本部分所指的公司行为不包括道路修建公司，而是指其他进入羊拉并参与了羊拉交通建设的公司。

虽然政府是羊拉乡交通扶贫最主要的推动者，但交通扶贫只是政府整体扶贫战略中的一角，羊拉需要新血液带动其变革发展。因此，在打通羊拉公路时，企业进入羊拉。共有 4 个公司参与羊拉交通建设：云南迪庆矿业开发有限责任公司（迪庆矿业）、德钦县茂顶河水电开发有限公司（茂顶河电站）、云南大唐国际德钦水电开发有限公司（大唐公司）、旭龙水电站。简而言之，参与羊拉交通扶贫项目的公司有 2 大类，即铜矿公司和水电站公司。

羊拉铜矿主要有 2 个矿点，在里农小组和鲁农小组。迪庆矿业公司于 2004 年 8 月成立，由中铝云南铜业（集团）有限责任公司与迪庆藏族自治州人民政府共同开发建设。

为了保障羊拉公路的畅通，2004—2006 年，迪庆矿业公司每年投入 50 余万元的养护费；2007 年，投入养护费 120 万元；2007 年 11 月，完成修建矿区公路 73 千米。“十一五”期间，迪庆矿业公司投入 1600 万元扩建了从曲宗桥到羊拉乡的 110 千米的乡村公路；为路农、里农两村修通了 20 多千米的进村公路和进入布顶寺的公路。

2014 年，大唐公司修建了曲宗桥至思木顶这一段的道路。[①] 旭龙水电站隶属国电集团，位于金沙江上游云南省与四川省交界河段，坝址左岸为四川省得荣县，右岸位于云南省德钦县羊拉乡。2014 年，旭龙水电站投资修建、加宽由得荣至茂顶河的这一段通乡油路，里程为 55 千米。[②]

（四）羊拉人行为表现

羊拉人行为包括 2 个方面，一是村民[③]的行为，二是名人的行为。村民生活居

① 资料来源于 2017 年 1 月对羊拉乡文化站白玛的访谈。
② 资料来源于 2017 年 1 月对羊拉阿称乡长的访谈。
③ 指长期且固定居住在某一村落，并与周围建起关系网的人群。

住在羊拉；名人虽已不在羊拉居住，但生长在羊拉。本质上，二者都为羊拉人。

表 12－10　羊拉人参与交通扶贫的行为特征

类型	参与态度	行为表现	投入要素	行为评价	人群数量
名人	自愿	协调、反馈、出资	资金、人脉	名人贡献者	少
村民	自愿	参与道路修建与养护工作	劳力	羊拉精神①	多

作为羊拉儿女，在羊拉乡交通扶贫过程中，名人凭借自己的能力和人脉，多方协调，自己出资或向上级部门反映，为羊拉争取资金开展交通扶贫项目。名人为羊拉交通扶贫带来的是资金，贡献的是他们的社会关系网。这种行为以促进羊拉发展为目的，不存在个人利益的得失，是一种积极正面的参与方式。能成为名人的人群很少，宗庸卓玛是羊拉名人的代表之一，因其小名为“冬梅”，故当地羊拉村民将她出钱修筑的路称为“冬梅路”。

在羊拉交通扶贫过程中，村民主要参与的是道路修建和养护工作，为羊拉道路发展投劳投工。但是，村民参与道路修建和进行道路养护有所区别。据《羊拉乡志》编委会 2015—2016 年以及笔者 2017 年的调查，羊拉乡每个村村民小组都会自发组织道路维护、清扫工作，属于无偿劳动。具体信息如表 12－11 所示。

表 12－11　一年中村民自发组织参与道路维护的次数

次数	人数	占比（%）
1 次	9	8.18
2～3 次	47	42.73
4～5 次	45	40.91
5 次以上	9	8.18
合计	110	100

在 113 位受访者中，有 3 名受访者未回答该问题。在回答的 110 人中，42.73% 的人一年之中会参与 2～3 次道路维护工作；40.91% 的人一年有 4～5 次机会参与道路维护；选择 1 次和 5 次的人数相等，均为 9 人，合计百分比为 16.36%。据了解，每年的道路维护工作开展 1～10 天，主要集中在春节前后、元宵节前后、雨季三个时段。一是因为春节和元宵节能聚集的人较多，道路维护工作更好开展；二是因为雨季羊拉道路出现落石、塌方的现象严重，阻碍了路的通行。此外，平时路面由于各种原因（牛羊放牧、开发区建设等）出现脏乱时，也会组织道路清扫与维护。道

① 特别能吃苦，特别能战斗，特别能奉献，特别能协作。

路维护是羊拉每年必不可少的活动。

而村民无偿或有偿参加道路修建，则视具体情况而定。2001—2004 年修建羊拉村公路期间，羊拉村所有村民都自愿无偿参与修路。① 具体信息如下：

表 12 – 12　羊拉村村民修路情况

项目名称	路线	总里程	羊拉村村民参与修建里程
羊拉村公路	四川→西藏→羊拉村	37 千米	18.8 千米

现今，如出现道路坍塌等特殊情况时，村民也会主动参与抢修工作。但一般情况下，部分村民会作为施工队中的一员，有偿参与道路修建。羊拉道路施工队中，本地人为承包方的比例小，半数以上施工队都是外地承包方。从羊拉乡道路施工队成员的构成情况来看，51.3% 是外来施工队和周边村民，24.8% 由外来施工者单独组成，23.9% 由周边村民组成。即羊拉道路施工队多数由外地承包方牵头，有部分自己的工人，再招羊拉周边村民一起参与施工。

表 12 – 13　羊拉道路施工队主要成员构成

人员类型	人数（人）	百分比（%）
周边村民	27	23.9
外来施工者	28	24.8
外来施工队 + 周边村民	58	51.3
合计	113	100

综上所述，我们探讨了两方面内容，一是羊拉交通扶贫利益相关者的界定，二是利益相关者的基本行为特征。界定羊拉交通扶贫利益相关者时，采用了资料收集、问卷调查和深入访谈 3 种研究方法，并以影响力、参与性、利益性为指标对利益相关者进行三维分析，确定政府、公司、村民、名人为羊拉乡交通扶贫的主要利益相关者。政府作为决策者与推动者，是羊拉交通扶贫事业的支撑。中央制定宏观扶贫策略，加大对藏区的关注力度，设立藏区扶贫资金；州政府、县政府结合实际情况，在羊拉乡开展交通扶贫；乡政府作为羊拉的行政机关，是羊拉交通扶贫的直接参与者与实践者，有权向上级部门反映交通扶贫过程中的困难，并申请扶持项目和资金；村民作为羊拉乡的主体，是交通扶贫最直接的受益者。村民自发参与道路建设和每年组织道路维护的行为是对交通扶贫的响应，反射出羊拉乡村民是交通扶贫的间接参与者，部分村民属于直接参与者，因为他们是施工队一员。公司在羊拉交通扶贫

① 资料来源于《2009 年羊拉乡简介》和对肖拖丁的访谈。

过程中，主要的行为为：①出资在厂址范围内自己修建道路；②为羊拉公路或某一路段的扩建工程投资。名人不是羊拉乡交通扶贫的直接受益者与参与者，但其出资或在能力范围内向上级反映的行为推动了羊拉道路的发展。在羊拉交通扶贫过程中，这 4 类利益相关者的需求各有不同。

三、羊拉乡交通扶贫利益相关者行为动因分析

（一）政府行为动因分析

1. 藏区维稳

作为云南省最边远、最贫困的藏族村落，羊拉乡有两个特点：①羊拉乡内有 7 座藏传佛教寺庙，而德钦县有 16 座藏传佛教寺庙；②羊拉乡是滇、川、藏三省藏区的交界点。历史上，羊拉以中转站的角色与四川、西藏互通，尤其与西藏芒康徐中乡的交往最为频繁。民国时期，羊拉人吃的盐来自西藏盐井，经由徐中乡进入羊拉（李何春、李亚锋，2013）。1959—1963 年，中国人民解放军进驻羊拉实施剿匪行动，当时匪患试图从得荣渡金沙江到羊拉，经由羊拉进入西藏，再从西藏逃到印度。1959 年以后，基于政治目的，为维护边疆藏区的稳定，国家开始以教育、医疗、文化、国有企业、武装、制度等手段渗入羊拉生活。1978 年以前，由于国家处于政治经济动荡期，虽然路的重要性开始凸显，但羊拉仍是人马驿道，且当地群众信教受制。改革开放以后，政策的包容性为民族地区的发展打开新通道，羊拉道路问题逐渐受到关注。羊拉茂顶寺第三世达仁活佛——尼玛活佛在羊拉公路修建时，参加了公路建设视察工作。近年来，境内外的敌对势力、民族分裂势力和宗教极端势力活动猖獗，但羊拉乡至今未发生叛乱事件，属“无邪教乡”。

2. 藏区发展

羊拉作为云南省最边远、最闭塞、自然条件最恶劣的贫困乡，一直是政府的帮扶对象。经济基础决定上层建筑，国家政策的变化与其经济水平相关，某一政策的制定是为了实现相应的发展目标。对羊拉扶贫力度的加大既体现出国家的经济实力，又反映了藏区发展的重要性。经济时代的变迁凸显了交通的重要性，德徐公路、德巴公路的修建以及羊拉公路不停歇的改建工程就是印证。“一带一路”“辐射中心”“精准扶贫”等扩大了羊拉交通网，道路的通达意味着经济交流的双向性。

（二）公司行为动因分析

就道路修建公司而言，参与交通扶贫的主要驱动因素是经济利益。通过完成羊

拉道路修建，增加企业收入。笔者调查发现，公司参与羊拉交通扶贫的主要目的在于方便公司运营。羊拉不仅路途遥远，交通闭塞，而且受自然条件的限制大，一年之中长期处于路况差的状态，严重影响了公司修建厂址、生产运营、员工生活等多方面。道路问题不解决，长期下去会带给公司高昂成本与损失。这些公司进驻羊拉基本是由政府牵头。政府为活跃羊拉的经济，采用政府招标、政企合作这两种方式引进企业，帮助羊拉构建健全的产业链，进而解决羊拉藏民的长期后续生计问题，实现羊拉脱贫，但各公司的属性决定了各自之间的区别。

羊拉铜矿，即迪庆矿业公司，为云南铜业集团有限公司和迪庆藏族自治州投资公司合资成立。羊拉铜矿参与交通扶贫的起源在于云南铜业集团想开采迪庆普朗铜矿。以此为契机，政府将羊拉作为前提条件与普朗捆绑在一起。羊拉铜矿实质是政府运用企业有效扶贫的手段。因而，羊拉铜矿参与交通扶贫，一是从公司主位出发，争取早日实现经济效益，二是履行其扶贫的社会责任。

水电站，即大唐公司、茂顶河水电站和旭龙水电站，其企业性质和业务完全不同于羊拉铜矿，参与交通扶贫主要是为了建厂和视察电线情况。

无论是羊拉铜矿还是水电站，都以参与修建周边的道路作为一种礼物，希望与当地村民建立友好关系。而二者参与羊拉乡交通扶贫的缘由在于政府的扶贫政策和有力度的号召，二者的参与实质是政府主导作用的结果。

（三）羊拉人行为动因分析

1. 村民行为动因

村民作为羊拉聚落的主体，是交通扶贫的受益者，但不是直接参与者。羊拉的特殊性推动村民成为交通扶贫中的重要一环。根源上，村民参与交通扶贫是想改善羊拉的恶劣环境，方便日常生活。

道路是对现阶段社会经济生活状态的反映，不同时期人们对道路的需求层次不同。人马驿道时期，封闭的社会结构、落后的经济水平与闭塞的社会关系网让村民的需求集中在如何才能吃饱饭，道路不在需求范围。因为翻山越岭就是路，吃饱远远难于翻山越岭，而人们的生活圈子就在山里。1959—1978 年，政府开始在羊拉开展教育、医疗等事业，羊拉进入变革阶段，对新事物的好奇、对新生活的向往让羊拉也积极投身建设浪潮中。这时人们意识到交通的重要性，人们渴望有公路可走。1999 年，羊拉公路又迎来一次大变革。通路的便利让人们生活各方面受益良多，打开了羊拉人的视野，村民对交通的需求度越来越高。艰苦卓绝的环境造就了羊拉人特别能吃苦、特别能战斗、特别能奉献、特别能协作的羊拉精神。为了满足出行的需求，羊拉村9批村民先后参与本村道路修建；为了保持道路的畅通，村民们主动参与道路养护工作。在交通扶贫过程中，村民充分发挥主观能动性维护对道路的使用权。

信仰是村民行为的深层解释。笔者在2017年调研时发现，无论是宽敞的公路，还是满是泥土的山间小路，当地人都会自动清理路面垃圾与落石。羊拉信奉藏传佛教，他们认为，修路是行善积德的行为，能让自己快乐，也让别人快乐，大家很珍惜修路的机会，哪怕只是搬一块石头，也是功德。

2. *名人行为动因*

羊拉交通扶贫利益相关者中，名人的数量最少。笔者经过调研，称得上为羊拉交通作出贡献的名人也就2~3个，但问卷数据显示，名人的作用位于政府、村民之后，排第3位，影响力高于公司。名人参与交通扶贫，目的在于推动羊拉发展，帮助羊拉人民走向更幸福的生活，不存在个人利益的追逐，是“聚落情怀”与社会价值的体现。

成为名人之前，他们也是生长在聚落中的一员，拥有“聚落血缘”。“聚落血缘”包含两方面，一是人与聚落的关系，即某一群体在固定的聚落生活、繁衍并构建组织过程中与聚落产生的关系与感情，二是家族血缘。名人在未形成独立的意识前，其家人或家族在长期的稳定聚居生活中与周围形成了密不可分的“聚落地缘”关系。这种“聚落地缘”关系实质是交际圈，指生活在聚落某一区域内的人群之间的关系。名人出生于羊拉这片土地，在这片土地生长，亲人在羊拉，与羊拉拥有深厚的血缘关系；在其成长过程中融入相应的地缘关系中。

以上，我们以分析羊拉交通扶贫利益相关者的行为动因为中心，探讨利益相关者参与羊拉交通扶贫事业的驱动因素。其中，政府、村民和名人的主要目的都在于推动羊拉社会经济的发展，公司则侧重于经济效益。4类利益相关者的需求是国家层面、个人层面、社会层面、组织层面的对照。四者在交通扶贫过程中环环相扣，相互联系又分工明确。同时，不同的社会发展水平阶段会使利益相关者需求产生微妙变化。“交通扶贫”不是专有名词，是“精准扶贫”概念的衍生物，本质上属于基础设施建设。消除贫困一直是中国，乃至世界的“千年目标”，帮助贫困地区修建道路的目的虽在于经济发展，但也蕴含政治意图，尤其对边疆民族地区。时代变迁，道路建设的推动因素有所转变。周永明（2016）在研究藏区公路时指出，修建西藏公路源于政治目的，20世纪50年代末的藏区动乱和20世纪60年代的中印边境冲突是重要推动力。计划经济、市场经济、经济全球化都前后掀起了藏族修路浪潮。羊拉的筑路历史起于20世纪90年代后期，这与当时的社会发展水平息息相关。国家已在改革开放的道路上摸索了10多年，政治和经济上对民族地区有更高的要求，以实现国与家的平行发展。更重要的是，国家有能力通过经济手段来推动更多政治目的的实现。而羊拉处于稳定状态后，政府交通扶贫的经济目标凸显。企业最终目的在于效益最大化，但其发展也受国家政策影响。在国家政策的推动下，企业加入了扶贫大军。对贫困地区来说，企业最大的作用在于摆脱贫困。政府力量与羊拉的贫瘠迫使企业为了自身发展参与交通扶贫，而羊拉的藏族地区属性让企业的参与行为多了一层与村民建立往来关系的意味，体现了外来文化与本地文化的融合之道。村民是社会进步的直接感受者，发展让他们意识到通路的必要性和便利性，而羊拉人的羊拉精神又让他们主动由交通扶贫的享受者转为参与者。总体而言，羊拉乡的发展是驱动政府、名人和村民三者实行和参与交通扶贫项目的主要因素，国家扶贫政策是驱动公司参与交通扶贫的主要因素，4类利益相关者参与羊拉交通扶贫的根本目的在于让羊拉摆脱贫困。基于这一共同目标，4大利益相关者卷进同一循环圈，通过相互合作的方式共同推动羊拉交通的发展。

四、羊拉乡交通扶贫利益相关者的合作

（一）合作方式

1. 政府与公司

在羊拉交通扶贫过程中，政府与公司的合作行为最显著。政府既是羊拉交通扶贫项目的主导者，又是公司参与行为的引领者。公司类型的不同导致二者之间合作形式的差异。

合同式：这种合作方式主要用于政府与施工单位之间。政府公开招标，施工单位投标，二者签订合同，明确施工方与政府方的具体责任与义务，经济性质重。政府为羊拉交通的建设向施工单位支付资金，施工单位是羊拉交通的直接创造者。

扶贫式：这种合作方式主要体现在迪庆州政府和水利水电公司以及迪庆矿业公司之间。无论是水利水电公司还是迪庆矿业公司，它们进驻羊拉的目的在于扶贫，是一种以政府为主导，政企通力合作在贫困地区实施基础设施扶贫和产业扶贫的表现。矿业公司开发资源必须经政府同意，以此推动企业开展对羊拉的扶贫。作为经营性企业，迪庆矿业公司与政府合作的扶贫内容较多。此外，政府与企业间还进行资金的相互扶持，政府投资企业发展，企业投资政府扶贫。

2. 政府与村民

主导式：在羊拉交通扶贫过程中，政府与村民的合作是主导式的合作。政府是

主导者，决定交通扶贫的启动、项目点的选择、项目资金等多方面。村民作为交通扶贫的直接受益者，支持政府行为。

3. 政府与名人

谏言式：名人作为羊拉交通发展的一大推动力，通过谏言的方式与政府一起参与扶贫。羊拉虽为云南省最边远的民族村落，交通、教育、医疗、经济各方面都处于发展瓶颈，但从羊拉走出来的厅级干部有7人、处级干部有23人。这些来自羊拉的杰出人才在各自工作岗位上为社会发展作出了很大贡献。其中，参与到羊拉交通扶贫的名人主要有两位，即原云南省扶贫办主任、省人大农工委主任阿扎和国家一级演员宗庸卓玛。以阿扎为例，他在云南省扶贫办期间，多次向上级反映羊拉交通问题，积极协调领导视察羊拉。

4. 公司与村民

招工式：施工单位会在羊拉当地招聘部分施工人员，二者之间是劳务关系，这既使羊拉部分村民成为羊拉公路的创造者，又使村民在交通扶贫过程中获得额外收入。

帮扶式：这种合作方式主要存在于迪庆矿业公司与村民之间。迪庆矿业公司进场初期就主动帮周边村民小组修建道路，帮助解决村民工作问题。进场至今，迪庆矿业公司成为羊拉乡的主要帮扶者之一，2016年的帮扶对象为规吾村。

（二）合作效果

通过政府、村民、名人、公司4大利益相关者的相互合作，羊拉交通扶贫进展顺利，羊拉乡对外交通路线稳定，羊拉交通网逐步完善，进而推动了羊拉各方面的发展，扶贫效果显著。

如表12－14所示，羊拉乡在通路前后的生活有很大变化。羊拉公路打通之前，羊拉的主要交通要道有3条，即羊拉—徐中乡—德钦、羊拉—甲午雪山—德钦、羊拉—奔子栏—白茫雪山—德钦。此时羊拉与外界的交通枢纽站为徐中乡、甲午雪山、白茫雪山3处，其中，甲午雪山和白茫雪山一年中有半年的时间封山不可通行，只有徐中乡常年通路，从羊拉步行至徐中乡后可乘车至德钦。因此，西藏徐中乡成为羊拉最主要的交通枢纽，尤其对物资运输而言。羊拉公路通车后，甲功成为羊拉对外的交通枢纽，随着羊拉公路改道和通村公路的竣工，不仅是羊拉村民，连西藏的藏民都会经由羊拉村进入甲功，然后乘车前往香格里拉采购物资。此外，通路也便利了西藏藏民前来羊拉看病买药，历史上羊拉的医疗水平一直高于附近的四川和西藏地区。如遇大病，羊拉和西藏的村民会直接从羊拉去州政府或到州政府后转车去大理求医。因此，公路的发展改变了羊拉以西藏徐中乡为交通枢纽的历史，调转了羊拉与徐中乡的位置，翻开了以羊拉为中心的道路史。

未通路前，除了步行，羊拉设有专门马帮队负责物资运输。雇1匹马的价格由20世纪六七十年代的7～15元逐步变为20世纪90年代的40～60元。一般情况下，村民很少雇马，政府雇用马帮的频率较高。当时羊拉的物资，如茶叶、盐巴、苏打等，基本靠政府补给。通车后，汽车活跃在羊拉，马帮逐渐淡出。

未通路前，除了西藏藏民，羊拉无外人。通路后，逐渐有四川、大理等地的人来羊拉经商、务工，甚至安家娶亲。羊拉现今的3家零售店中，1家是四川人开的（2005年到羊拉），1家是大理人开的，剩下1家是原来的供销社。此外，羊拉的蔬菜主要是从保山、大理下关、弥渡等地运进来。虽然羊拉有4个菜市场，但位于甲功的菜市场不怎么开门，只有位于里农的3个菜市场每天正常运营。每周四会有来自大理的蔬菜商贩开车沿途卖菜。在没通路之前，蔬菜无法运输进来，羊拉村民有半年的时间吃不到蔬菜。

未通路前，羊拉无餐饮业和服务业。当时羊拉乡政府有招待所，主要用来招待前来视察的干部或来羊拉工作的人员。通路后，羊拉逐步发展餐饮业和服务业，现有3家餐饮店、5家旅店，其中旅店价格在每晚80～120元。

未通路前，羊拉村民处于自给自足的状态，粮食和畜牧产品等不售卖。1986—1998年，羊拉甚至“吃不饱”。[①] 额外的经济收入为售卖虫草和贝母的收入以及部分家庭成员的工资。通路之后，羊拉小规模贸易市场兴起，国家产业扶贫政策得以深入实施，村民可以通过外出务工，在附近沙场、工地做临时工，种植核桃、葡萄等经济作物的方式获得收入。

表12－14　羊拉乡通路前后状况比较

序号	内容	未通路	通路后
1	交通枢纽站	西藏徐中乡	甲功小组（乡政府）
2	交通工具	步行、马帮	汽车
3	外来人群	西藏藏民	西藏藏民、四川、大理
4	医疗	卫生所	卫生所、药店1家
5	餐饮业	无	饭店3家
6	服务业	无	宾馆5家
7	物流业	羊拉邮电所	羊拉邮电所

① 资料来源于2014年7月7日在羊拉乡政府与乡有关领导的座谈。

续表

序号	内容	未通路	通路后
8	零售业	供销社	零售店3家
9	贸易市场	无	菜市场4个
10	经济来源	自给自足，虫草、贝母	农牧产品出售、务工、自由职业

物流业至今仍未在羊拉发展起来。一是因为羊拉太偏远，二是因为运输成本太高。除了羊拉邮电所，没有其他物流公司在这里发展业务。羊拉现今网上购物的都是年轻人，但购物频次较少。货物一般邮寄到香格里拉，再由班车（三天一班）送到羊拉，最后自己去羊拉邮电所领取。由此可见，道路的畅通对羊拉社会经济的多方面都产生了重大影响。

对农户来说，生猪养殖的收入为2800～3000元/头。养蜂产业的收货方为生态食品加工有限公司，平均收入为2000～3000元/年，最高可达到52000元/年。① 核桃是羊拉乡的主要经济作物，种植面积最大，2013年达1431.8亩、5万株，占出售的所有农牧产品的97%。② 羊拉乡乡长阿称说，蔬菜种植发展最好的是里农小组，因此将其作为重点发展对象，力争在里农小组形成规模化的蔬菜市场。劳务输出是羊拉的特色产业，2016年年底，羊拉乡已在香格里拉建立了800平方米左右的劳务输出中心，力争在2018年实现每户家庭有1～2人外出务工，全乡务工人员达到1500人。

表12－15　羊拉乡产业分布情况

序号	产业类型	主要分布点	备注
1	生猪养殖	全乡	
2	核桃种植	全乡	
3	大棚蔬菜种植	全乡	里农为重点发展对象
4	劳务输出	全乡	羊拉村和规吾村为重点
5	养蜂	甲功村、茂顶村	
6	葡萄种植	茂顶村苏鲁、木达水、斯木顶	
7	油橄榄种植	茂顶村苏鲁、木达水；甲功苏鲁；规吾村荣顶	

资料来源：根据羊拉乡政府提供的《2014年羊拉乡工作总结》整理。

课题组对羊拉人民心中，道路发展为羊拉带来哪些变化、什么变化最明显进行了调查，结果如表12－16所示。道路发展带来的变化按顺序排列，前5位分别为：

① 资料来源于2017年1月27日对羊拉乡阿江主任的访谈。

② 数据来源于122份在2014年4—6月展开的“迪庆藏区农村经济社会发展调查”的问卷分析。

经济收入增加、看病路程缩短、采购生活用品的次数更频繁、走亲访友的频率增加、往返学校更容易。在“其他”选项中，有人反映道路发展带来了新鲜蔬菜，年迈老人可以去烧香、① 转山，村民修建房屋更便捷等。

表 12－16　羊拉道路发展带来的变化

类型	人数（人）	百分比（%）
经济收入增加	90	18.20
就业选择变广	34	6.90
走亲访友的频率增加	62	12.60
看病的路程缩短	79	16.00
采购生活用品的次数更频繁	66	13.40
往返学校更容易	60	12.10
转山②更方便	53	10.70
结交了许多外地朋友	44	8.90
其他	6	1.20
合计	494	100.00

数据来源：2017 年问卷调查。

以上 4 大利益相关者的合作行为推动了羊拉交通扶贫进程，进而改变了羊拉闭塞的局面，改善了村民的生活质量，便利了村民的日常生活生产，对羊拉乡社会经济的发展起到了积极作用。

1. 构建了羊拉交通运输网

道路将一区域与另一区域连接起来，双方生产生活相互交汇形成了稳定的交通网络。交通扶贫修建了羊拉通向外界的公路，以路的形式打破了羊拉边缘化的地位，羊拉公路与其他公路的路线重合，延伸了原有交通网，使羊拉处于这一交通格局中，并逐步发展、趋于稳定。

2. 有助于优化羊拉产业结构，扩宽就业渠道，增加农牧民收入

羊拉有 52 个村民小组，各小组分别处于不同的地理位置和自然环境下，从而造就了羊拉的 52 个“气候”。路通了，政府才能开展帮扶工作，引进企业，依据各个村落的实际情况指导农户种植相应的经济作物。

① 烧香是当地藏族人的信仰风俗。羊拉每个村民小组内都建有寺庙，村民们每天轮流供圣水、打扫烧香，村民每天也在自己家里供圣水烧香。每逢农历初一、十五就去神山烧香。烧的是松树枝。

② 转山是当地藏族人表示虔诚的一种方式。具体方式为围着圣山，步行甚至一路磕头，转一圈或多圈，但圈数只能为单数。转山转的就是德钦县的梅里雪山，分内转和外转：由飞来寺出发，沿小路下到西单村，到温泉再到雨崩神瀑，称为内转，全程 2 天；外转要转到西藏区内，最后从德钦县佛山乡绕下到达德钦，全程 6～7 天。

3. 加强了羊拉与外界，尤其是与西藏、四川地区的交流联系，有利于迪庆藏区形成以羊拉为中心向川、藏两省辐射的格局

道路发展打破了羊拉封闭的状态，羊拉人出去、外来人进来的现象目前只是小规模，但与其他民族群体、其他社区之间的往来拉近了羊拉与现代化的距离。古时，羊拉就是四川藏区通往西藏的捷径，西藏徐中乡长时间担任羊拉人流、物资的中转站。现今，羊拉与四川、西藏联系的要道有 3 条，如图 12－3 所示。

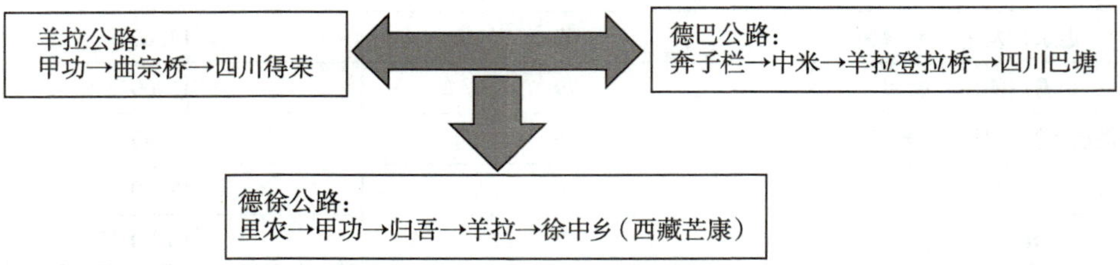

图 12－3　羊拉与四川、西藏的交通路线

其中，四川巴塘经济比羊拉发达，西藏芒康和四川得荣经济比羊拉落后。因此，交通将三者“网”在一起实质上有利于共同发展。

简而言之，羊拉交通扶贫的发展离不开各个利益相关者的合作，这种合作的主导者是政府，以政府力量为中心向外延伸，整体促进了羊拉交通与其他各方面的发展。但笔者在调研时发现，利益相关者之间的合作方式有所差异，微观上带来了消极影响，使利益相关者在交通扶贫过程中产生了分歧与冲突。

五、羊拉乡交通扶贫利益相关者的冲突

(一) 利益相关者冲突的影响

问卷调查显示，关于对村小组通路的评价，有 2.70% 的受访者此题未作答，40.70% 的人比较满意，23.90% 的人感到非常满意，10.60% 的人不满意，剩下 22.10% 的人评价为一般。

一方面，村小组通路解决了村民的出行问题，改善了生活质量；另一方面，村小组通路公路修建过程中，产生了一些负面的影响。笔者依据访谈资料和问卷数据，发现羊拉乡交通扶贫产生的消极影响主要有两方面。

1. 生态环境受到破坏，放牧受到阻碍

羊拉平均海拔 3200 米，生态环境恶劣，属云南省生存条件最差的贫困村。羊拉的路盘山而建，免不了开山挖路，而通村通组公路的路线多数会涉及部分山林，

损毁了原本的放牧小道。以里农和鲁农两个小组为例，羊拉公路的开通让羊拉迎来了铜矿事业，里农和鲁农的村民获得了经济利益，铜矿公司修路进组，也解决了村民的出行问题。但常年的开采，使矿山逐渐变为空山，安全性降低，附近两个小组的村民的生活环境遭到严重破坏。笔者于 2017 年 1 月经过这两个小组时，曾在进组公路上停留，周围落石成群，虽不是雨季但能明显感觉到山体在颤动，危险系数高。

2. 村民利益受到损害

主要表现为农田、林地、主人翁地位等方面的损害。交通扶贫让外来人在羊拉看到了商机，羊拉乡 3 家零售店有 2 家是外地人开办的，还有的外地人修车、开饭店。这既减小了羊拉村民在本地发展的机会，又打破了本村原有的平衡。此外，交通扶贫项目在实施过程中会毁掉村民部分农田和林地。

这些消极影响小于交通扶贫带来的积极影响，主要体现在政府、村民、村小组和施工队四者的冲突中。换言之，交通扶贫过程中存在利益冲突。这些冲突包括公路路线，尤其是通村通组公路与农田林地界线的矛盾，修路与生态环境的冲突，外来人与本地人的冲突等方面。

（二）利益相关者冲突分析

1. 政府与公司的冲突

在羊拉乡交通扶贫过程中，政府与公司（施工队）产生冲突的比例最小，但双方仍有冲突，主要为款项问题，即政府没有按时拨款给施工队。一般情况下，若政府长期未将原定款项下拨施工队，施工队会采取罢工或围堵羊拉通乡公路这两种方式进行反抗。《羊拉乡志》编委会成员于 2015 年 1 月进入羊拉时，就发生施工队围堵公路事件，车辆无法通行。

2. 公司与村民的冲突

公司（施工队）与村民之间主要存在以下几种冲突：

（1）工资问题

施工队在招村民做工时，会出现工资不高或拖欠工资等情况。

（2）沙石问题

羊拉村民主人翁意识强烈，对本村村民的切身利益也很重视，而施工队往往会从外地或其他村子运来沙石，或是用了本村的沙石而不告知村民，使村民感到利益受损，双方发生冲突，村民因此阻止施工队施工。

（3）农田、林地问题

由于路线问题，施工队施工时会毁坏村民的部分农田或需要砍掉村民的果树，村民会因此阻止施工。

此外，在羊拉交通扶贫过程中，还发生过外地施工人员带走本地小姑娘的情况。虽然这不是主要矛盾，但也有村民在问卷中表示不满。

3. 村小组之间的冲突

（1）路界问题

村小组与村小组之间有明确的界线，自我意识强烈。若某一公路的修建及是为了某村小组，但却经过另一村小组的地界，就会引起另一村小组的不满，二者发生冲突。此外，在羊拉，各村小组的村民只能在本小组内做工。

（2）赔款问题

冲突原因在于政府对各村小组村民田地的赔偿款、村小组的护路款、村小组公路的投资款分配不等。此外，分配给每个村小组的项目大小不同也是冲突的诱因。

4. 政府与村民的冲突

政府与村民的矛盾主要在农田、林地、赔款等方面展开。当政府规划的道路路线经过村民农田、住宅、林地等地界时，意味着村民要失去这部分利益。二者在协调过程中，赔偿款项是另一重矛盾，村民不满意赔偿金额。政府对施工队的支持和资金供给力度也让村民不满，村民以为政府维护施工队，进而激化冲突，加大乡政府的工作难度。此外，羊拉公路雨季塌方时政府不能及时行动也是政府与村民之间的矛盾之一。笔者在调研时发现，甲功村和茂顶村的冲突情况有所差别。表 12－17 所示为甲功村的冲突信息，表 12－18 所示为茂顶村的冲突情况。

表 12－17　甲功村存在冲突的具体情况

冲突类型	人数（人）	百分比（%）
政府和村民	6	21.4
村小组与村小组之间	4	14.3
施工队与村民	11	39.3
政府和施工队	0	0
以上情况均有	7	25
合计	28	100

表 12－18　茂顶村存在冲突的具体情况

冲突类型	人数（人）	百分比（%）
政府和村民	6	12.8
村小组与村小组之间	13	27.7
施工队与村民	9	19.1
政府和施工队	4	8.5
以上情况均有	15	31.9
合计	72	100

表 12－17 和表 12－18 显示，甲功村冲突最大的是施工队与村民之间，占比为 39.3%；政府与村民之间第二，比例达 21.4%；村小组与村小组之间的冲突最小，占比为 14.3%。茂顶村的情况则相反，村小组与村小组之间发生的冲突占比为 27.7%，为第一大冲突；其次是施工队与村民之间。两个村都存在政府、村民、施工队和村小组四者的矛盾，但政府与施工队的冲突不大，甲功村没有发生政府与施工队的冲突，茂顶村政府与施工队的冲突占比为 8.5%。

针对羊拉交通扶贫过程中产生的冲突，主要采取的解决方法为开会协商。总的来说，羊拉交通扶贫利益相关者的冲突主要是不充分考虑村民利益的结果，政府作为交通扶贫项目的主导者和决策者，其行为影响了冲突的激化或缓和。乡政府作为媒介，冲突发生后既要向上级反映，又要做好村民的思想工作。若村小组之间发生冲突，就组织两个村小组开会协商；若施工队与村民发生冲突，就组织协商；若政府与村民之间发生冲突，就向上级反映村民心声，同时也向村民解释政策缘由。

（三）对策

羊拉交通扶贫利益相关者间的冲突反映了交通扶贫中存在的问题。虽然冲突多数通过协商可以解决，但从长远来看会留下隐患，最终造成村民与政府间的隔阂。以羊拉铜矿为例，虽然迪庆矿业在羊拉开展帮扶工作十多年，但采矿对羊拉矿山周围造成了严重的环境破坏，周围的山体逐渐变为“空山”，加深了鲁农和里农两个小组村民对安全的担忧，且近年来铜矿效益有所下降，在矿山工作的村民经济收入下降。时间会加剧冲突的重量，淡化合作的效果，尤其是在某一问题长期无法解决的情况下。朱启臻先生指出：精准扶贫应融入“柔性”理念。“柔性”的核心在于“人”，主张采用“乡村互助、团结发展”的方法实现社区内部向心力的凝聚。村民是羊拉交通扶贫的主体，交通扶贫各利益相关者间的冲突实质是主体利益受损的变现。冲突的缓解不能依靠政府强制干预，也不能以村民让步或滋事为结果。笔者认为，可从以下 6 个方面入手探寻解决问题的方法。

1. 政府与村民之间建立良性互动

冲突是沟通不对等的结果。在羊拉乡开展交通扶贫的过程中，政府既是第一推动力，拥有最高话语权，又是一个层级分工明确的机构；村民作为个体，经过长时间的积累拥有现有的财产，是羊拉这片土地上的主人翁。这一系列不同的特质导致村民与政府之间的互动存在一定的局限性，在相互理解时带有主观色彩。因而，政府在让村民意识到交通扶贫的重要性和有利性的同时，也要周全考虑村民的利益，尊重村民的主体地位和话语权，主动与村民沟通，与村民建立流动性、通达性强的双向交流网，承诺村民的事情要做到，不能失信。

2. 交通扶贫利益相关者之间建立均衡发展关系

政府是羊拉交通扶贫的主导者，也是羊拉交通扶贫利益相关者体系中的协调者。各利益相关者在交通扶贫过程中的利益侧重点不同，行为表现带来的影响有差异。村民属于羊拉乡交通扶贫所有利益相关者中最弱的一方，被动性大，受影响大。因而，政府和公司不能盲目以自己的发展目标为主，要考虑村民的适应性和节奏感，力争三方达到均衡合作发展。

3. 加大内部人才培养，建立技术培训工会

利益冲突频起的根源在于政府和公司无法满足村民的需求，而村民自身也满足不了自己的需求。现今，乡政府不断开展人才劳务输出工作，帮助羊拉人民增加就业机会，但语言、教育各方面因素使羊拉村民在外做的是最苦最累的体力活，长期留守在家的羊拉妇女缺乏收入来源。同属迪庆州内，同为藏族村落，尼西村妇女的氆氇特色产业已成规模，发展态势良好。而氆氇在羊拉人民的生活中也很常见，睡觉时盖的羊毛毯子就是当地妇女自己编织的。因此，氆氇产业也可以是羊拉妇女的发展方向。此外，人才劳务培训输出不能只注重技术培训，综合素质的提高也要跟上。

4. 贯彻可持续发展观，不以破坏自然生态环境为代价求发展

羊拉乡自身生态环境较为脆弱，其道路凿在悬崖峭壁之上，山体疏松度大，夏季暴雨时节滑坡泥石流严重。因此，在开展交通扶贫项目时，还要对其生态环境进行合理的综合测评工作，尽量最小化给生态环境带来的破坏，以达到完善羊拉交通网和实现羊拉交通网永久生命力的双重目的。

5. 推进“交通扶贫 +”模式的开展

交通扶贫作为精准扶贫战略的先行者，是其他扶贫项目得以顺利开展的重要基

石。现阶段，羊拉乡的交通瓶颈已基本缓解，其交通网逐渐扩散，目标是在未来形成以羊拉为核心地带的滇、川、藏三省结合辐射区。因此，要推动“交通扶贫 +”模式，在改善羊拉交通环境的同时，带动其产业发展，以达到增强羊拉内生力的目的。羊拉乡至今还只有1所邮电所，业务很少，电子商务属于一张白纸，年轻人网购了物品，要么去香格里拉拿，要么等班车三天一送。虽然羊拉乡发展电子商务的潜力还有待商榷，但“交通扶贫 + 电子商务”的模式不失为一个新的尝试。

6. 加大政府支持力度

这主要包括3个方面内容，一是政府的扶持资金要到位，二是道路维护工作要落实，三是交通扶贫项目要有成效。纵观政府近几年对羊拉的交通扶贫力度，资金投入并不小。一方面，资金不单指修建资金，还包括道路养护费。基于羊拉脆弱的自然生态环境，道路养护是交通扶贫过程中战线最长、耗费最大的环节，也是现阶段的一大难题，更是村民们强烈呼吁解决的重点。另一方面，羊拉乡多条道路一直处于重复修建状态，如何合理规划路线并修建通行性高、长期稳定的道路是保证交通扶贫取得成效且不造成扶贫投入浪费的关键。简而言之，在今后的交通扶贫工作中，政府不仅要继续加大资金投入，还要扩大项目面，关注道路修建的技术问题和养护问题。

（四）结论及启示

本章通过对羊拉道路发展脉络的梳理，临摹出羊拉乡交通格局的概貌，并以羊拉交通扶贫利益相关者为研究主线，探索其行为表现、行为动因和行为冲突3个方面对羊拉交通扶贫的影响。通过本案例，可以得到5个方面的初步结论及启示：

第一，交通扶贫是精准扶贫的根本抓手，是系列扶贫措施得以开展的基石，是实现“两不愁、三保障”的先行手段。道路作为基础设施的一部分，一直是国家政策优先鼓励的对象，被视为贫困地区实现减贫脱贫的前提条件。“要致富，先修路。”到2020年，贫困地区全面建成“外通内联、通村畅乡、班车到村、安全便捷”的交通运输网络，总体实现“进得来、出得去、行得通、走得畅”。

第二，道路的变迁是羊拉聚落现状的写照。聚落由羊拉藏民世袭居住在某一固定地理环境而产生，由各种建筑物、构筑物、道路、绿地、水源地等物质要素组成。羊拉是这个聚落的名字。最初，山路就是羊拉的道路，人们的活动范围就在山峰和峡谷的中间地段。虽然不时有外界的干扰，但并不对聚落内部的结构和聚落人群的生活产生影响。聚落社会内部结构和村民思想的发展创造了新的道路，人马驿道由此产生。如今的羊拉，是一个以道路为纽带扩张的聚落。

第三，利益相关者的均衡合作才能推进羊拉交通扶贫的正向发展。羊拉作为藏族地区，在交通扶贫过程中显现出了独特的“羊拉精神”，羊拉道路的改善凝聚着羊拉人的心血。这种精神源于信仰，信仰使他们在困难时主动加入交通扶贫。羊拉交通的改善离不开国家的大力支持，离不开羊拉名人的贡献，离不开各个公司的付出。合作是一件容易的事，但均衡合作不简单。羊拉乡交通扶贫涉及的每个利益相关者都有意识，冲突不能避免，而如何保持各方利益均衡，不让冲突打垮发展是需要考虑的重点，即如何在交通扶贫过程中实现羊拉发展目标最迅速化、公司经济效益最大化、村民利益损失最小化三者的平衡。

第四，羊拉发展的长远策略应以“柔性”扶贫为指导，促进外部要素与乡村系统的融合。羊拉实行交通扶贫的目的在于发展。从更深层次而言，交通扶贫是国家权力的结果，政府主导性很强。以师徒关系作比喻，交通扶贫把羊拉领进了新的世界，而如何修行以实现强者境界才是羊拉真正的重点，这个过程离不开外界的帮助。政府投入大量资金建设羊拉公路，之后又投入了各种资源。此外，自然环境是羊拉交通发展不可避免的重要制约条件，如何解决雨季羊拉公路通车受阻现象也是后期羊拉交通扶贫的重点。这需要更大力度的投资，也需要时间。

第五，羊拉交通网通畅后的示范意义。现今，羊拉的交通格局网以羊拉乡政府所在地甲功为中心，不断向四川省德荣县和巴塘县、西藏芒康县藏区延伸，以加强滇、川、藏三省藏区交会地带的交流合作。同时，由于羊拉地处云南北大门，长期以来是云南藏区维护社会稳定的关键区域，打通羊拉的交通网络也能让西藏和四川看到云南的经验和示范。换言之，研究羊拉的交通和发展，有助于我们探索康巴藏区多行政区域统筹推进经济发展和社会稳定的有效路径，为滇、川、藏三省交会区域的跨越式发展提供范本，为积极推进全国藏区长治久安示范区建设提供借鉴。但也应当看到，由于羊拉历史上曾与西藏、四川地界发生矛盾和冲突，加之每个地方的藏族居民信仰有所差异，因此，当地交通网的通畅有可能增加三省藏区在经济贸易、地界划分、民族文化保护等方面的冲突。这些问题都需要在实践中加以重视并采取有力措施加以避免，从而为建设和谐藏区和民族团结示范区作出贡献。

第十三章　脱贫过程中的自发移民现象：以凉山彝族自治州为例

一、凉山州贫困的基本状况

凉山彝族自治州（以下简称“凉山州”）地处四川省西南部川滇交界处，占地面积6万余平方千米，截至2016年年底常住人口482.22万人，是中国最大的彝族聚居区。全州下辖1市16县（西昌市、德昌县、会理县、会东县、宁南县、普格县、布拖县、昭觉县、金阳县、雷波县、美姑县、甘洛县、越西县、喜德县、冕宁县、盐源县和木里藏族自治县），首府设在西昌市，距离成都市450千米。

（一）客观致贫因素：地理环境恶劣，交通发展滞后

地形复杂是凉山州的主要地理特征，交通基础设施发展滞后是制约其经济发展的重要客观因素。具体表现为以下4个方面：

第一，在地理位置上，凉山州北起大渡河，与雅安市、甘孜州相接；南至金沙江，与云南省相望；东临云南省昭通市，以及四川省宜宾市和乐山市；西连甘孜州。地形复杂多样，高山、深谷、平原、盆地、丘陵相互交错，高低悬殊，断裂带纵横交错，数量众多。总体而言，地理位置偏远、地形复杂是其主要特征。

第二，交通基础设施历史欠账较多。一方面，交通网络建设不仅落后于东部沿海地区，而且大幅落后于多数中西部地区；另一方面，已有道路质量不佳，特别是山区道路等级较低，早期道路大多是在原盘山土路的基础上直接硬化而成，路基松软，每逢雨季经常发生塌方和山体滑坡，断路情况十分常见。

第三，基础设施建设难度大、施工期短。凉山州的5—9月为雨季，冬季山区有降雪，基建施工期较短。加之沟壑纵横、土质松软，山体滑坡频发，给施工带来较大困难。

第四，施工成本高、受益群体小。一方面，施工难度大导致施工成本高企，加重了财政压力和基础设施投资的资金缺口。另一方面，随着人口自发迁移的推进，大凉山深处的人口密度较低，基础设施建设的受益群体较小。为了极少部分群体的福利，而耗费巨资修建公路，并不具有很好的成本收益性。

综合以上因素，凉山州的交通基础设施建设落后于全国多数地区，即使在脱贫攻坚、国家财政大力支持的背景下，由于自然条件的约束，施工期短、施工难度大，短期内难有跨越式发展。自然条件仍将是制约其经济发展的重要因素。

（二）深层致贫因素：社会发展滞后，文明程度较低

社会发展滞后、文明程度较低，是阻碍凉山彝区人民摆脱贫困的根源和深层次原因，也是扶贫工作中最需攻克的难关。具体表现为以下两个方面：

一方面，凉山彝区为“直过民族”地区。“直过民族”是指从原始社会跨越几种社会形态直接过渡到社会主义社会的民族。直至20世纪50年代，凉山彝区才开始实施民主改革，从奴隶社会转为社会主义社会，实现了“一步跨千年”的跨越。但制度变迁并未带来生产、生活方式的转变，至今仍有居民延续着人畜混居的生活状态，卫生状况糟糕，甚至于扶贫工作要从“五洗”（洗脸、洗手、洗脚、洗澡、洗衣服）抓起。

另一方面，封建落后的传统观念在当地依然盛行。具体表现为听天由命的人生观、得过且过的生活观、重义轻利的价值观、忠守故土的乡土观和多子多福的生育观。其中，超生致贫的现象十分普遍。而青壮年和中老年劳动力因文化程度的局限，只能从事简单、单一的劳动，创收能力不足。

提高人力资本是激发农民内生动力的源泉，教育和卫生可成为凉山地区扶贫工作的重要抓手。

专栏13－1　超生致贫

喜德县尼波镇尼觉村A姓农户，属建档立卡户。户主，男，常年外出务工，现在天津市做钢筋工，每年过年期间回家1次，每次带回1万元左右。妻子，32岁，在尼觉村居住，从事务农活动，共有7～8亩土地，采取轮种方式，实耕面积不详，每年生产约1000斤荞麦、3000～4000斤马铃薯，育有4个子女，当被问及是否还有生育意愿时，妻子回答说：“如果能生，还会继续生。”该农户的主要致贫原因是超生，超生拉低了整个家庭的人均收入。

专栏 13 -2　住房安全问题致贫

昭觉县特布洛乡吉子纳乌村 B 姓农户，属建档立卡户。户主，女，57 岁，自称曾患胆结石，而且肝、肾均患有疾病。但据调研人员观察，女主人能够自行活动和行走，目测有能力在起居和饮食方面照顾自己。丈夫早年去世。育有 2 儿 1 女。

长子，23 岁，小学文化程度，有过 2 次外出打工经历，每次 3 ~ 4 个月，赚得 4 万元，用于结婚彩礼。现在家务农。认同外出打工收入要高于务农收入。不外出打工的原因有两点：一是才下聘礼，媳妇尚未怀孕，目前还未过门（当地习俗）；二是母亲身体不好，需要照顾母亲。

长女，21 岁，现在家务农，不外出打工的原因同样是照顾母亲。

次子，18 岁，耳朵患有疾病，现在陕西从事高空作业，收入仅能养活自己。

该农户经营 5 亩耕地，种植荞麦、燕麦和马铃薯，以自产自销为主，2017 年以每斤 0.8 元的价格出售 1600 斤马铃薯，收入用于购置大米 500 斤。饲养 2 头猪，1 头年猪、1 头母猪，母猪能下 2 ~ 3 窝猪仔，每次 3 ~ 11 头小猪，猪仔市场价 300 ~ 400 元，一年收益 1 万元左右。

该农户的主要致贫原因是住房安全问题，现已参与易地扶贫搬迁项目，自筹 1 万元，住房正在建设。

专栏 13 -3　住房安全问题和因病致贫

喜德县尼波镇尼觉村 C 姓农户，属建档立卡户。户主，男，51 岁，健康状况较差，曾患有心脏病和肺积水，手术费用 20 万元，其中政府报销 75%，自己承担 5 万元，因病借债，每年利息支出约 2000 元。2017 年，由于村内其他农户家中发生牛犊染病死亡的事件，户主为避免风险，随即卖掉 5 头牛犊，收入 1.4 万元，用于偿还欠债，至今尚有 2 万元欠款未偿还。户主与妻子，现在家从事务农活动，占有耕地 30 ~ 40 亩，采取轮耕形式，实耕面积不详，2017 年收获荞麦约 6000 斤、马铃薯 10000 斤，肥料成本约为 2000 元。饲养 7 只鸡、4 头猪（包括 1 头 300 斤大猪、2 头 70 斤小猪、1 头老母猪）。育有 3 儿 2 女。

长子，28 岁，文盲，已结婚分家，育有 3 个子女，3 ~6 岁不等。现在家从事务农活动，实耕面积 5 ~6 亩，收获荞麦 5000 斤、马铃薯 6000 斤。

次子，25 岁，小学三年级文化，未婚，农闲时在广东玩具厂打工，每年平均外出 2 个月，能带回 5000 ~6000 元，最大的生活压力是结婚需要 20 万元礼金（据基层干部介绍，近年来当地礼金增长迅速，婚嫁礼金几乎都在 20 万元以上，视女方文化程度而定。尽管实际支付额可能远低于此，但仍然负担沉重）。

长女，20 岁，全年在广东玩具厂打工（受访者并不清楚次子与长女是否在同一家企业打工），工资不详，每年年底带回 1.1 万 ~1.5 万元。

三子，15 岁，读小学五年级，能用普通话简单交流，学习成绩一般。家人认为，如果其有能力读初中，就会予以支持。

次女，12 岁，读小学二年级，三好学生。

该农户当前主要致贫原因，一是住房安全问题，二是户主曾因病欠债。对此，调研团队认为，一方面，由于该户已参与易地扶贫搬迁项目，住房安全问题将很快得以解决。另一方面，如果按照规范的统计口径，例如，以常住人口为家庭单位，将非常住人口的寄回带回收入算作家庭的转移性收入，核算自产自销收入，预计该农户在 2020 年脱贫概率极大。脱贫最大的威胁是高额的结婚礼金支出。

二、自发移民的背景与规模

（一）自发移民的背景

自发移民是指居住在偏远山区或贫困山区的农户，在没有国家政策和政府资金扶持的情况下，以家庭为单位，通过购房置地，从一个农村地区搬迁到另一个农村地区居住和生活的移民形式。凉山地区的自发移民现象，多表现为从高寒山区、偏远山区、自然环境恶劣地区、灾害多发易发山区，向河谷地带、城镇附近和平原农区的贫困人口迁移。

凉山州自发移民现象，开始于 20 世纪 80 年代。市场经济的兴起、农村体制改革的推行、政府对人口流动限制的放松，引起自发移民。起初，迁移形式主要表现为从凉山州向西昌市和攀枝花市等州内或州边大城市的迁移。20 世纪 90 年代前后，迁移形式发生转变，主要表现为彝族居民从高海拔地区向低海拔地区的迁移。与此同时，自发移民规模的扩大，伴随了一些社会问题的出现，凉山州政府一度采取打压措施，强制遣返自发移民。2000年前后，打工潮的兴起和城镇化的推进，低谷地区、城市周边出现了劳动力空缺、土地和房屋闲置。高山、二半山彝族陆续搬入填补，自发移民浪潮再一次显现并呈现加快之势。

（二）自发移民的规模

凉山州自发移民人数日益增多，已成为当地不可忽视的社会现象。《凉山州关于做好自主搬迁农民帮扶管理工作的调研报告》中数据显示，截至2015年年初，州内跨县市农民自主搬迁35953户162788人，其中西昌市迁入18848户86623人。本次调研中，西昌市扶贫局提供的数据显示，截至2018年中旬，州内跨县市农民自主搬迁约36915户169101人，其中西昌市迁入约2万户112664人。总体而言，凉山州自发移民规模巨大，涉及群体较多。

本次调研中，我们走访了凉山州喜德县，下辖24个乡镇、170个行政村、3个社区，总人口22.3万人，其中彝族人口占90.5%。当地县委、县政府提供的数据显示，截至2018年6月25日，喜德县自发搬迁农民共计9215户37462人，其中迁出7237户28758人（含州内县外迁出7106户37462人、省内州外迁出129户521人、省外迁出2户3人），迁入1978户8704人（含州内县外迁入1977户8703人、州外省内迁入1户1人），涉及全县24个乡镇、127个行政村。

三、自发移民的特点

（一）自发移民者相对富裕

自发移民现象是在没有国家政策和政府资金扶持的情况下自发形成的，移民者需要支付一笔较高的费用用于购买住房，客观上对移民者的财富和收入状况有所要求。调研发现，实际中自发移民者确实要比同村现有住户更加富裕，表现为以下几点：

第一，自发移民前存有积蓄。尽管移民者几乎都要通过借款来筹集购房支出，但在购房支出中，仍有较大比例来源于其自有存款。

第二，自发移民者的家庭结构合理。主要表现为成年劳动力多、劳动技能高、在学儿童相对较少、无人或少有人患重大疾病。劳动力的数量多、素质高，可以为家庭带来稳定的高额收入；在学儿童和患病成员少，可以减少家庭的支出负担。在两者综合作用下，自发移民家庭具备偿还购房借款的能力。

第三，自发移民者的社会资源要好于普通村民。投奔亲戚朋友、摆脱恶劣的生活环境，是自发移民的重要动因，而自发移民者的选房、购房工作，大多是在当地亲戚朋友的帮助下完成的。

第四，刨除房屋质量不谈，在走访调查中发现，自发移民者家中的卫生状况和整洁程度明显好于普通村民。

第五，自发移民家庭的家具和电器的数量和质量都要明显优于普通村民。

（二）以外出务工为主要就业方式

凉山州农民的就业方式主要分为3种：一是务农型。包括种地和饲养牲畜，这是偏远山区留守劳动力的主要就业方式。二是半农半工型。“工”的形式有2种：一种是农忙时务农（8～10个月），农闲时外出打工（2～4个月）；另一种是到村委会所属的产业基地做临时工，以喜德县光明镇阿吼村的农民种植产业合作社为例，到基地务工的贫困户每人每天可获得100元的劳务收入。三是外出打工型。这是自发移民者的主要就业方式。形成这一现象的原因主要可归纳为三点：

第一，自发移民者购买住房时通常会附带一块面积不大的耕地，但不足以解决全家人的温饱之需。而且，耕地的承包费较高，例如，喜德县周边的耕地租金约为700元/亩，租地耕种没有获利空间。除此之外，结婚建房是当地习俗，自发移民者几乎都不愿意重回原籍居住，因此占用附带耕地建房的情况十分普遍。

第二，外出务工收入要高于务农。凉山州的农作物主要为马铃薯、荞麦和水稻，附加值较低。如果外出务工，刨除日常花销，一个劳动力每年至少能带回1万元，而一个高级建筑工人甚至多达3万～4万元。因此，总体而言，外出务工收入要大幅高于务农收入。

第三，自发移民者的购房支出中，有一部分来源于借款。迫于还款压力以及无地可耕的实际情况，外出务工是其最合理的就业方式。

四、自发移民的原因

（一）投资子女教育

伴随着劳动力流动和精准扶贫的进一步推进，凉山地区农户越来越体会到教育的重要性，开始着力投资于子女教育。城镇相比农村，大城市相比小县城，拥有更加优越的教育资源。自发移民的最主要原因是，父母希望通过投资子女的教育，改变他们的命运。这一现象可以从以下两个方面得到支持和论证。

在思想方面，随着凉山州，特别是彝族村落开放程度的加深，以及文化宣传的深入，“知识改变命运”以及“幸福是靠奋斗出来的”等观念日渐被彝族同胞所认同。一些思想先进的彝族劳动力，通过到东南沿海等发达地区务工，看到了都市生活的繁华，和自身落后的生产方式的差距，进而激发了他们通过投资子女的教育来改变命运的想法。“我虽然活得艰苦，但我希望儿女们能过上富裕的生活”，这是当前这一代自发移民者所共有的心态。

在实践方面，日渐发达的交通帮助彝族劳动力走出大山，摆脱低级、简单的农业生产方式，接触到更为复杂的制造业和服务业生产。通过在工作中积累知识和技能，提高人力资本，赚取更高的收入，让他们对知识的重要性有了最切身的体会。除此之外，语言和文字是彝族劳动力外出打工的一大障碍，“会说普通话、能认识汉字”是他们对子女最基础的要求，而在“一村一幼”项目（指上学前教学普通话）开展之前，凉山州的偏远山区并不具备这样的教育能力。

（二）投奔或追随亲戚

彝族文化具有极强的家庭纽带和家族观念，家庭纽带关系在自发移民中扮演了重要的角色，具体可表现为两方面：

其一，当家庭生活发生较大变故时，如失地、丧偶或丧失经济来源时，投奔亲戚是其抵御危机的主要方式。

其二，当亲戚朋友或者村民通过搬迁移民而使生活条件得到改善时，对其他亲属和同村尚未搬迁的农户产生了强烈的示范和带动作用。以家庭或亲友关系为纽带，尚未搬迁的农户通过投亲靠友的方式开始自主搬迁。这也是凉山州自发移民规模日益扩大的重要原因之一。

（三）追求好的生活环境

在走访过程中，尽管当被问及自发移民的原因时，大多数受访者的回答是“投资子女教育”和“投亲靠友”，几乎没人回答“为了追求好的生活环境”，但当继续追问他们“假如不再被生活所迫，而且子女都已工作、不再需要上学，是否愿意返回原籍居住”时，所有受访者的回答都是否定的，并且无一例外地会解释说“原籍的生活条件没有现居住地好”。由此表明，追求好的生活环境是自发移民的重要影响因素，或者说，是自发移民的深层次动因，但这一事实尚未被广大移民者所注意。

（四）工作便利

县城周边交通便利、就业信息充分、市场环境较为完善，为自发移民者的就业创收提供了便利。在调研走访过程中，有一位自发移民者，通过在乡镇集市从事商业买卖，从县城周边农户手中低价购入农产品，然后在集市上高价卖出，赚取收入；原籍喜德县尼波镇尼觉村的同村非移民家庭则向笔者哭诉，当地马铃薯市场价格 0.5 元/斤，运输到县城的交通成本就高于此，因此，即使创造了收益，也不能变现。由此表明，良好的基础设施环境能够为劳动者的就业创收提供便利。

专栏 13 –4　投奔亲戚和子女教育导致自发移民

喜德县尼波镇尼觉村 D 姓农户，属建档立卡户，现居住在喜德县光明镇农光村。户主，女，53 岁，不会说普通话。丧偶，丈夫之前有过参军经历，因武器受伤，女主人听说其转业到地方后会给安排工作，适才同意结婚，但实际上地方并没有给男主人安排工作。男主人 2007 年因肝硬化去世，系参军受伤的直接影响。育有 2 儿 2 女。

长女，28 岁，已婚，育有 2 个子女，无工作，丈夫在攀枝花做瓷砖工，每年带回 3 万 ~4 万元。长女与母亲虽已分家，但共住一处，住房为一座一体两户式二层小楼，母亲住一楼，长女住二楼。房屋为长女的丈夫所建，外部已竣工，内部因资金不足尚未装修。

次女，24 岁，2017 年起任职乡镇初中教师，每月工资 2900 元，住房公积金 600 元。所在初中一个班级 60 人左右，据其反映当地小升初的辍学现象不普遍。

长子，2017 年大专毕业于德阳警校，通过高考进入大专学习，目前因未能找到满意的工作，处于待业状态。就读大专期间，每学期学费 5000 元，生活费每月 1000 元。

次子，2018 年高考，280 分，超过专科线，等待录取通知。

该户自发移民原因有两点。一是 11 年前丈夫去世后，来县城投奔户主的哥哥；二是为了子女教育。后期选择在此建房，主要是看中当地便利的生活条件。自发移民初期，户主主要依靠在工地背沙子、赶集卖衣服，来获取收入。除此之外，又因为丈夫的兄弟姐妹不愿户主改嫁，给予其不少经济上的接济；子女学习成绩好，亲戚朋友愿意把钱借给他们，而不担心偿还的问题。目前，户主年迈，无法从事重体力劳动，主要劳动方式有：①种地，在尼觉村仍有土地，自己只管种和收，平时由村主任帮着照看打理，每年收获马铃薯 600 ~700 斤、荞麦 700 ~1000 斤，另外，在现居住地租有约 1 亩耕地，承包费 700 元/年，收货水稻 1500 斤，小麦 700 ~900 斤，种小麦的收入基本可以覆盖承包费；②养猪，现有 3 头 50 斤小猪，2 头 100 斤大猪；③偶尔赶场子卖水果，从农户处低价买入，到市场上高价卖出。

该户参与彝家新寨项目，连同长女的住宅，共已获得 4 万元补贴（按照规定，彝家新寨项目做地基发放 1 万元，完成房屋主体建造发放 1 万元，验收合格后再发放 1 万元，每栋新建住宅可获补贴 3 万元。目前，该户与其长女的住宅均尚未验收，只获得了前 2 项补贴），正在等待最终验收。

专栏 13－5　随大流导致自发移民

喜德县尼波镇尼觉村E姓农户，属建档立卡户，现居住在喜德县拉克乡幸福村。户主，男，79岁，丧偶，育有2子5女。长子去世，其余子女均已结婚分家，户主由次子F负责抚养。老人曾在1950年参加民兵队，目前身体健康，无任何疾病及医疗支出。享受3种补贴，分别是："三老补贴"，3600元/年；年龄高于80岁的老年人生活补贴，100元/月；养老金，75元/月。

次子，F姓农户一家，也属建档立卡户。户主F，49岁，在江西打工，每年带回收入1万元。妻子，在家照顾老人和孩子。育有4子。长子，22岁，已婚，小学文化程度，与媳妇一同常年外出务工，每年带回约1万元。次子，19岁，小学三年级后辍学，现在山东打工，每年带回1万元。三子，17岁，初中升高中。四子，13岁，小学升初中。老人E与次子F一家共同生活，饲养1头牛和4头猪；老家耕地弃荒，现居住地无地可耕。

该户自发搬迁的原因是随大流。其他村民因为教育、工作和生活便利搬迁，男主人E也跟着搬迁出来。2015年花费9.5万元在幸福村购买一处住所和一块自留地。2017年因"彝家新寨"项目，老人E将原有住房推倒重建，次子F在自留地上新建住房，一共花费12.7万元。现已获得"彝家新寨"项目补贴4万元（2万/户×2户），若新建住房符合安全住房要求，还可再获得2万元（1万/户×2户）补贴。目前仍有7万元欠款未还。

专栏 13－6　子女教育导致自发移民

喜德县尼波镇尼觉村G姓农户，现居住在喜德县光明镇环城东路。户主，男，42岁，小学文化程度。妻子，38岁，二人一同常年外出务工，每年带回2万~3万元。育有3子。长子，15岁，小学升初中。次子，11岁，小学五年级。三子，10岁，小学四年级。当地小学一学期的费用是450元/人，用于购买保险和午餐；长子初中第一学期支付费用1300元/人，用于购买保险、校服和午餐。午餐有菜有肉，被调查者表示满意。

平常由户主的母亲从尼觉村下山照顾孙子。

自发搬迁是为了子女教育。2012年自发搬迁，花费13.5万元购买一处住房和3分自留地，借款10万元，自留地种植白菜，用于自己消费。现参与"易地搬迁"项目，自筹1万元，可获得100平方米的住房，地点在则约乡，已开工建设。

五、现存问题

（一）户籍管理与公共资源享用不匹配

我国存在户籍制度，自发移民者虽在迁入地居住，但户籍仍在迁出地，出现了“人户分离”的现象。户籍制度与公共资源的分配密切相关。

一是教育资源的分配。因为户籍不在当地，自发移民子女无法在当地享受义务教育，如果想跨户籍入学，需缴纳择校费。调研发现，西昌市周边的小学，6 年择校费共需 1 万元以上，好的学校交 3 万元也未必入得了学。一方面，自发移民子女抢占当地居民的教育资源，引发当地居民的不满；另一方面，自发移民者大多从偏远山区搬到县城、从贫穷地区搬到富裕地区，只为投资子女教育，高额择校费给移民家庭带来沉重负担，加深阶级固化。

二是基础设施资源的分配。例如，凉山州多山地，很多村落依山而建，村路狭窄。当地村民在自有耕地上修建房屋，出售给移民者。一方面，房屋选址不合理，占用或扭曲村路；另一方面，人口增多，导致村路更加拥挤，进而激化村民间的矛盾。

（二）政府管理成本高企

自发移民者仍由户籍地负责管理，给地方政府及村委会的工作带来较大困难。特别是近几年，政策变动较大，尤其是精准扶贫政策的实施，村干部任务繁重，为了服务自发移民者支付了高昂的时间成本和物质成本。凉山州地理环境恶劣、交通发展滞后，乡镇之间的通勤成本极高，而且雨季山体滑坡事件频发，还存在相当大的危险性。以喜德县尼波镇尼觉村第一书记为例，工资 3000 元，驻村补助 1200 元，在原本收入不高的情况下，还要负担部分通勤费用，给扶贫工作的开展带来相当大的困难。

（三）影响村委选举和党组织活动的开展

自发移民搬迁后，农户往往不再主动参加户籍所在地的基层组织选举，也无权参与迁入地的基层选举，影响基层民主活动的开展，不利于自发移民者维护其切身利益。除此之外，也给迁出地党组织活动的开展带来巨大困难。喜德县尼波镇尼觉村有 13 名党员，现仅有 3 人仍在村中居住。由于交通不便，以及自发搬迁者常年外出务工，迁出地党组织活动难以正常开展。

（四）针对贫困户的住房安置政策改变了财富排序

实现“两不愁、三保障”是贫困户实现脱贫的总体要求。当前凉山州共有 43

万户（包括非建档立卡户）居住在土坯房、11 万户（包括非建档立卡户）居住在低级危房，住房安全得不到保障，成为当地主要的致贫因素。针对建档立卡贫困户，凉山州主要实施了 2 项住房安置政策：

一是“易地搬迁”项目，由政府统一负责选址和建房，人均面积不超过 25 平方米，家庭总面积不超过 100 平方米，每户需自筹 0.8 万 ~1 万元，其余建房费用由政府支付。

二是“彝家新寨”项目，由农户自行选址、修建住房，政府总共补贴 3 万元/户。如果完成地基，发放 1 万元；如果完成房屋主体建造、上梁，再发放 1 万元；符合安全标准，验收合格后，再发放 1 万元。

自发移民家庭参照“彝家新寨”项目发放补贴。如果自发移民家庭购买的房屋符合安全标准（实心砖、有房梁、能抗地震），则发放 3 万元补贴；如果不符合安全标准，且自发移民家庭申请了补贴，那么四川省政府和凉山州政府会将 3 万元补贴划给县政府，但县政府不会发放给农户，直到农户将其房屋推倒重建，并符合安全标准后，才予以发放。

然而，自发移民者购买的房屋多为空心砖所制且无房梁，多数家庭倾其所有甚至借债购买房屋，已无能力重新建房，因而无法得到补贴。由此产生的问题是，扶贫政策的介入改变了村民原有的财富排序，原本努力工作、积极向往美好生活的家庭的财产状况反而差于受政策扶持的贫困家庭，进而加深了村民间的矛盾，也引发了村民对政策合理性的质疑。

（五）留守儿童问题被忽视

自发移民的主要动因是子女教育，但搬迁后，移民者无地可耕，转为从事外出务工活动，甚至常年外出，减少了对子女的陪伴。留守儿童问题严重，却被地方政府所忽视。在我们走访的家庭中，有一户甚至仅剩 3 个十几岁的孩子留在当地读书，相依为命。

专栏 13－7　贫困户“空心砖”建制房屋无法获得补贴

喜德县尼波镇尼觉村 H 姓农户，现居住在冕宁县铁厂乡果胜村。户主，男，52 岁，普通话基础欠佳，在居住地租用 4 亩土地，每亩 400 元，种植水稻和大麦。妻子，52 岁，曾因妇科疾病做过 3 次手术，健康状况差。育有 2 儿 2 女。长子，28 岁，已结婚分家，育有 3 女，常年外出务工，现在北京建筑工地做钢筋工，每年带回1万元。长女，25岁，已婚分家，育有3个子女，丈夫也在北京建筑工地做钢筋工。次子，20岁，现在河南做杂工，收入仅够自己生活。次女，17岁，小学升初中。

该户2013年搬迁至此。一是长女嫁到此地，追随长女而来；二是为了后辈的教育。受访时户主十分感慨和激动地向调研团队表示，自己吃了没文化的亏，所以一定要让子女读书认字，特别是要学会说普通话。该户当年花费15万元购买房子和一块自留地，尚有8万元欠款。自留地打算给长子修建新房，现无钱修建。该户购买的房屋是用空心砖所建，不符合安全住房的要求。当地村民的房屋都是用空心砖建造。家中尚欠有外债，无力建房，因此无法得到补贴。基层干部正积极向上级政府申请，希望通过外置钢架，达到加固住房的目的，进而对其发放一部分补贴，以减弱因政策偏袒而引发的村民矛盾。该思路得到上级部门的口头认可，但尚未有正规文件下达。

专栏13－8　贫困户“空心砖”建制房屋无法获得补贴（二）

喜德县尼波镇尼觉村I姓农户，现居住在喜德县光明镇环城东路。家庭构成较为复杂。户主，女，39岁，已婚，丈夫信息不详。二人常年外出打工，工作内容不详，每年过年回家一次。第2位家庭成员是户主的三妹，37岁，已婚，丈夫信息不详，二人也常年外出打工，工作内容不详，每年过年回家一次。另外3位家庭成员是户主二妹的3个儿子，因户主二妹夫妇早年去世，遂代为抚养其孩子。3个孩子分别就读初中和小学，每月共需2000元生活费，由户主承担，按月打钱。

自发搬迁是为了教育。当年买房花费11万元，有借款，已还清。申请了“彝家新寨”项目，但房子是空心砖所建，不符合安全住房的要求，无法得到3万元的补贴。

六、解决方案与拟落实政策

（一）改革户籍制度，逐步放宽移民落户政策

户口问题已成为自发移民生产生活和发展中各种问题的根源所在，也是政府解

决自发移民问题的关键所在。自发移民搬迁后因户籍问题而产生的公共资源分配和管理成本问题十分突出，建议政府将自发移民的户籍问题作为当前自发移民的首要问题来解决。建议推行户籍制度改革，逐步放宽移民落户政策，进而将自发移民者纳入居住地管理，解决“人户分离”的矛盾，让移民能和当地户籍人口一样，享受到国家和地方对少数民族地区的各项发展政策和措施。除此之外，建议相关部门尝试推行有条件的落户制度，通过政策引导的方式鼓励父母加强对子女人力资本的投资，例如，将父母对子女教育投入力度和陪伴时间纳入考核指标，先在县内试点，总结经验，然后在州和省的层面上逐次推广。

（二）调整自发移民户的住房安置补偿方案

一方面，可以适当放宽对自发移民安全住房的要求；另一方面，可以鼓励移民者加固房屋，提高安全性，进而对其发放部分补贴。基层干部提出的外置钢架的思路，既可以达到加固住房、提高住房安全性的目的，也可以有效减弱因政策偏袒而引发的村民矛盾，具有较强的现实意义和可操作性，需要上级政府尽快落实政策。

（三）加强就业培训，培养内生动力

为了提升自发移民的生存能力，帮助其在迁入地较好地发展，政府应该充分整合各类培训项目资金，定期开展实用技术、就业技能和语言交流能力等培训，特别是与当地特色的“农民夜校”相结合，帮助自发移民更好地走上致富之路。对于继续从事农业的自发移民，应加强其农业技能和科技培训；对于在本地从事第二、第三产业的自发移民，应根据其劳动特长和就业意愿，开展就业技能培训，如开展彝族传统手工技艺、农产品加工等多种就业或创业技能培训；对于打算外出务工的劳动力，应注重搭建跨省劳动力流动平台，拓展自发移民的生计途径。

（四）全面提高教育资源的供给水平

首先，自发移民的最主要动因是投资子女教育，这表明教育资源的地区分布严重不均，基本公共服务尚未实现完全的均等化，仍需加大对落后地区的教育支持力度。其次，迁入地居民之所以认为自发移民子女抢占了他们的教育资源，是因为教育资源具有一定程度的竞争性（或称拥挤性），即当学校的班级规模趋近饱和时，格外增加 1 名学生会减弱其他学生对知识的获取，而当教育资源足够丰富、班级规模不大时，格外增加 1 名学生则不会减弱其他学生对知识的获取。因此，可以通过增加人口密集地区的资源供给，来减缓居民在资源分配上的矛盾。

参考文献

[1]柴智慧. 农业保险的农户收入效应、信息不对称风险[D]. 内蒙古农业大学,2014.

[2]陈香姬. 旅游非优区旅游市场拓展探讨——以怀化黄岩为例[J]. 商业经济,2015(8).

[3]窦亚权,余红红,王雅男,等. 我国林业扶贫工作的研究进展及趋势分析[J]. 林业经济,2018(6).

[4]杜芸. 中外农产品流通比较及我国农产品流通发展对策[J]. 商业时代,2016(19).

[5]龚艳,李如友. 有限政府主导型旅游扶贫开发模式研究[J]. 云南民族大学学报(哲学社会科学版),2016,33(6).

[6]和立道,王英杰,路春城. 人力资本公共投资视角下的农村减贫与返贫预防[J]. 财政研究,2018(5).

[7]胡应南. 创新之路——湖南省怀化市"四跟四走"精准扶贫的时间与探索[M]. 北京:人民出版社,2016.

[8]黄超. 浅析如何在红河州扶贫攻坚工作中推动民族团结示范点建设[J]. 魅力中国,2017(16).

[9]黄健青,辛乔利."众筹"——新型网络融资模式的概念、特点及启示[J]. 国际金融,2013(9).

[10]黄薇. 医保政策精准扶贫效果研究——基于URBMI试点评估入户调查数据[J]. 经济研究,2017(9).

[11]赖作莲. 资产收益扶贫的运行与风险[J]. 开发研究,2018(8).

[12]李嘎欧. 开发干热河谷,助推红河县脱贫攻坚[J]. 今日民族,2017(9).

[13]李何春,李亚锋,何国强. 碧罗雪山两麓人民的生计模式[M]. 广州:中山大

学出版社,2013.

[14]李培林,魏后凯,等. 中国扶贫开发报告(2016)[M]. 北京:社会科学文献出版社,2017.

[15]李熙. 打赢脱贫攻坚战必须脱真贫真脱贫[J]. 创造,2017(11).

[16]梁滨. PPT战略与旅游扶贫(下)[N]. 中国旅游报,2008-08-27(11).

[17]刘成良. 决战脱贫攻坚:难题、挑战与认识——云南红河州扶贫调研报告[J]. 经济导刊,2017(9).

[18]马钧,田猛,杨光柱,等. 红河州苹果产业扶贫中存在的问题及对策[C]. 云南省科协学术年会暨红河流域发展论坛,2016.

[19]欧光辉. 红河州:打好政策牌扶贫有成效[J]. 云南林业,2017(6).

[20]潘发生. 揭开滇川藏三角区历史文化之谜[M]. 昆明:云南民族出版社,2008.

[21]饶勇,黄福才,魏敏. 旅游扶贫、社区参与和习俗惯例的变迁——博弈论视角下的可持续旅游扶贫模式研究[J]. 社会科学家,2008(3).

[22]汪三贵,梁晓敏. 我国资产收益扶贫的实践与机制创新[J]. 农村经济问题,2017(9).

[23]文冠超. 基于改良的RHB战略的贵州乡村旅游扶贫开发研究——以荔波县为个例[J]. 改革与开放,2009(10).

[24]吴琼,衣旭彤. 林业扶贫的成效和问题[J]. 林业经济,2018(6).

[25]习近平. 摆脱贫困[M]. 福州:福建人民出版社,2016.

[26]谢毛毛,沈兴蓉,等. 健康扶贫的潜在风险问题及对策研究[J]. 中国卫生经济,2018,37(8).

[27]徐超,李林木. 城乡低保是否有助于未来减贫——基于贫困脆弱性的实证分析[J]. 财贸经济,2017(5).

[28]杨光. 自然灾害对中国农民收入的影响分析[D]. 吉林财经大学,2015.

[29]张恩华. 羊拉兄弟[N]. 迪庆日报,2010-08-07(2).

[30]张榆琴,李学坤,李鹤,等. 云南省红河州精准扶贫绩效研究[J]. 青岛农业大学学报(社会科学版),2017(4).

[31]张振杰. 我国"扶贫云"建设的现实挑战与路径选择——基于大数据对电子政务支撑的视角[J]. 人民论坛,2018(8).

[32]赵荣,杨旭东,陈绍志,等. 林业扶贫模式研究[J]. 林业经济,2014(8).

[33]郑瑞强,曹国庆. 脱贫人口返贫:影响因素、作用机制与风险控制[J]. 农林

经济管理学报,2016(6).

[34]周永明．路学:道路、空间与文化[M]．重庆:重庆大学出版社,2016.

[35]周玉龙,孙久文,梁伟佳．中国贫困程度的再估计——基于中国综合社会调查的空间异质性分析[J]．中国人民大学学报,2017(1).